Kretschmer (Hrsg.)   Christian Morgenstern

CIP-Titelaufnahme der Deutschen Bibliothek

Christian Morgenstern : ein Wanderleben in Text und Bild /
Ernst Kretschmer (Hrsg.). – Weinheim ; Berlin : Quadriga-
Verl., 1989
  ISBN 3-88679-180-7
NE: Kretschmer, Ernst [Hrsg.]; Morgenstern, Christian [Mitverf.]

© 1989 Quadriga Verlag · Weinheim und Berlin
Lektorat: Petra Dorn
Graphische Gestaltung: Manfred Manke, Wilhelm Raffelsberger
Satz: Fotosatz Horst Kopietz · 6944 Hemsbach
Druck: Druckhaus Beltz · 6944 Hemsbach
Buchbinder: Josef Spinner
Großbuchbinderei GmbH · 7583 Ottersweier
Printed in Germany
ISBN 3-88679-180-7

Ernst Kretschmer (Hrsg.)

Christian Morgenstern

Ein Wanderleben
in Text und Bild

QUADRIGA

Europa um 1900

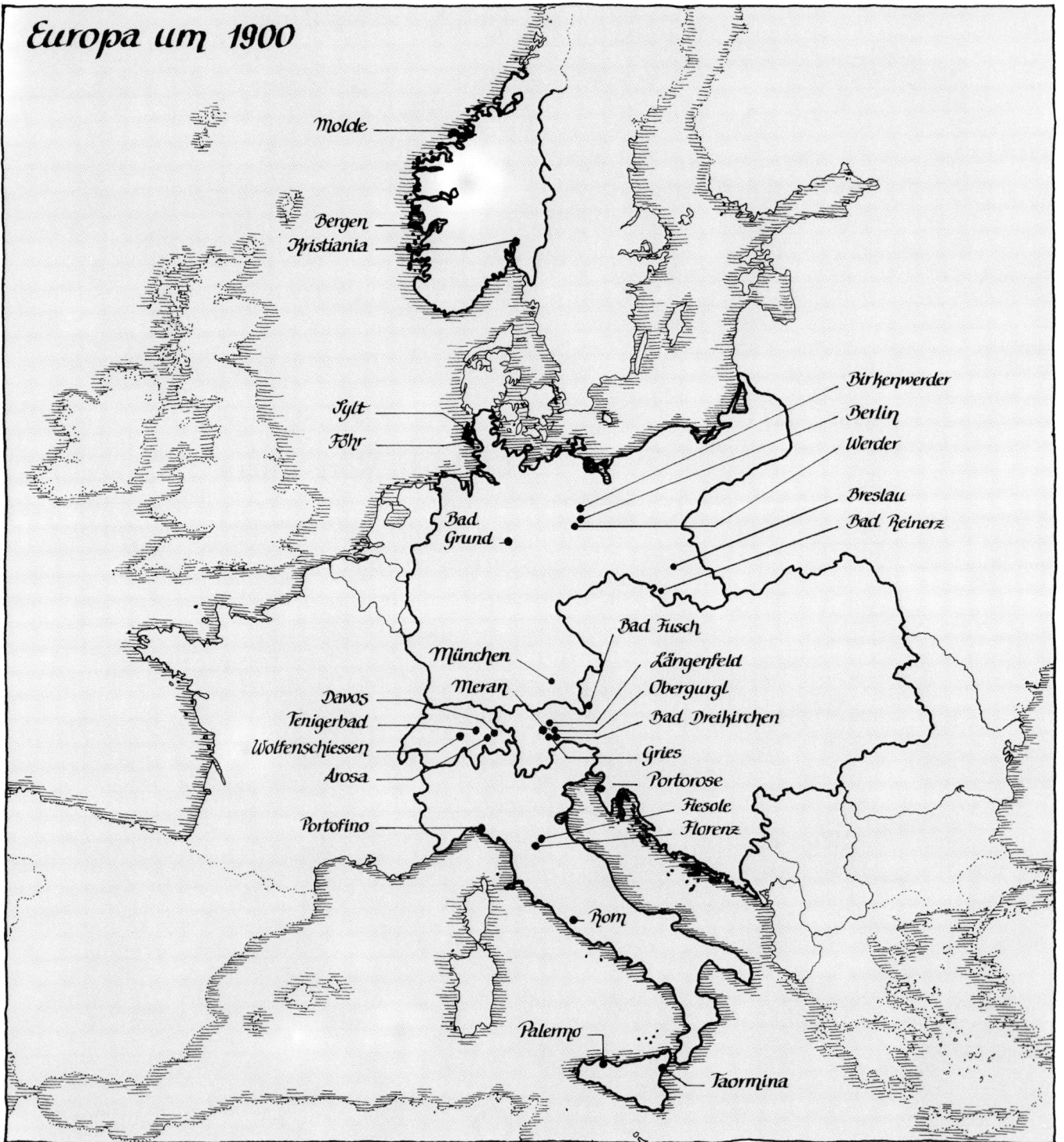

Molde

Bergen
Kristiania

Sylt
Föhr

Birkenwerder
Berlin
Werder

Breslau
Bad Reinerz

Bad
Grund

Bad Fusch

München
Längenfeld
Meran
Obergurgl

Davos
Tenigerbad
Bad Dreikirchen
Wolfenschiessen
Arosa
Gries

Portorose
Fiesole
Portofino
Florenz

Rom

Palermo
Taormina

Inhalt

Vorwort

Die Arbeit an diesem Christian-Morgenstern-Reisebuch war mit Recherchen verbunden, in deren Verlauf sich einige Aktenordner mit Korrespondenz füllten und einige tausend Kilometer zurückgelegt wurden. Ihr Ziel war es, Bilder wenigstens der wichtigsten Aufenthaltsorte Morgensterns zu finden, die möglichst auch zur Zeit seines Aufenthalts dort oder doch möglichst nah um diese Zeit herum entstanden waren. Hinter diesem Ziel steckte zunächst einmal eine ›dokumentarische‹ Neugier: Wo und wie, in welchen Gegenden, in welchen Hotels, Pensionen, Sanatorien hatte Morgenstern unterwegs eigentlich gewohnt? Dann aber war da auch ein ›literarisches‹ Interesse: Immer wieder hatte Christian Morgenstern beklagt, daß er, Sohn und Enkel von Landschaftsmalern, nicht selbst ein solcher geworden sei: »Es ist mein Auge, das nicht vergeblich leben will. Linien und Farben sind meine Domäne, und ich muß im grauen Elend des Buchstabens leben«, schrieb er 1902 an seinen Freund Efraim Frisch und notierte 1909 in sein Tagebuch: »Mein Hauptorgan ist das Auge. Alles geht bei mir durch das Auge ein.« Daß Dichtungen, deren Thema Natur und Landschaft sind, zunächst einmal auf eine Anregung des Auges zurückgehen, ist natürlich ein Allgemeinplatz. Das Besondere vieler Gedichte, die Morgenstern auf seinen Reisen schrieb, war aber, daß er das Thema über die Anregung hinaus auch ›malerisch‹ weiterentwickelte und auf diese Weise poetische Landschafts-›Gemälde‹ schuf. Diese mit Photographien derselben Landschaften aus derselben Zeit zusammen ›sehen‹ zu können, versprach also interessant zu werden.

Einige der Bildfunde waren in dieser Hinsicht glücklich: Da zog zum Beispiel vor der Jahrhundertwende der norwegische Photograph Axel Lindahl mit der Kamera durch sein Land, stieg – wie Morgenstern – auf den hinter Molde gelegenen Berg und photographierte jenes Panorama, das Morgenstern in Versen festhielt. Und er stieg hinunter zum Grand Hotel der Stadt, entdeckte die Reize des »rauschenden Strandes« davor, der Morgensterns »liebster Aufenthalt« war, und photographierte ihn gleich mehrmals. Da zog nach der Jahrhundertwende der norwegische Photograph Eneret Wilse durch sein Land, photographierte von

6

Nordstrand aus den Blick auf den winterlichen Bundefjord, so wie auch Morgenstern ihn gesehen haben muß, und ließ sich wie dieser durch die »brausende Flut« inspirieren. In Italien waren es die Gebrüder Alinari, die ihr Land photographisch erschlossen und archivierten. Morgenstern selbst konnte schon 1905 dem Kunstreisenden ans Herz legen, sich bei Alinari »ja mit allem versorgen zu wollen, was [...] im Original gefallen hat, Bilder, Bauten und Ansichten«. Nach wie vor befinden sich dort alte Photographien der Bilder, Bauten und Ansichten, über die Morgenstern in Italien Gedichte schrieb. In Berlin schließlich waren es ein Photograph und ein photographierender Zeichner, Waldemar Titzenthaler und Heinrich Zille, die die Stadt mit der Kamera durchstreiften und ihre Aufmerksamkeit jenen Motiven zuwandten, die auch der Dichter Morgenstern aufgriff.

Nicht alle der hier aufgenommenen Photos indes haben diesen engen motivischen Bezug zu den Gedichten, und natürlich besitzen auch nicht alle diese professionelle Qualität. Einige sollen einfach ein wenig von dieser merkwürdigen Kur- und Sanatoriumsatmosphäre spüren lassen, in der Morgenstern sich bewegen mußte, andere sind schlichter Spaß. Denn zwar war Christian Morgenstern Sohn und Enkel von Landschaftsmalern, aber er war eben auch der Galgenliederdichter.

Die ausgewählten Texte folgen der Stuttgarter Morgenstern-Ausgabe, soweit sie schon vorliegt: Band I: *Lyrik 1887–1905* (1988), Band V: *Aphorismen* (1987), Band VI: *Kritische Schriften* (1987). Ihr sind auch die Datierungen entnommen, die größtenteils auf die Auswertung der

erhaltenen Tagebücher Morgensterns zurückgehen. Die Datierung der ›seriösen‹ Lyrik nach 1905 folgt, mit freundlicher Genehmigung des Herausgebers Martin Kießig, dem noch nicht erschienenen Band II: *Lyrik 1906–1914.* Die ›humoristische‹ Lyrik ist nach Maurice Cureaus *Christian Morgenstern humoriste* (1986) datiert. Die Texte sind im wesentlichen in ihrer chronologischen Reihenfolge angeordnet, nicht zuletzt um das zeitliche Nebeneinander von Morgensterns ›seriösem‹ und ›humoristischem‹ Schaffen zu erhalten. Dennoch geschieht dies nicht mit einer sturen Konsequenz, der manch thematischer Zusammenhang zum Opfer hätte fallen müssen. Fehlt die Datierung, so ist sie meines Wissens nicht zu ermitteln. Durchgängig werden darum auch die Bände angegeben, in denen die Texte erstmals gesammelt erschienen. Neben Michael Bauers *Christian Morgensterns Leben und Werk*, das 1933 eine Reihe von Erstveröffentlichungen enthielt, sind das im einzelnen:

In Phanta's Schloß (1895)
Horatius travestitus (1896/1911)
Auf vielen Wegen (1897/1911)
Ich und die Welt (1898)
Ein Sommer (1900)
Und aber ründet sich ein Kranz (1902)
Galgenlieder (1905/1908)
Melancholie (1906)
Einkehr (1910)
Palmström (1910/1912/1913)
Ich und Du (1911)
Wir fanden einen Pfad (1914)
Palma Kunkel (1916)
Epigramme und Sprüche (1919)
Der Gingganz (1919)

7

Klein Irmchen (1921)
Mensch Wanderer (1927)
Die Schallmühle (1928)
Alle Galgenlieder (1932/1938/1947)
Böhmischer Jahrmarkt (1938)
Klaus Burrmann, der Tierwelt-photograph (1941)
Egon und Emilie (1950)
Gesammelte Werke (1965)

Christian Morgensterns Briefe wurden aus dem von Margareta Morgenstern 1952 herausgegebenen *Ein Leben in Briefen* ausgewählt. Leider verwandte die Herausgeberin zur Kennzeichnung ihrer Kürzungen und Auslassungen Auslassungspunkte, ohne diese von den eigenen Morgensterns zu unterscheiden. Diese Ungewißheit mußte an einzelnen Stellen übernommen werden. Neu vorgenommene Auslassungen werden innerhalb der Texte durch das übliche [...] gekennzeichnet. Ergänzt werden die Briefe aus Michael Bauers Biographie.

Morgensterns Spuren 75 Jahre nach seinem Tod zu folgen, war nicht immer leicht. An den Stellen der alten Villen Kirchlechner und Helioburg stehen in Meran heute Casa Morgenstern und Casa Hapimag. Dr. Turbans Sanatorium in Davos ist längst dem Sunstar-Hotel gewichen, das des Dr. Gmelin auf Föhr ist nur als Ruine erhalten. Die Pension Einhorn hieß schon bald Alpina, und die Kurorte Bad Fusch und Tenigerbad gibt es nicht mehr. Die Piazza Benacense in Riva ist heute Piazza III Novembre, die Piazza Vittorio Emanuele in Florenz Piazza Repubblica.

Ohne die Mithilfe vieler Ortschronisten, Heimatforscher und -vereine wäre dieses Buch gewiß nicht zustande gekommen. Ohne Baldur Martin, der auf der heutigen Jugendhöhe in Werder wohnt, enthielte es kaum die Beschreibung des Galgenbergs. Hätten Josef Knobel-Gabriel in Wolfenschiessen und Josef Hrbata in Obergurgl nicht die Ältesten ihrer Dörfer befragt, läge uns weder ein Bild der Pension Einhorn noch eines des Gasthauses Edelweiß vor. Daß Morgenstern in Bad Reinerz Gast im Landhaus Dinter war, konnte nur die Heimatgemeinschaft des Ortes aus einem seiner Briefe schließen; sie konnte dann ein Photo des gegenwärtigen Hauses finden, mit dem sich wiederum das historische Pendant in der Postkartensammlung der Stadtbücherei Herne ermitteln ließ.

Dabei spiegelt das Buch nur einen Teil dieser Arbeit wider. So suchten Else Boye und Grete Østgaard Lund in Oslo vergeblich nach einer historischen Aufnahme von Fru Hansten's Sanatorium (heute Bye's Pensionat), in dem Morgenstern 1898/99 lebte. Uwe Zacchi entdeckte in Wyk auf Föhr, wiederum aufgrund einer Briefpassage, zwar das Haus, in dem Morgenstern 1905 wohnte, aber auch hier war weder im Photoarchiv Hans-Daniel Ingwersens noch in der Postkartensammlung des Carl-Häberlin-Museums auf Föhr eine historische Aufnahme zu finden. Ohne Erfolg suchte auch Josef Öfner in Längenfeld über Zeitungsannoncen nach einem Bild der Pestkapelle, über die Morgenstern 1906 *Auf einem verfallenen Kirchhof* schrieb, vor ihrer Renovierung. Diese Beispiele stehen für zahlreiche andere.

Ein Glücksfall für das Buch war es, in Wohlen bei Bern Irmgard Dyckhoff finden zu können, »Klein Irmchen«, die Tochter der Morgenstern-Cousine Clara Ostler und des Morgenstern-Freundes Oskar Anwand; ebenso in München Richard und Martin Beblo, Sohn und Enkel des Galgenbruders »Stummer Hannes«. Auch Viktor Malfér konnte noch gefunden werden, dessen Vater das Sanatorium in Gries leitete, in dem Morgenstern sich drei Wochen vor seinem Tod aufhielt. Ihnen, aber auch den folgenden Personen gilt mein herzlicher Dank:

Friedrich Arendt in Bad Grund, Harro Bohn in Nieblum, Barbara Brautlecht in Wyk, Sandro Bresciani in Riva, John Dahl in Oslo, Wolfgang Duschek in Meran, Christian Fett in Oslo, Sigrid Graf in Herne, Peter Großpietsch in Bonn, Gertraud von Guggenberg in Brixen, K. Grumsky in Husum, W. Haselbach in Westerland, Anton Holzknecht in Längenfeld, Gustavo Hubner in Portofino, Hans Jäger in Ötz, Claudia Kálász in Rom, W. Kippenberg in Bad Grund, August Kirchlechner in Meran, Wilhelm Küster in Mailand/Lewitte, Vreny Mathis in Stans, Reinhold Nössing in Brixen, Regula Odermatt in Stans, Frau Oergel in Birkenwerder, F. Peter in Meran, Hans Porkert in Weßling, Ernst Rahm in Arosa, Hans-Gerhard Scheffels in Frankfurt, Renzo Semadeni in Arosa, M. Siegrist in Davos, Giamcarlo Torboli in Riva, Herrn Werner in Berlin, Markus Wilhelm in Innsbruck, Jorunn Wollebæk in Oslo und Franz Zeinzinger in Fusch. Marie-Luise Zeuch und Hans Mayer vom Verlag Urachhaus danke ich für die Photographien aus dem Morgenstern-Archiv und Martin Kießig für seine Genehmigung, zur Datierung der Gedichte auf den noch nicht erschienenen Band II der Stuttgarter Ausgabe zurückgreifen zu dürfen.

Ganz besonders aber sei Rudolf und Hedwig Kretschmer gedankt, die alles, was anfiel, wie immer erledigten.

9

Mensch Wanderer

Vergessenheit –
auch wieder höchstes Wort!
Sichselbstvergessen im Gefühl des andern …
Und müßt ich hunderttausend Meilen wandern,
ich wüßte Beßres nichts als diesen Ort.
Denn »meine« Heimat ist mir oft gar leid.

Hinweg, hinaus! …
Ist jede Herberg zu?
Will niemand mich dies süße Fremdsein lehren?
Und sei's nur, stolzer wieder heimzukehren –
nur einen Tag ein Du zu sein, ein Du!
nur einen Tag in eines andern Haus!

Erkenne dich! …
Wer tritt denn niemals ein?
Wem Abschied auf der Stirne steht geschrieben,
er läßt sich selbst ja nur als Wandrer lieben,
er wird nie nirgends ganz zuhause sein,
er hat nur ein Zuhaus auf Erden: Sich.

Wahrscheinlich 1904; *Mensch Wanderer* (1927)

10

Reisefieber

»Vom Abschluß meiner Gymnasialzeit an begann ein Wanderleben, an dessen Ende ich heute noch nicht angelangt bin.« Dies schrieb Christian Morgenstern 1913, wenige Monate vor seinem Tod in einer *Autobiographischen Notiz*. Und wirklich: ein Wanderleben ist das seine wie kaum ein Dichterleben gewesen. Morgensterns Biographie liest sich geradezu wie ein Reisebericht, so häufig und so beständig wechselte er seine Aufenthaltsorte. An seiner *Notiz* arbeitete er in Portorose an der Adria, wo er 1913 zwei Sommermonate verbrachte. Hätte man ihn dort nach seinem Wohnort gefragt, wäre die Antwort wahrscheinlich – wie 1912 in Davos – »Arosa« gewesen, das er nicht mehr wiedersehen sollte. Als er 1911 aus Rom nach Arosa kam, lautete die Antwort »Berlin«, wo er das letzte Mal zwei Jahre zuvor – zuletzt in einem Hotel – gewohnt hatte.

»O Ferne, du meine Heimat«, war Morgensterns Bekenntnis 1903. Die Wirklichkeit aber war nicht romantisch. Zum Wechsel von Wohnung zu Wohnung fragte er sich 1905, vermutlich gerade von Berlin nach Birkenwerder umgezogen: »Der ganze Wahnwitz unseres modernen Wohnens (ja Lebens) steigt mir aus dem Bild meines eigenen Umzugs auf: Wäre es nicht würdiger, sein bißchen Hab und Gut in einer Erdhöhle, die einem aber für immer gehört, wenn sie nicht ein Naturereignis vernichtet, zu bergen, als mit seinen Bündeln und Kisten durch prahlende Burgen zu irren, alle zwei, drei Jahre durchschnittlich den in festgemauerten Gelassen Seßhaften zu spielen, allen Ernst und alle Liebe zu einem eigenen Heim an teuer gemietete Wände zu verschwenden, die uns nie gehören können, die uns ewigen Nomaden Verhältnisse vortäuschen, die für uns eben nur erlogen, nur uneingestandene Kulisse sind. Mein Wohnungsideal ist das Zelt. Nur so weit möchte ich es noch bringen.« Zum Leben im Hotel notierte er 1907, vermutlich im Juli, also entweder in Wolfenschiessen, Zürich oder Tenigerbad: »Ich irre in diesen europäischen Ländern umher wie ein Vogel in einem Treibhaus. Die Menschen glauben, weil ich von einem Ort zum andern reise, lebte ich ein beneidenswertes Leben. Sie wissen nicht, daß mich letzten Endes jeder dieser Orte enttäuscht – denn über jeden ist der Fluch europäischer

11

Zivilisation ausgegossen, vor dem er vor hundert, ja vor fünfzig Jahren noch verschont war. Die entsetzliche Nüchternheit der letzten dreißig, vierzig Jahre kriecht einem überall nach, ja sie färbt auf einen selber ab: Man verhotellt zuletzt rettungslos. Denn wo kein Hotel ist, da ist kein Platz für dich mit deinem Rohrplattenkoffer und deiner schriftdeutschen Sprache.«

Der Vergleich mit einem Vogel im Treibhaus führt zugleich zur Hauptursache des rastlosen Umherziehens. Christian Morgenstern suchte seit 1893, als ihn die Tuberkulose in ihrem ersten Stadium anfiel, klare, trockene, staubfreie Luft, und er fand sie vor allem im Gebirge, in der Schweiz und in Österreich. Die Krankheit schritt mit dem ihr eigenen Rhythmus voran. Perioden hohen Fiebers gingen zu Ende, und »Stunden, Tage, Wochen vollkommener Gesundheit« traten ein, »Zeiten voll herrlichsten Blühens, in denen der Zerfall in mir gleichsam überblüht, hinweggesiegt wird«. Dann warf Morgenstern sich in das Leben zurück und suchte voller Unternehmungsdrang die Großstädte auf, mit Plänen, sich »zur Einrichtung von Schaufenstern anzubieten, Blumenarrangements zu machen, eine eigene Korbflechterei nur für originelle Blumenkörbchen einzurichten« (vor 1898) oder eine »Kunstgärtnerei« (1903). »Oder eine Vasenfabrik, eine Art Kunsttöpferei« (1903). Dann suchte er wieder einmal nach einer endlich festen Einkommensquelle. Denn um seine Sanatoriums- und Hotelaufenthalte bezahlen zu können, brauchte er Geld, und davon hatte er bis kurz vor seinem Tode, als der Galgenlieder- und Palmström-Erfolg größere Gewinne zu bringen begann, immer zu wenig. Obwohl er stets kleinlichst Einnahmen und Ausgaben bilanzierte, wäre er ohne die Hilfe von Freunden kaum über die Runden gekommen.

Zwei seiner großen Reisen hatten darum auch wirtschaftliche Gründe: Nach Norwegen zog Morgenstern 1898, um Werke Henrik Ibsens zu übersetzen, wofür ihn der Fischer Verlag bezahlte. Nach Italien zog er 1902, um Feuilletons zu schreiben, wofür er sich Geld von Zeitungen und Zeitschriften erhoffte. Das erste Vorhaben gelang und führte auch in den Folgejahren noch zu Einnahmen, das zweite mißlang. 1903 fand Morgenstern dann einen »Nebenberuf«, der ihm bis ans Lebensende eine, wenn auch äußerst schmale, finanzielle Basis war: Er wurde Lektor im Berliner Bruno Cassirer Verlag und erhielt dafür anfangs monatlich 125, später dann 150 Mark. Durch Cassirers Entgegenkommen an keinen festen Arbeitsplatz gebunden, war diese Tätigkeit für den umherziehenden Morgenstern ideal. Wo immer er auch war, erhielt er per Post die zu beurteilenden Manuskripte, und er schickte sie stets sorgfältig kommentiert zurück. Ab 1903 muß darum zu der Frage, woran Morgenstern an diesem oder jenem Ort arbeitete, immer die laufende Lektoratsarbeit hinzugedacht werden, auch wenn sie in den zitierten Briefen keine Erwähnung findet.

Für das Gesamtwerk des Dichters waren das Auf und Ab der Krankheit und das Hin und Her zwischen Sanatorien, Hotels, Pensionen und Mietwohnungen folgenreich. Seine großen Roman- und Dramenpläne, die ihn bis ans Lebensende beschäftigten, wurden darin förmlich zerrieben. Die diesem Wanderleben angemessene literarische Ausdrucksweise war die kleine Form. Morgenstern schrieb Gedichte, Aphorismen, Essays, darunter viele, in denen er

Stationen seines Wanderns zum Gegenstand wählte. Er selbst bezeichnete sich 1906 als »Gelegenheitsdichter und *nichts* weiter«. Zu den »Gelegenheiten«, die er dichterisch und meistens lyrisch gern aufgriff, gehörten nicht zuletzt die Landschaften, in die er kam. Schon Margareta Morgenstern, seine 1968 verstorbene Witwe, plante darum, eine Sammlung von Texten unter diesem Gesichtspunkt herauszugeben. Der Titel sollte »Unterwegs« lauten.

Nicht nur im wörtlichen Sinne jedoch war Christian Morgensterns Existenz ein Wanderleben, sie war es auch auf einer zweiten, einer metaphorischen Ebene: Als Wanderer war er stets auf der Suche nach einem endlich überzeugenden Selbst- und Weltbild. Der Zweiundzwanzigjährige glaubte, es in der Philosophie Friedrich Nietzsches gefunden zu haben, der Dreißigjährige bei Paul de Lagarde, dem »größten Gesetzgeber der deutschen Gegenwart – denn Nietzsche ist kein Gesetzgeber in diesem Sinne«. 1906 suchte Morgenstern den Weg in die Mystik, 1909 schließlich ging er den »Pfad« der Anthroposophie Rudolf Steiners. Er selbst faßte sein Wesen 1906 und 1907 in zwei Vergleiche: »Ich bin wie eine Brieftaube, die man vom Urquell der Dinge in ein fernes, fremdes Land getragen und dort freigelassen hat. Sie trachtet ihr ganzes Leben nach der einstigen Heimat, ruhlos durchmißt sie das Land nach allen Seiten. Und oft fällt sie zu Boden in ihrer großen Müdigkeit, und man kommt, hebt sie auf, pflegt sie und will sie ans Haus gewöhnen. Aber sobald sie die Flügel nur wieder fühlt, fliegt sie von neuem fort, auf die einzige Fahrt, die ihrer Sehnsucht genügt, die unvermeidliche Suche nach dem Ort ihres Ursprungs.« Und: »Ich bin wie einer, der ohne Führer, nur so nach Karten

und gelegentlicher Auskunft von Hirten und Wanderern ins Hochgebirge hineinsteigt. Niemand ahnt, mit was für Martern ich das oft zahlen muß und wie mir ein schneller Tod oft göttliche Wohltat wäre. Nein, mein ›Dilettantismus‹ ist kein Spaß, keine Koketterie; er ist ein Schicksal, aber ich kann ihm nicht entrinnen; denn, war mein Geist auch allezeit willig, meiner Physis fehlte es allezeit an jener letzten besten Energie, die sekundieren muß, wo irgend etwas Großes auf Erden werden soll.« Das Wanderleben war ein »Schicksal« Christian Morgensterns, der bis 1909 in keiner Weltanschauung dauerhaft seßhaft wurde, sondern in einer jeden sich für eine gewisse Zeit versuchte und sie dann verließ, um sich einer neuen zuzuwenden.

Neben seiner Physis machte Morgenstern selbst noch einen zweiten Grund für seine ›Wanderer-Existenz‹ verantwortlich: »Eines kann ich wohl als Merkwort über all mein Leben und seine Erfahrungen schreiben: Fast alles, was ich geworden bin, verdanke ich mir selber, einigen Privatpersonen und dem Zufall. Von irgendeiner bewußten organischen Kultur um mich herum, die das Einzelindividuum zu benutzen und systematisch auszubilden vermocht hätte, spürte ich nie etwas. Weder Eltern noch Lehrer noch irgendwer hat mich je kraftvoll in die Hand genommen und in großem Sinne erzogen. Und wenn ich, ein Mensch von ursprünglich glänzender Begabung, alles in allem ein Dilettant geblieben bin, so hat die Hälfte der Schuld daran gewiß die Unsumme von Dilettantismus, von Halbheit und Kulturlosigkeit, die ich überall gefunden habe, wohin mich meine bewegte Jugend geführt hat.« Daß er sein erstes Buch, *In Phanta's Schloß*, »dem

Geiste Friedrich Nietzsches« widmete und sein letztes, *Wir fanden einen Pfad*, »Dr. Rudolf Steiner«, sah der Anthroposoph dann aus der Rückschau als organische Entwicklung. Er plante, Aphorismen aus allen Schaffensperioden in einer Sammlung zusammenzustellen, und sah dafür – sehr wahrscheinlich – den bezeichnenden Titel »Stufen« vor. Dieses »Entwicklungsbuch«, das dann posthum 1918 erschien, sollte zeigen: »Niemand hat vielleicht so oft die Ansichten auf die Dinge gewechselt als ich, und niemand ist vielleicht trotz alledem selber so gleich geblieben.«

Nicht erst mit dem Ende seiner Schulzeit begannen für Morgenstern unruhige Jahre. Das wechselhafte Von-Ort-zu-Ort kannte er von Kindheit an. Am 6. Mai 1871 als einziges Kind Carl Ernst und Charlotte Morgensterns in München geboren, erlebte er den ersten Umzug mit zwei Jahren, von seinem Geburtshaus in der Theresienstraße in die Äußere Nymphenburger Straße 99. Die zahlreichen Reisen seiner Kindheit, vom »dritten oder vierten Jahre an«, hatten vor allem zwei Gründe: Zum einen war auch Charlotte Morgenstern an Tuberkulose erkrankt; auch sie suchte die Berge. Zum anderen zog es Carl Ernst Morgenstern in den Sommermonaten stets an die oberbayerischen Seen, nach Kochel, Murnau, Herrsching, Weßling oder Seefeld, wo er als Landschaftsmaler mit Vorliebe arbeitete. In beiden Fällen reiste der junge Christian mit.

Als seine Frau im April 1880 in Bad Aibling starb, zog Carl Ernst Morgenstern mit seinem Sohn nach Starnberg in das Haus Nr. 13, schickte ihn aber im April 1881, als er Amalie von Dall' Armi heiratete, nach Hamburg in die Ernst-Merck-Straße 5 zu Arnold Otto Meyer, einem Kunsthändler, der Pate des Kindes war. Hier besuchte der Zehnjährige zum ersten Mal regelmäßig eine Schule. Der Aufenthalt in Hamburg dauerte nur bis zum November. Dann holte Carl Ernst Morgenstern seinen Sohn zurück in den Süden – und schickte ihn in ein Internat in Landshut. Für den Jungen begannen dort unter Tadeln und Züchtigungen Monate des Leidens, aus denen ihn der Vater erst im März 1884 wieder erlöste. Christian Morgenstern durfte nach Hause kommen, und dieses Zuhause lag nun in der Breiten Straße 24 in Breslau, wohin der Vater inzwischen als Professor an die Königliche Kunstakademie berufen worden war. Vier Jahre lang besuchte er das Gymnasium Maria Magdalena und begann in dieser Zeit zu »dichten«, von Knittelversen nach der Jason- und Troja-Sage bis zu »Alexander von Bulgarien«, einem Trauerspiel.

In dieser Zeit schloß Morgenstern Freundschaften, die sein Leben lang erhalten blieben, mit Oskar Anwand, dem späteren Mann seiner Cousine Clara Ostler, mit dem späteren »Galgenbruder« Fritz Beblo, und vor allem mit Friedrich Kayssler, dem engsten Freund aller Jahre, dem er 1897 die Gedichtsammlung *Auf vielen Wegen* widmete: »Wär der Begriff des Echten verloren, in Dir wär er wiedergeboren.« Im Herbst 1889 verließ Morgenstern das Gymnasium und trat mit dem Entschluß, Offizier zu werden, in die Militärschule des Obersten von Walther ein. Doch noch im selben Jahr erklärte er der Münchener Großmutter: »Ich muß gestehen, meine Neigung zum Soldatenstande oder besser zum Soldatenberufe war nie eine echte, tiefe. Mich hält die Poesie, die Kunst, der Drang nach Wahrheit zu sehr in ihrem Bann.« Ostern

1890 war der Neunzehnjährige wieder Gymnasiast, nun aber, da er nicht an die Magdalenenschule zurückkehren konnte, in Sorau in der Niederlausitz, wo er bei einem der Lehrer, Dr. Ilgen, in Pension wohnte und wo er bald eine weitere Freundschaft fand, die von langer Dauer blieb. Der Pastorentochter Marie Goettling galt 1901 das Gedicht *Einer Jugendfreundin:* »Du warst ein reines Licht an meinem Wege.« In Sorau schloß Morgenstern 1892 die Gymnasialzeit ab. Kurz vorher notierte er: »Wenn ich jetzt, da ich das deutsche Gymnasium endgültig zu verlassen hoffe, einen Rückblick auf den Weg werfe, den ich zurückgelegt, so kann ich denselben kurz in folgende Momente zusammenfassen: Zuerst hat mich die Schule zur Unaufrichtigkeit verleitet, sodann hat sie meine Sittlichkeit gefährdet, darauf hat sie mich durch absolute Nichtachtung und Verhöhnung meiner Individualität verbittert und verdüstert, zuletzt hat sie mich tödlich gelangweilt.«

Vom Abschluß seiner Gymnasialzeit an habe sein Wanderleben begonnen, hatte Morgenstern 1913 geschrieben und daran angeschlossen: »Es führte mich zunächst nach Berlin.« Zwischen seiner Reifeprüfung aber und seiner Ankunft in Berlin 1894 lagen zwei Jahre. Um über diese zwei durchaus bewegten und doch in der *Autobiographischen Notiz* verlorengegangenen Jahre Auskunft zu geben und dabei auch der Frage nachzugehen, warum Morgenstern sie nicht zu seinen Wanderjahren rechnen mochte, werden die Kapitel mit ihnen gleichsam als Vorspann eröffnet.

Breslau 1892–1894

1893 München
1893 Bad Reinerz

Im April 1892 schrieb Christian Morgenstern sich an der Universität Breslau ein und nahm das Studium der Rechte auf. Bei Felix Dahn (1834–1912), dem Autor von *Ein Kampf um Rom* (1876), den Carl Ernst Morgenstern von gemeinsamen Breslauer »Bayernabenden« kannte, hörte er deutsche Rechtsgeschichte. In die Grundlagen der Nationalökonomie, die Morgenstern zum Hauptfach gewählt hatte, führte ihn der 29jährige Werner Sombart ein, der 1896 *Sozialismus und soziale Bewegung im 19. Jahrhundert* schreiben sollte. Morgenstern glaubte, »daß selten jemand in solcher Kürze und Klarheit ein Bild von der sozialen Lage entworfen hat wie er«, und stellte fest: »Er ist meine letzte Hoffnung. Ich vergöttere ihn geradezu.« Gemeinsam mit den Freunden Kayssler, Beblo und Anwand gab der Student die in 40–60 Exemplaren hektographierte Zeitschrift *Deutscher Geist* heraus, »die im Gegensatz zu der oft nüchternen unpoetischen Außenwelt eine Heimstätte der Schönheit, der Poesie, der Jugendideale sein sollte«. Als Motto war ihr vorangestellt: »Der kommt oft am weitesten, der nicht weiß, wohin er geht (Oliver Crom-

well).« Nach drei Heften wurde die Zeitschrift jedoch wieder eingestellt.

Zum Sommersemester 1893 wechselte Morgenstern den Studienort. Im April traf er in seiner Geburtsstadt München ein – die Breslauer Freunde Kayssler und Zitelmann kamen später nach – und zog in sein »Dachstübchen« in der Gabelsbergstraße 9, IV. In den folgenden zwei Monaten besuchte er nicht nur die Vorlesungen, sondern vor allem auch Oper, Theater und Museen. Neben seinen Bekanntschaften »infolge Dahnscher Empfehlungen« fand Morgenstern eine besonders enge Beziehung zu seiner Cousine Clara Ostler. Während der Pfingsttage unternahm er dann gemeinsam mit Kayssler, Zitelmann und Körner eine Wanderung durch die oberbayerischen Berge, die ihn Orte seiner Kindheit wiedersehen ließ, darunter auch Kochel (*Heimkehr*, S. 27).

Am 12. Juni 1893 brach in München zum ersten Mal seine Krankheit schwer aus. Morgenstern lag mit hohem Fieber im Bett, und es war seine Stiefmutter Amalie, die sich der Pflege des Kranken annahm. Amalie und Carl Ernst Morgenstern lebten zu diesem Zeitpunkt schon

16

getrennt; die Scheidung fand 1894 statt. Mitte Juli konnte Morgenstern dann über Breslau in das schlesische Bad Reinerz weiterreisen und sich dort im Landhaus Dinter einquartieren, zum ersten Mal zur Kur. In die Reinerzer Zeit fiel seine literarische Bekanntschaft mit Laurence Sternes *Leben und Meinungen des Herrn Tristram Shandy:* »Echt englisch breit, aber neben den barocksten, geistreichsten Einfällen ein Humor und eine feine, feine Ironie, die mir köstlicher duftet wie die Blume feinsten Rheinweins.« Durch diese Lektüre »unglaublich angeregt«, nahm Morgenstern »eine Anzahl humoristisch-satirischer Aufsätze« in Angriff, die er, »wenn sie die Zahl dreizehn erreicht haben, unter dem Titel ›Pillen‹ in Verlag zu bringen« plante. Einer davon war *Die Feigenblätter* (S. 24), der 1894 dann auch als Zeitschriftenbeitrag erschien. Ein Besuch der Glyptothek in München, in der noch bis in die Zwanziger Jahre hinein die Aktfiguren schamhaft mit Blechstücken bedeckt waren, hatte ihn zu diesem Aufsatz angeregt.

Vier Wochen blieb Morgenstern in Bad Reinerz, verbrachte noch zwei Wochen mit seinem Vater nahe Bad Salzbrunn in Nieder-Adelsbach und kehrte Anfang September nach Breslau zurück. Im Oktober begann dort, nach dem Umzug von der Breiten Straße in die Paulstraße 4, II, Morgensterns erste »Zimmerhaft«. Den Winter über war ihm vom Arzt ein striktes Ausgehverbot auferlegt worden. Trotz einiger Besuche, u. a. auch des treuen Dahn und des Literaturprofessors Max Koch, war Morgenstern in den nun folgenden Monaten im wesentlichen auf Lektüre als Unterhaltung angewiesen und richtete sich damit ein »Italien zu Hause« ein. Dort setzte er sich vor allem mit jenem

Schriftsteller und Philosophen auseinander, der für seine nächste Schaffenszeit von großer Bedeutung sein sollte: Friedrich Nietzsche.

Die zwei Jahre vom Abschluß der Gymnasialzeit bis zur Ankunft in Berlin hatten für Morgenstern in Breslau, der Stadt seines Vaters, begonnen und endeten in dessen Wohnung mit fünf Monaten der »Haft«. Sie hatten ihn nach München geführt, seiner Geburtsstadt und die Stadt seiner Verwandten und schließlich in das keine hundert Kilometer von Breslau entfernte Bad Reinerz. Sein Studium aber erwies sich bald aller interessanten Exkursionen zum Trotz als Sackgasse. Der erste Aufbruch hatte nicht weit geführt.

In den Jahren 1892–1894 schrieb Morgenstern lange Briefe an Fritz Beblo (1872–1947), den Freund aus der Zeit am Gymnasium Maria Magdalena und späteren Galgenbruder »Stummer Hannes«. Beblo war Architekt und Maler, ab 1903 Stadtbauinspektor in Straßburg und ab 1919 Oberbaudirektor in München. In Straßburg besuchte Morgenstern ihn 1908 und begann mit ihm als Illustrator das Kinderbuch *Klaus Burrmann, der Tierweltphotograph.* Weitere Briefe gingen an Marie Goettling (1862–1921), die Freundin aus Sorau, die ihrem verwitweten Vater den Haushalt führte, nach dessen Tod ihrem Bruder Gerhard in die USA folgte und nach ihrer Rückkehr – noch immer mit Morgenstern in Verbindung – in Berlin eine Pension führte; und nicht zuletzt an Clara Ostler (1873–1956), seine Cousine zweiten Grades. 1897 wurde Clara die Ehefrau des Kunstkritikers und Schriftstellers Oskar Anwand (1872–1946), mit dem Morgenstern 1904 die Komödie *Oswald Hahnenkamp* verfaßte.

Lessingbrücke und Königliche Regierung in Breslau

Ich war heute lange in der Stadt. Hin und her ging ich durch die Straßen, mich freuend, wenn ich bekannte Gesichter sah. Es war auch eines darunter von einem niedlichen Mädchen, dem ich zum Abschied in der Tanzstunde meinen Fächer geschenkt. Dann stand ich lange vor einer Kunsthandlung und hörte voll Rührung einen Haufen Arbeiter über die Kupferstiche disputieren und ihre Weisheit auskramen; jeder sah aus wie ein Bild von Rembrandt. – Weiter wanderte ich, langsam nach Hause zu, der reizvollen Abendbeleuchtung mich freuend, aber es trieb mich an unserm Tor vorbei und ich stieg auf die Holteihöhe. Auf halbem Wege blieb ich stehen und sah mir unser Haus lange an, ich dachte an die Jahre, die wir im dritten Stock gewohnt, jede Stube stand mir vor Augen – dort im großen Saal lagen auf dem Kamin ein paar Rettiche und eine Flasche Bier, als wir ankamen. Später standen im großen Saale Staffeleien und Malsachen, mein Vater malte darin. Doch das Zimmer blieb stets zu groß für uns. Dann sah ich meine Stube, lang und schmal, rechts und links Bett und Waschtisch,

Kommode und Schrank, in der Mitte gegen das Fenster der alte Großvatertisch. Ich ging weiter. Oben war es still und leer. Höhen sind einsam, dachte ich, und dabei fiel mir unser junger, mutiger Kaiser ein, der edle, ideale, herrliche Mann. Dann blickte ich hinunter auf den imposanten Oderstrom, zur Seite das mächtige Regierungsgebäude und ein paar hohe Bäume daneben, alles im Abendlicht mit scharfgezeichneten Umrissen – alles von den im Wasser sich spiegelnden Laternen bis zum leichtgewölkten Himmel voll Poesie, voll feierlicher Andacht. Ich stand versunken da, meine Einbildungen ließen mich statt der Oder die Alster in Hamburg sehen. Vor mir die gewaltige Lombardsbrücke, über die ich so oft als Schulknabe gegangen, dann bog der Weg links ab und dann kam ich in jene kleine Straße, an deren Ende meine Schule lag. Auch von den Kameraden dort grüßte ich manchen. Mein Auge schweifte wieder zurück an dem Kai entlang, auf dessen Mitte ich selbst mich befand, aus dem Fenster eines Hotels schauend, das ich einst mit meinen Eltern bewohnt. Den Kai hinab, dort ist wieder

18

Die Lombardsbrücke in Hamburg

eine Brücke, links davon ist eine kleine Gasse; ich kenne sie wohl, dort habe ich die schönen langen kanadischen Briefmarken gekauft. Und noch etwas weiter: da steht die Petrikirche mit ihrem hohen, spitzen Turm, in der ich so oft mit dem großmächtigen Gesangbuch neben Meta Meyer oder neben der guten »Tante Luise«, dem lieben »Onkel Otto« andächtig saß und sang: »Ein' feste Burg ist unser Gott, ein' gute Wehr und Waffen.« Die Tränen wollen mir kommen, wie sie mich fast dort übermannt hätten, auf dem Hügel. Ich drehte mich um, denn es wurden Schritte hörbar. Ein armer Laternenanzünder brannte eine Lampe an. Ja, dachte ich, wir sind alle solch armselige Anzünder, am liebsten möchten wir die ganze Welt in Flammen setzen und können schließlich froh sein, wenn wir hier und dort ein Herz finden, das wir anfachen dürfen, ganz so wie dieser Mann seine Lämpchen. Aber da ich nun einmal umgedreht dastand, so sah ich mir den guten, alten Holtei an, der mich schon lange betrachtet hatte, und er mochte wohl gedacht haben: Der ist auch so wahnsinnig, wie ich es war. Ja, du

hast recht, alter Mann, nur daß du einen Erfolg voraushast: Bücher. Es wurde aber endlich kalt und langsam schritt ich abwärts. Ich weiß nicht, wie es kam, aber die Tränen kamen mir nun wirklich in die Augen und ich hätte am liebsten die Hände gefaltet und gerufen: »Du lieber Gott, wie ist alles so schön, was für ein weites, liebendes Herz gabst du mir, ich kann nicht anders, als mit ihm auch dich wieder umfassen, ich will einen Gott haben —« und ich – hatte ihn wieder. Mag man mich schelten wie man will, in Kirchen werde … ich nicht gehen, aber wenn ich einsam wandere in der schönen, erhabenen Natur, da will ich stehenbleiben, oder ins weiche Gras mich niederlassen und will zu den Sternen emporsehen und auf die Felsen, die Bäume, die Bäche, und mein Geist wird alles bevölkern mit lieben Gestalten, mit Hoffnungen, Träumen, Erinnerungen – das wird mein Gebet sein zum ewigen Gotte, dessen Wehen ich spüre in meiner Brust. Meinen Gott wieder! Reiner, edler, gewaltiger wieder!

Breslau, Tagebuch 7. März 1890; *Aphorismen* (1987)

19

Werner Sombart

Christian Morgenstern um 1891/92

An Marie Goettling

Breslau, 21. bis 23. Juli 1892

Meine geliebte Freundin!

Ich war vorige Woche ganz in Deiner Nähe, nämlich in der Waldenburger Gegend. Professor Sombart unternahm eine national-ökonomische Exkursion, an der sich außer mir noch acht junge Juristen beteiligten. Freitag früh 5 Uhr 30 fuhren wir nach Sorgau, wo uns der Gutsinspektor der Fürstlich Pleßschen Güter mit zwei offenen Omnibussen empfing und zunächst in sein Haus fuhr (wo wir ein solennes Frühstück einnahmen), und dann durch den ganzen 2400 Morgen großen landwirtschaftlichen Betrieb. Nach einem kleinen Abstecher nach der alten Burg Fürstenstein, einem der schönsten Punkte Schlesiens, kamen wir nach Bad Salzbrunn, wo wir die sechzig Stück zählende Eselsherde und die Molkerei sowie das Kurhaus besichtigten. Eine halbe Stunde später fuhren wir in das mitten in den Vorbergen

reizend gelegene Städtchen Waldenburg ein, den Hauptgewinnungsplatz der niederschlesischen Steinkohle. Ohne Aufenthalt begaben wir uns nun nach der »Tiefbau-Grube«, wo uns der Bergwerksinspektor in liebenswürdiger Weise zunächst alle Einrichtungen »ober Tage« erklärte, worauf wir uns alle in eine plumpmalerische Bergmannstracht warfen und Öllämpchen in die Hand nehmen mußten, um in den 126 m tiefen Schacht einzufahren und auch das Bergwerk »unter Tage« kennen zu lernen. Dort nach einer Minute pfeilgeschwinden Hinabschießens angelangt, krochen wir nun drei Stunden ca. umher, zum Teil durch Stollen, die keine anderthalb Meter Höhe hatten, in Öl und Pulverdampf gehüllt, auf Brettern über Sümpfe balancierend, dabei voll Wißbegier und häufig in Gefahr von einem des Wegs rollenden »Hund« (kleiner Kohlenwagen auf Schienen) überfahren zu werden. Endlich um fünf Uhr kamen wir auf dem Fahrstuhl wieder nach oben und begrüßten freudig das schöne Tageslicht. Der Bergwerksinspektor lud uns nun zu einem opulenten Abend-

brot ein, dem ebenso wie dem edlen Bierstoff kräftig zugesprochen wurde. Dann noch eine kurze Bahnfahrt und wir waren in Wüstegiersdorf im Hotel zur Sonne, wo wir bald einer nach dem andern in unsern Stuben verschwanden. Am nächsten Morgen führte uns Dr. K., ein Großindustrieller ersten Ranges, – sein Bezirk umfaßt ca. 2000 Arbeiter – durch die weit ausgedehnten Gebäude seiner »mechanischen Weberei«. Da kann man denn nur staunen und sich im Tiefsten erfüllen lassen von dem gewaltigen Gefühl stolzen Menschbewußtseins. Und von dem Distichon: »daß wir Menschen nur sind, der Gedanke beuge das Haupt Dir«, habe ich nie den zweiten Teil: »doch daß Menschen wir sind, richt' es Dir freudig empor« so überwältigend empfunden wie in solchen Stunden. Ja, wir leben in einer Zeit, größer und gewaltiger als je eine gewesen, mit Stolz und Freude kann man das Wort des alten Hutten wieder rufen: »Es ist eine Freude zu leben, denn die Geister sind wach!« Sah ich aber in diesen Räumen die Kraft menschlichen Denkens, so sah ich an einer anderen Stätte die Kraft des menschlichen Herzens. Es war in der Handfertigkeitsschule für die Jungens und Arbeiter. Ich konnte meine Ergriffenheit kaum bemeistern, als ich den Saal durchschritt. Und es war doch nichts als eine Anzahl junger, sauberer, heiterer Menschenkinder, die fröhlich an ihren Hobelbänken, Laubsägeapparaten und dergleichen arbeiteten.

Und doch war es unendlich viel mehr. Es war Liebe in ihrer reinsten Form, es war Glück, was da von Mensch zu Mensch erwiesen wurde. Du hättest die netten kleinen Kerle sehen sollen! Zuerst Knirpse von sechs, sieben Jahren oder weniger, mit Korbflechtereien beschäftigt, dann etwas ältere an Hobel- und Drehbänken der verschiedensten Art, andere, die Schnitzereien und Blechwaren verfertigten und alle mit Frohsinn oder jenem wichtigen Ernst der Kindheit, der für den älteren Betrachter etwas so Rührendes hat. Diese segensvolle Einrichtung beschäftigt gegen hundert Arbeiterkinder den ganzen Nachmittag mehrere Male in der Woche. O, wenn erst eine solche Volkserziehung die Regel ist, dann werden andere Generationen erstehen. Unweit davon war der sogenannte Kindergarten, wo die kleinen Mädchen Spiel und Beschäftigung finden. Mit kleinen Besen und Schaufeln müssen sie alles rein halten, in einer niedlichen Miniaturwaschküche ihre Sachen selbst waschen und dergleichen: es ist einfach entzückend. Es gibt doch nichts Schöneres als Kinder und Kindheit. Den prächtigen alten Amtsvorsteher K., der dies und außerdem noch verschiedene Kranken-, Armen-, Waisenhäuser, das Mädchenversorgungsheim usw. mit Feuereifer leitet, hätte ich umarmen können.

Die speziellen Arbeiterhäuser, deren Dr. K., ein durch und durch edler nobler Charakter, viele gebaut hat, besichtigten wir auch. Jedes Haus ist zweistöckig und enthält zwölf Wohnungen zu zwei bis drei Stuben. Die Leute sind zufrieden und glücklich darin, halten sich Blumen vor dem Fenster und haben zudem noch ein kleines Stück Land zum Bebauen. Wir traten in verschiedene Wohnungen – überall ein netter, freundlicher Eindruck. Und die Menschen darin – die sind für mich immer das Schönste, diese tausend Variationen des einen Begriffes »Mensch«. Dieses tausendfache eigenartige Leben, das jede Erscheinung wieder anders und gleich unergründlich offenbart. Am Abend fuhren wir von W. Giersdorf durch ein herrliches Tal nach dem idyllisch gelegenen Gasthof von Rainsbach, von wo aus ich Deinem lieben Vater eine Karte schickte. Die ganze Natur war in jene milde verklärte Abendstimmung getaucht, die ich so über alles liebe.

Abends, nach Rückkehr fand ein sehr fideler Kommers statt. Nächsten Morgen fuhren wir nach Wüstenwaltersdorf zu Geheimrat W., der ebenso wie K. das ganze Tal dort mit seinen Webereien etc. beherrscht. W., ein äußerst wohlwollender älterer Herr, führte uns durch das ganze Dorf, das auf jedem Schritt von seinen segensreichen Einrichtungen zeugt. Um zwölf Uhr ward wieder angespannt und nun ging es durchs Schlesier- und Oberweistritztal nach Schweidnitz, dessen gewerbliche und landwirtschaftliche Ausstellung wir noch zwei Stunden besichtigten. Gegen zehn Uhr Ankunft in Breslau. Sombart war reizend während der ganzen Partie; ich bin ihm endlich näher gekommen und habe mich viel mit ihm unterhalten. Auch er bekommt jetzt den »Deutschen Geist«, zumal er ja indirekter Mitarbeiter desselben geworden ist.

Dich grüßt in alter herzlicher Treue Dein Chrischan, der sich unendlich auf Dich und Euer liebes stilles friedsames Heim freut.

21

Mein Leben ist der Woge gleich:
Bald strömt's emporgehoben,
und stürmisch stolz und selig weich
durchschwärmt mein Geist der Träume Reich
von Zauberglanz umwoben.

Bald fließt es tief in dunklem Tal –
die Träume sind verschwunden,
die Erde dünkt mir schal und kahl,
als hätt ich ihrer Schönheit Strahl
im Herzen nie empfunden.

Man muß ein tapfrer Bootsmann sein
bei seinem Auf und Nieder.
Doch bricht auch Nacht und Sturm herein –
das erste Fünklein Sonnenschein
verscheucht die Sorgen wieder.

Oktober 1892; *Mensch Wanderer* (1927)

Morgenfahrt

Im Morgendämmer fuhr ich über Land –
die Äcker stumm – die Wälder schwarz und tot –
bis endlich an des Himmels fernstem Rand
sich Streifen zeigten, gelb und rosig rot.

Nicht lange, und wie Feuer und wie Blut
entstieg der Ball den Nebeln feucht und kalt,
und übergoß die Flur mit Purpurglut
und wandelte in wogend Gold den Wald.

Und auch auf mich im Wagenzwielicht traf
ein Blitz, mich strahlend wappnend wie zum Streit,
und küßte meine Seele aus dem Schlaf:
Ein Flammengruß aus der Unendlichkeit.

24. Oktober 1892; *Mensch Wanderer* (1927)

An Fritz Beblo

München, 1. Mai 1893

Mein lieber, treuer Freund!

Zufällig entdecke ich eine Nachmittagsstunde, wo ich zu nichts verpflichtet bin und würde mir Vorwürfe machen, wenn ich sie zu etwas anderem benützte, als Dich, lieber Freund, wegen meines langen, auf den Verhältnissen beruhenden Stillschweigens um Vergebung zu bitten und es zugleich auf eine Weile zu unterbrechen. Von meiner Wohnungsgeschichte wirst Du wohl gehört haben; ein verhältnismäßig ganz »ideales Dachstübchen« (wie Du schriebst), habe ich schließlich doch gefunden und fühle mich in ihm ganz wohl, zumal da es ungestört und luftig ist. Ich schaue durch mein Fenster über ein wechselvolles Hinterhäuser-Dächermeer, das ein grüner Baumgarten freundlich unterbricht, auf das stattliche Palais Luitpold, über das noch die grüne Kuppel und der rechte Turm der Theatinerkirche hervorlugen. Rechts von dem Palais breitet sich in weiter Entfernung die
gewaltige Frauenkirche ihrer ganzen Längsseite nach vor meinem Blicke aus. Auf der andern Seite meiner Straße dehnt sich etwa drei Minuten lang die Türkenkaserne, aus der häufig mit klingendem Spiel Truppenteile aus-marschieren und wieder in sie zurückkehren. Die Sonne besucht mich nur vormittags, aber die Sterne die ganze Nacht.

Früh, einhalb sieben ca. stehe ich auf, koche meinen Kakao und habe dann mit Franz Karl das erste Colleg von halb acht bis neun Uhr Pandekten. Dann eine »hohle« Stunde, von zehn bis elf Uhr W. H. v. Riehl (auch Musikschriftsteller etc.), Kulturgeschichte des achtzehnten und neunzehnten Jahrhunderts, elf bis halb ein Uhr v. Arnim, Deutsches Privatrecht. Hoffentlich verleidet mir die Hitze nicht den regelmäßigen Besuch, er wäre mir sehr nützlich. Darauf essen wir drei zusammen Mittagbrot im »Jägergarten«, einem ganz gemütli-chen einfacheren Lokal in unserer Nähe, dessen Fenster übrigens der bekannte Diefenbach sehr künstlerisch bemalt hat. Nach dem Essen wird entweder Billard gespielt oder ins Café, deren es Dutzende gibt, gegangen und Zeitungen gelesen. Der Nachmittag ist dann meist auf irgendwelche Weise besetzt, bei mir hauptsächlich durch Verwandtenaufsuchen, Spaziergänge mit meiner Mutter, die augenblicklich hier in München ist etc. Allmählich werden nun auch die -theken in ihr Recht treten, von denen ich nur erst die Glyptothek flüchtig durcheilte. Abends essen wir in der Regel gemeinschaftlich auswärts, mit oder ohne Musik, zuweilen auch nach einem geistigen Genuß in Schauspiel oder Oper. So wollen wir heute Romeo und Julia ansehen. Deswegen entschuldige, wenn ich heute abbreche, da die Uhren eben sechsmal schlagen.

Zwei Tage darauf nehme ich den Faden wieder auf, nachdem der Theaterbesuch ins Wasser gefallen ist und ich den gestrigen Tag teils im Nationalmuseum, teils mit meinem lieben Verwandten, Bergrat Ostlers, in dem Cercle-Salon der Baronin von H. verbracht habe. –

Abends. Eben habe ich wieder etwas die Poeterei versucht und unter andern meinen Ingrimm über die geschwätzigen Uhren geäußert, die mir mit widerwärtiger Genauigkeit jede Viertelstunde vorrechnen.

O wäre ich König: ich ließe sogleich
die Uhren im Lande schweigen,
es dürfte in meines Schlosses Bereich
keine Glocke die Stunde mehr zeigen.

Es dürfte nicht jede Kirchturmsuhr
mit ihrer Weisheit prunken,
wann wieder mir sterblichen Kreatur
eine Spanne auf ewig versunken ...

Ihr seligen Zeiten, da man noch
hinträumte von heut auf morgen,
da man noch nicht im schnurrenden Joch
der Kultur sein Leben geborgen!

[...] Die Besuche infolge Dahnscher Empfehlungen nehmen mir unglaublich Zeit weg und waren bis jetzt bis auf einen Mann, Professor Lotz, erfolglos, indem ich in schrecklichster Hitze und höchster Gala (im Claque müßtest Du mich sehen!) die unmöglichsten Straßen auf und ab renne, um stets zu erfahren, daß entweder die Wohnung gewechselt, die Herrschaft »eben« fort oder ganz verreist sei. Ich bin in heller Wut über dies unerhörte Pech und pausiere jetzt ganz einfach eine Weile. – In Starnberg war ich einmal, sonst häufig in den herrlichen Isar-Anlagen, in deren entfernte Teile ich nächsten Samstag mit den drei Freunden eine kleine Partie plane, wo wir dann (wie bei mir stets) Deiner, liebster Freund, und der lieben Deinen treulich gedenken werden. Wie gehst Du mir ab mit Deiner Musik, Du lieber Kerl!

Auszug aus dem Belegbogen Morgensterns für das Sommersemester 1893 an der Universität München

23

Die Feigenblätter

Wenn ich mir überall ein Blatt vor den Mund nehme, so nehme ich mir doch in der Sache von den Feigenblättern kein Blatt vor den Mund, zumal ein solches Blatt mein ganzes Gesicht bedecken würde, den Mund als Blatt, die Augen als Binde, die Stirn als Brett.

Lassen wir also Blatt, Binde und Brett fallen und wenden uns zur Sache.

Sie rücken unruhig hin und her, gnädige Frau, aber Sie können beruhigt sein: es handelt sich um eine Angelegenheit der Kunst.

Und sollten Sie der Prüdesten eine sein, so werden Sie mir doch am Ende dankbar die Hand drücken – denn ich stehe ja ganz auf Ihrer Seite. Wenn Sie nämlich einmal auf der Durchreise durch München – wenn Sie selbst Münchnerin sein sollten, ist es fatal: denn dann waren Sie gewiß noch nie darin! – in der berühmten Skulpturensammlung, der Glyptothek, gewesen sind, werden Sie sich gewiß über die Menge von den Feigenblättern gewundert haben, die dort so freigebig verstreut sind, als hätte ein Orkan in einem Sykomorenwalde gewütet.

Aber wenn ich Sie auch nicht geradezu veranlassen mag, sich handgreiflich von der Unrichtigkeit dieser Vermutung zu überzeugen, so werden Sie mir doch auf meine Versicherung hin glauben, daß es nicht natürliche und zufällig anwesende, sondern äußerst geschmackvoll aus Blech nachgebildete, grünangestrichene und mit unnachahmlichem Takt placierte Feigenblätter sind, welche hier den Eindruck der herrlichen Bildwerke erhöhen.

Allerdings sind diese Feigenblätter wieder mehr, als sie scheinen: sie sind mehr wie Blech. Sie sind gleichsam Doppelsymbole; zum ersten des Triumphs, den die modern-christliche Sittlichkeit über die heidnische Antike errungen, und zum zweiten der erhabenen Kulturstufe, welche die höchste Schönheit durch die höchste Sittlichkeit geadelt zeigt.

Gnädige Frau, bewundern Sie diesen unschätzbaren Fries, den Kampf um die Leiche des Patroklos darstellend, und danken Sie nächst Ihrem Gott, der den Feigenbaum geschaffen hat, dem Kunstsinn der kunstsinnigen Männer, die diesen Gotteswink so fein verstan-

Alexander, Römische Kopie nach einer Statue des Euphranor, 338/63 v. Chr.; Glyptothek, München

den –: denn sonst wäre Ihnen schlechterdings dieser Genuß versagt geblieben.

Denn wenn ich einerseits als selbstverständlich annehme, daß Sie im Prinzip von Abscheu gegen alles erfüllt sind, was unsere bösen Triebe anzufachen geeignet ist, so stimme ich Ihnen andrerseits auch darin von ganzer Seele bei, daß der Anblick eines durchaus unbekleideten menschlichen Körpers zu dem Abscheulichsten gehört, was man einem arglosen, reinen Auge bieten kann.

Daß Gott selbst den Menschen also gemacht, ist nur durch die Annahme zu entschuldigen, er habe vergessen, vor Adam und Eva einen Schneider zu erschaffen, der zwei Anzüge fertiggestellt hätte, welche Gott dann mit Humus gefüllt und mit seinem Odem angeblasen haben würde.

Und dennoch! Trotz des ungeheuchelten Lobes, das ich soeben der gereiften Sittlichkeit unserer Zeit gespendet, gebe ich mich, als überzeugter Anhänger der Theorie vom rastlosen Fortschritt der Menschheit, dem Glauben hin, daß ein künftiges Säkulum auch darin uns überholt und zu einer Höhe der Reinheit und Moralität sich emporgesittlicht haben wird, von der wir uns jetzt kaum eine Vorstellung machen können.

Sie blicken mich starr an, gnädige Frau, Sie begreifen nicht, wie eine noch geläutertere Anschauung über diesen Punkt als die Ihrige, jemals werde existieren können.

Doch es ist so.

Schon wandelt hier und dort ein Bürger derer unter uns, die da kommen sollen.

Begleiten Sie mich in jene Gasse: Sehen Sie bitte in dieses Schaufenster, Sie erblicken eine Venus von Milo, den Busen von einem schwarzen Schleier sorgsam umhüllt: Voilà, das ist das Evangelium der Zukunft! Wie beneide ich diese Zukunft! Dann Schneider sein zu dürfen – o lassen Sie mich träumen! Ob man antiken Faltenwurf oder modernen Pariser Schnitt wählen wird? Ob für die medicäische Venus nur eine Art Staubmantel oder Morgen-Negligee, faltige oder anliegende Bluse, Rock mit Tournüre oder mit langer bez. kurzer Schleppe, ein Glocken- oder ein Reifrock bestellt werden wird? Oder am Ende nur ein Badeanzug, ein Reitkostüm, oder ein englischer Reformanzug (Pluderhosen und weite, faltige Bluse)? Und wie wird sie sich um den Hals tragen: eng, mit Spitzenbesatz, weitausgeschnitten oder mit Stehkragen, grün getupfter Chemisette und moderner Kravatte?

Und Apoll von Belvedere!

Er hat eine so elegante Beinstellung. Die Bügelfalte wird ausgezeichnet fallen, der ein wenig sichtbare blau und rot gestreifte Strumpf über dem spitzen Niederschuh macht sich köstlich. Doch die Farbe der Beinkleider macht mich nachdenklich. Eigentlich wäre Schwarz für einen Gott das Passendste. Und dann natürlich Frack, Gesellschafts- oder Gehrock. Und darüber vielleicht einen Hohenzollernmantel. Doch was fängt man mit dem Tuch an, das er um den Hals geschlungen und über den ausgestreckten Arm gehängt hat? Halt – eine Idee! Schade zwar um die Bügelfalte ...: Ich werde ihn

schottisch kleiden. Das Tuch kann weggebrochen und durch einen ebenso gelegten Hochländer-Shawl ersetzt werden; dazu kommen Kniehosen ...

Sie lächeln, gnädige Frau – Sie halten mich für einen schneidigen Phantasten oder einen phantastischen Schneider – aber ist es denn nicht Menschenliebe, welche mir solche Pläne eingibt?

Liebe zu Ihnen und allen denen, welchen diese indiskreten Marmorgötter ein Greuel sind. Oder sollten sie Ihnen kein Greuel sein?

Es wäre schrecklich, wenn ich mich in Ihnen getäuscht hätte.

Sollte ich in der unbedenklichen Anlehnung an die Auffassung jener kunstsinnigen Männer, von denen ich vorhin gesprochen, Ihnen gegenüber geirrt haben?

Schwebt Ihnen etwa auf der Zunge, zu sagen: »Die Kunst ist etwas Heiliges, Göttliches, in das wir unsere zweifelhaften Alltagsmoralbegriffe nicht hineintragen dürfen, ohne es zu entweihen« oder die Behauptung auszusprechen, dem Reinen sei alles rein, oder wollen Sie mir gar ein Wort aus John Miltons »Verlorenem Paradies« entgegenhalten –

»Scham, die nicht für Naturgebilde paßt,
Ehrlose Scham, von Sünde nur erzeugt,
Wie hast du doch das menschliche Geschlecht
Mit leerem Schein der Reinheit arg verblendet,
Und aus dem Menschenleben allen Segen,
Der Einfalt und der Unschuld Glück verbannt.«

Sollten Sie etwa gar der Ansicht sein, diese Feigenblätter in der Glypto-(besser Krypto-)thek seien eine Schande und eine Schmach für eine Kunststadt wie München?

Bad Reinerz/Adelsbach, Sommer 1893; »Der Zuschauer«, 1. Oktober 1894, *Kritische Schriften* (1987)

München

Du liebe Mutter- und Vaterstadt,
dir will ich nichts Hartes sagen.
Doch trinke dich nicht allzu satt
an alten glänzenden Tagen.

Wahrscheinlich 1899; *Epigramme und Sprüche* (1919)

1893 in München. Morgenstern links, neben Oskar Anwand und Clara Ostler

An Clara Ostler

München, 5. Juni 1893

Mein liebes, teures Clärchen!

Soeben komme ich von einem reizend gemütlichen Abend nach Hause, den ich bei Deinen lieben Eltern verlebte und wo ich nur Eines – aber dies recht sehr – vermißte: Dich, mein liebes süßes Cousinchen ...

In letzter Zeit habe ich nicht viel zustande gebracht, dafür aber keimen mehrere Pläne in mir, besonders durch die Bergtour angeregt. Ich will mich vielleicht im Sommer in Tirol an »Bergphantasien« versuchen, wo ich einmal, abweichend von meiner Gewohnheit, nur Erleb-tes, Geschautes, Empfundenes wiederzugeben, mich ganz einem phantastischen Zuge in mir überlassen will, den ich schon manchmal in mir habe aufblitzen fühlen, und der sich schon einmal in dem Märchen »Der Berg-strom« andeutend geäußert hat.

Die Berge haben Dich zuerst deprimiert? Ich ver-stehe es, aber wir Menschen bleiben trotzdem die größe-ren. Denn was wären die Berge, wenn sie einmal ins Weltall hineinragten, wenn sie in keinem Menschenauge sich spiegelten, wenn nicht ein lebendig Herz sie als groß, schön und erhaben empfände, wo wäre der Täler Reiz und Lieblichkeit, wenn ihr Anblick nicht in einer fühlenden Brust das Urteil weckte: sie sind reizvoll und lieblich, d.h. in meiner Anschauung.

26

Heimkehr (nach Kochel)

Nach dem Dörflein stieg ich nieder,
drin ich erste Schritte tat,
jedes Haus erkannt' ich wieder,
jeden Baum und jeden Pfad.

Und ein Kind in grünem Jäckchen
hüpfte spielend zu auf mich,
drall und blond mit roten Bäckchen.
Und dies muntre Kind war – ich.

Lächelnd nahm ich's auf die Arme,
sah ihm forschend ins Gesicht.
Küßt' es ihm, das zarte, warme,
doch es kannt', es kannt' mich nicht.

Staunend sah es mich aus bangen
großen Augen lange an.
Seine kleinen Hände rangen
ängstlich mit dem fremden Mann.

Zuckend laß ich's niedergleiten,
schlag die Hände vor's Gesicht –
Änderten mich so die Zeiten?
Ach, es kennt, es kennt mich nicht!

Blick auf Kochel und seine Umgebung, durch die Morgenstern im Mai 1893 wanderte

Heiße, bittre Tränen rollen,
traurig wird mein Herz und schwer –
Kindheitsglück, Du bist verschollen,
und ich kenn mich selbst nicht mehr.

München, 7. Juni 1893; *Mensch Wanderer* (1927)

An Clara Ostler

Bad Reinerz, 17. Juli 1893

Eben komme ich vom Kefyr-Trinken zurück. Es ist ein wahrhaft herzerfreuender Abend geworden und die Gegend liegt in entzückender Schönheit da. Ach, wenn ich sie Dir selbst zeigen könnte! Du mußt Dir ein liebliches Waldtal denken, links und rechts meist mit Fichtenwäldern bedeckte Höhen, der Grund von einem frischen kleinen Bach, dem Weistritzwasser, durchstürmt. Im Anfang der Talmulde breite sonnige Wiesen und Kornfelder. Dazwischen Villen und Häuser im Dorfstil. »Meine« Villa ist so ziemlich das letzte vornehmere Gebäude, ein sauber gehaltenes und schmuck aussehendes Haus mit zierlichem Giebel, Balkons und einer kleinen offenen Veranda.

Die Aussicht könnte man sich nicht idyllischer denken. Vor dem Haus eine grüne Wiese, dann der traulich rauschende Bach, dicht von Bäumen aller Art umsäumt, dahinter ein mit Wiesen, Feldern und zerstreutem Buschwerk bedeckter Hügel ansteigend, dessen Höhe ein herrlicher tiefdunkler Fichtenwald kränzt. Darüber der Blick ins unendliche All.

Wie oft schon habe ich mich in diese Unendlichkeit hineinzusenken versucht, aber es gelang mir fast nie, und dann nur für Sekunden. Man kann es nur, wenn man die Kraft hat, alles um sich und in sich zu vergessen und gleichsam den Geist losgelöst in die ewigen Weiten zu

27

Bad Reinerz. Das helle Gebäude im Mittelgrund mit der »kleinen offenen Veranda« ist das Landhaus Dinter, in dem Morgenstern wohnte

schicken. Oh, wer sich jederzeit in einem Moment so über die Dinge um sich erheben könnte! Denn was uns drückt und quält, was uns ruhelos von Stimmung zu Stimmung jagt, es ist zumeist das Kleinliche, Nebensächliche des Alltagslebens, in das wir uns häufig viel zu eng verstricken lassen. Gehen doch die Menschen unserer Zeit nicht wie souveräne Herrscher durch ihr Reich, die Welt, sondern wie Sklaven, unter unzählige Joche gebückt, die sie sich selbst oder die ihnen die Verhältnisse schaffen. So wird durch eigene Schuld und Druck von außen die herrliche Menschengestalt zusammengeschnürt mit dem Strick des Vorurteils, der Indifferenz, der Selbstgefälligkeit, der Unwissenheit, und andrerseits des Kampfes ums tägliche Brot, bis die Brust kurzatmig wird und trüb das Auge, daß ihr die Wälder vergeblich duften und ihr umsonst Sonne und Sterne strahlen.

An Friedrich Kayssler

Nieder-Adelsbach, 19. August 1893

Geliebter Freund,

… Mein Leben erscheint mir zur Abwechslung einmal wieder wertvoller wie früher. Ich scheine nämlich wirklich ein Dichter zu sein. Ich habe Dir oft von meinen Perioden erzählt. Nun, die jetzige Periode, seit Anfang Reinerz, hat mir einen Stil und eine Leichtflüssigkeit der Phantasie und Kombination geboren, über die ich selbst erstaunt bin. Sobald ich ein Thema habe, gelingt mir die Ausführung mit spielender Schnelligkeit. Aber wie lange wird es währen! Ich schreibe eine Anzahl humoristisch-satirischer Aufsätze, die ich, wenn sie die Zahl dreizehn erreicht haben, unter dem Titel »Pillen« in Verlag zu bringen versuchen will. Doch gebe ich mich keinen Illusionen darüber hin, daß den Sachen noch vieles abgeht, obschon sich mir selber darin eine Gestaltungskraft verrät, die mich stolz und selig machen könnte, wenn ich kein so arger Skeptiker an mir selbst wäre. Immer mehr frappiert mich an meiner Art zu schreiben, der knappe schlagende Dialog – von jeher eine Liebe von mir – der ebenfalls auf dramatische Begabung hinwiese. Doch damit wollen wir noch warten. O wie gern möchte ich allem Schönen und Hohen Worte leihen und die Menschen damit erfreuen; denn ich fühle wohl, daß ich auf andere Weise ihnen nie sonderlich viel nützen werde […]

Bade-Erlebnisse verschiedentlich und zum Teil sehr interessant. Besonders ein junges Mädchen aus Breslau gesehen, bildschön, ein Königskind; will mir nicht aus dem Kopf. O ich unglückliche Künstlernatur! Wie oft werde ich noch nicht umhin können, die Schönheit immer wieder schön zu finden und sie anzubeten. Denke Dir, welch stolzen Namen – Cornelia. Sie ist eben ein Königskind. Ich weiß keine andere Bezeichnung für sie. Habe ihr auch vergangener Tage vor meiner Abreise ein kostbares Rosenbukett geschickt mit der stolzen Widmung: »Einem Königskinde ein Sänger der Zukunft.« Aber Todes-Schweigen darüber!! In vollstem Ernst! Kein Mensch weiß was davon. Ich habe keine Ahnung ob sie eine Ahnung hat, nur das weiß ich, daß sie es gnädig aufgenommen.

28

»Gruss aus Bad Reinerz«

Das Königskind

Ich ging an träumenden Teichen
vorüber in mondiger Nacht;
in den flüsternden Kronen der Eichen
spielten die Winde so sacht ...
Da umspann mich der Zauber der Stunde,
daß ich hemmte den einsamen Gang –
    nur die Nixen sangen im Grunde,
    tief im Grunde,
    ihren leisen, dunklen Gesang.

Ihr Antlitz tauchten die Sterne
ins schauernde Wellenmeer,
aus duftverschleierter Ferne
grüßten die Berge her.
Kein Laut in schweigender Runde –
keines Vögleins verspäteter Klang –
    nur die Nixen sangen im Grunde,
    tief im Grunde,
    ihren leisen, dunklen Gesang.

Da war mir, es käme gezogen
ein Lachen im leichten Wind
und trüge über die Wogen
ein strahlendes Königskind ...
Und ich rief mit bittendem Munde –
doch keine Antwort klang –
    nur die Nixen sangen im Grunde,
    tief im Grunde,
    ihren leisen, dunklen Gesang.

»Auf eine kleine Polin, die ich in Bad Reinerz (Sommer 1893) gesehen«, 1894;
Ich und die Welt (1898)

An Clara Ostler

Breslau, 30. Oktober 1893

… Ich bin nämlich für die ganze Zeit der Wintermonate zu strengster Zimmerhaft verurteilt – gleichviel ob Sturm ob Sonnenschein: eine Kur, welche man trostreich »Italien zu Hause« nennt. Ich hätte nicht geglaubt, daß Italien so langweilig und zugleich so interessant ist. Welch eine vornehme Gesellschaft umgibt mich hier! Die besten und schönsten Geister deutscher Nation und mancher fremden drängen sich um mich und wollen mich ihrer Weisheit voll machen. Dort sitzt der Geheime Rat Goethe mit seinen großen stahlgrauen Augen, Schiller rennt lockenschüttelnd auf und ab, Dickens liest mir sein herrliches Bleakhouse vor, Herder lächelt mir voll Menschenfreundlichkeit zu, indes Heine sein mehr oder minder interessantes Geistesfeuerwerk abbrennt, Nietzsche wütend die Fenster aufreißt und Schopenhauer mir triumphierend zuflüstert: Welch jämmerliches Leben Du da führst! Alles ist eitel.

Das ist alles sehr interessant, manchmal bekommt man sogar Kopfweh davon.

Man möchte Luft, Landschaft, Sonnenschein, naive Menschenkinder, Gesang und Lachen und zwit-schernde Vögel. Aber das gibt es alles nicht in »Italien«. Und das ist oft sehr schmerzlich und langweilig. Allein man gewöhnt sich an alles […]

Was ich sonst in meiner Gefangenschaft treibe? Nun, außer dem »Tichten und Trachten, das böse von Jugend auf«, war, will ich mich diesen Winter zu einem perfekten English- und Frenchman ausbilden d. h. nur sprachlich. Da ich nun auch dieses Semester für mein Studium, Jus genannt, verliere, indem ich keine Collegs besuchen kann, so gehe ich mit dem Entschlusse um, dieser unseligen Halbheit energisch und ehrlich ein Ende zu machen und mich meinem wirklichen und einzigen Lebensberufe, dem Schriftstellerberufe mit ungeteilter Kraft zuzuwenden.

Ich bin einmal kein Jurist, wozu also beständig sich und anderen etwas vorlügen. Die Feder ist meine Waffe und das weite Gebiet der Gedanken meine Domaine; – ich will frei bleiben und ehrlich, ich will einen Beruf, in dem ich auch einmal Dichter sein darf, wenn der Geist über mich kommt. Ich habe nur auf dieses eine Los zu setzen, alle anderen sind Nieten, aber dieses könnte ein Treffer sein. Vogue la galère!

*

Berlin 1894–1898

1894 Bad Grund
1895 Werder
1895 Nordsee
1896 Bad Fusch

Im April 1894 kam Christian Morgenstern in Berlin an. In der Artilleriestraße 31 bezog er ein Zimmer, schrieb sich an der Universität als Student der Kunstgeschichte ein und nahm seine Arbeit an der Nationalgalerie auf, die ihm der Vater bei dem Geheimen Rat Jordan, einem alten Bekannten und nun Direktor der Galerie, vermittelt hatte. Das monatliche Einkommen von 75 Mark, das er für die Katalogisierung der Portraits des Kupferstichkabinetts erhielt, war eine Voraussetzung für das Studium, denn die finanzielle Unterstützung durch den Vater konnte nach dessen dritter Heirat nur noch als »sehr mäßig« bezeichnet werden. Das Studium selbst und die Aussicht, eines Tages »den bezüglichen Doktor gebaut« zu haben, rechtfertigten den Aufenthalt in der Stadt. Dem Selbstverständnis nach aber war dort aus Breslau bereits Christian Morgenstern, der künftige Schriftsteller, angekommen, und dieser suchte auch sogleich Heinrich und Julius Hart und ihren Friedrichshagener Dichterkreis auf und fand durch sie Zugang zur Mitarbeit an der *Täglichen Rundschau*. Feuilletons und Kritiken für diese und bald eine Reihe anderer Zeitungen und eine

rege Anteilnahme am gesamten kulturellen Leben der Stadt hatten das akademische Studium bald in den Hintergrund gedrängt.

1894 begann Morgenstern »so nebenbei« und zunächst gemeinsam mit dem Studienfreund Fritz Münster, an einer humoristisch travestierenden Neuübertragung Horazscher Oden zu arbeiten, in die er seine ersten Berliner Eindrücke einwob: *Horatius travestitus,* dessen erste Auflage dann 1896 in Berlin als anonymer »Studentenscherz« erschien und dem inzwischen verstorbenen Freund gewidmet war. Doch reflektierte seine Poesie die Stadt nicht nur auf humoristische Weise. Die ›soziale Frage‹ hatte der Student der Nationalökonomie schon bei Werner Sombart in Breslau, auf Exkursionen in schlesische Bergwerke, Großwebereien und Arbeitersiedlungen kennengelernt, und bereits 1891 hatte er an Kayssler geschrieben: »Es ist mir ein Verständnis gekommen von dem unsagbaren, himmelschreienden Elend, das uns – und zumal in der Großstadt – in jeder Stunde umgibt, und ich habe gefühlt, wie nichtswürdig unser aller Verhalten ist, das sich zwischen Verachtung des Volkes, träger Genußsucht und lauem Wohltun bewegt – ohne auch nur eine Spur wahrhaftiger, kraftvoller Liebe aufzuweisen, wie es Bruder zu Bruder haben soll.« In der Hauptstadt des deutschen Reiches, in der 1880 1,1 Millionen und 1900 1,9 Millionen Menschen lebten – darunter Hunderte von Millionären (*Kalt Blut und warmes Untergewand*, S. 41) – wich der Lyriker Morgenstern dem Elend nicht aus.

Auch dem deutschen Kaiser Wilhelm II. war dort nicht auszuweichen. Obwohl Morgenstern schon 1894 selbstironisch zurückgeblickt hatte:

Auch ich war ein Jüngling mit lockigem Haar
und schwärmte für Marx und Lassalle;
ein Priester im roten Rebellen-Talar,
so eiferte ich am Musenaltar
und schwärmte für Marx und Lassalle

Mensch Wanderer (1927)

so verband er doch mit seinem Bekenntnis zur Monarchie:

Ich bin kein Anarchist, weiß Gott,
weit eher noch Reaktionär;
ein großer König ist mein Gott.
Wenn nur einer zu finden wär.

Epigramme und Sprüche (1919)

Als am 22. März 1897 zum hundertsten Geburtstag Wilhelms I. die Einweihungsfeier des Nationaldenkmals stattfand, nahm Morgenstern das zum Anlaß, Ασβεστος γέλως (»Unauslöschlich Gelächter«, S. 62) zu schreiben, und er erläuterte später: »Es heißt eigentlich: Die Tage der *Könige* ... und entstand aus Zorn über das ›Gottesgnadentum‹, mit dem unsere Könige ihren Thron drapieren, diese beständige Berufung auf ›Gott‹ als ihren Duz-

bruder. Es ist aus jenen Märztagen, wo das ›Wilhelm der Große‹-Denkmal enthüllt wurde. Ich ärgere mich, daß ich das Wort Könige geändert habe, und es soll später in sein Recht eingesetzt werden, aber ich wollte den Staatsanwalt nicht schon jetzt auf dem Halse haben. Einmal wird er mich doch fassen, vielleicht schon auf die Epigramme hin. Dann werde ich Schweizer.« Diesen schon 1896 geplanten »Epigrammangriff auf alles Mögliche im modernen – besonders Berliner – Leben« führte Morgenstern nicht durch. Die Zensur aber hatte er dann 1901 gegen sich, als Max Reinhardts und Friedrich Kaysslers *Schall und Rauch* seinen *Lauffgraf* zur Aufführung bringen wollte, eine Parodie auf Josef Lauffs *Burggraf*, die das kaiserliche Gottesgnadentum noch einmal scharf aufs Korn nahm.

Im August 1894 reiste Morgenstern für etwa drei Wochen in den Harz nach Bad Grund. Der inzwischen dreiundzwanzigjährige Kurgast aus Berlin war ein glühender Verehrer Friedrich Nietzsches, dessen »Zarathustra« er gelesen hatte, als er im Winter 1893/94 durch seine Krankheit zu jener mehrmonatigen »Zimmerhaft« in Breslau verurteilt war: »Wenn die Sonne emporsteigt, erwachen die Lerchen. Die Sonne ging auf – da bin ich erwacht, *eine Lerche Zarathustras.*« 1896 widmete Morgenstern dem Dichter und Philosophen, der sein »eigentlicher Bildner und die leidenschaftliche Liebe langer Jahre« wurde, das Gedicht:

An Friedrich Nietzsche

Die Park-Kapelle spielte »Lohengrin«.
Da löste sich mein Blut zu jähem Gang,
daß heiß und weh das Herz mir überschwoll.

Auch Du hast jene Töne ja geliebt
und einst voll tiefen Dursts in dich getrunken,
auch Du an ihnen zitternd dich berauscht,
wie ich mich heute zitternd dran berauscht.
O Du!...
    Und unter Tausenden, die stumpf
ihr kaltes Ich behaglich wiederkäuten,
hab ich, mit starren, unerschloßnen Mienen,
in innern Tränen fassungslos geweint.

Ich und die Welt (1898)

1897 notierte er: »Man sieht Nietzsche ins Auge und weiß, wo das Ziel der Menschheit liegt«, und noch für den Neununddreißigjährigen blieb das längst überwundene Vorbild »der letzte große deutsche Philosoph«.

1894 in Bad Grund begann Morgenstern das Werk, das er »dem Geiste Friedrich Nietzsches« widmete, seine erste – und einzige vollendete – zyklische Dichtung: *In Phanta's Schloß*. Die Muse dieser Dichtung war Eugenie Leroi, 1871 in Bad Ems geboren und auf dem Weg, eine Sängerin zu werden. Mit ihr nahm Morgenstern an einem von der Kurverwaltung veranstalteten künstlerischen Dilettantenabend teil, und in sie verliebte er sich, »ein Falter, der, vom Lichtschein berauscht, nicht ruhte, bis er sich den Kopf gestoßen hatte«. Im Winter darauf kam »Gena« nach Berlin und gehörte dort bis 1895, als sie die Stadt wieder verließ, zu jenem geselligen »Orden«, in dem sich Morgenstern und seine Freunde – darunter auch Friedrich Kayssler und die Brüder Georg und Julius Hirschfeld – zusammenfanden.

Als *In Phanta's Schloß* 1895 erschien, schickte Morgenstern ein Exemplar davon nicht nur an Eugenie Leroi, sondern auch an Richard Dehmel, Rainer Maria Rilke und Richard Strauß und schließlich an die Mutter des 1889 endgültig geistig erkrankten Friedrich Nietzsche (S. 42).

Ebenfalls im Jahr 1895 unternahm Christian Morgenstern von Berlin aus mit einigen Freunden jenen legendären, für die Literaturgeschichte so folgenreichen Ausflug zu einer gut 70 m hohen Anhöhe, die sich vom Scheitelpunkt des Mathildeweges bis zum neuen Friedhof erstreckte und in Werder an der Havel lag, heute Jugendhöhe, davor Bismarckhöhe, um 1895 Galgenberg genannt. Das Ausflugsziel war alles andere als außergewöhnlich, denn sonntags, vorzugsweise zur Obstbaumblüte und mit der bequemen Eisenbahn, strömten die Berliner in Scharen dorthin. Auf diesem Galgenberg, auf dem sich im Mittelalter ein Hochgericht befunden hatte, hatte ein Gustav Altenkirch gerade neben dem ehemaligen Standort des Galgens ein Weinlokal eingerichtet, dem er denselben Namen gab. Dort beschlossen Morgenstern und seine Freunde, unter dem Motto »per aspera ad astra« den »Galgenberg« als Vereinigung zu gründen und sich als deren Mitglieder »Galgenbrüder« zu nennen. Nach Berlin zurückgekehrt, trafen sich die »Galgenbrüder« nun öfter und trugen sich dabei die ersten »Galgenlieder« vor. Die Texte, die in ein Hufeisengesangbuch eingebunden wurden, stammten von Morgenstern, die Vertonungen von Julius Hirschfeld. Wie diese Treffen stattfanden, berichtete Morgenstern später selbst im Philologenkostüm des Dr. Jeremias Mueller, und Georg Hirschfeld, Julius' Bruder, erzählte: »Unser Versammlungslokal lag zwar in keiner höllischen Gegend (ich glaube, die Charlottenstraße war's), aber wenn wir beisammen saßen und unsere Lieder sangen – o Gott ... Morgenstern leitete die Versammlungen der Galgenbrüder mit einer uralten Schwertklinge, die Blutrost von zweifelhafter Echtheit trug. Die Satzungen waren auf Pergament mit Blutspritzern aus roter Tinte verzeichnet, und wir hatten alle schauerlich schöne Beinamen: Morgenstern selbst hieß Rabenaas, mein Bruder Schuhu, ich Verrekkerle, ein Gurgeljochem (Kayssler) und ein Unselm waren auch vorhanden.« Dieser »Unselm« hieß Robert Wernicke, und die übrigen drei der acht Galgenbrüder waren »Stummer Hannes« oder Fritz Beblo, »Veitstanz« oder Franz Schäfer und »Spinna« oder Paul Körner. 1901 ließ Ernst von Wolzogen die »Galgenlieder« dann zum ersten Mal auf seinem *Überbrettl* der Öffentlichkeit vortragen (und verlor dabei für immer die Noten). 1905 erschienen sie bei Bruno Cassirer in Berlin zum ersten Mal als Buch, dem verstorbenen Julius Hirschfeld gewidmet.

Die Sommerreise des Jahres 1895 führte Morgenstern an die Nordsee, zunächst nach Föhr, dann nach Sylt, wo er dem Trubel Westerlands rasch entfloh und sich in das abgelegene Kurhaus Kampen zurückzog. Hier entwarf er den anspruchsvollen Plan, den vier Sätzen der 9. Symphonie Beethovens in einer eigenen, poetischen »Symphonie« zu folgen. »Dies Buch sei meiner größten Aufgabe geweiht«, stellte er der Arbeit als Motto voran und skizzierte: »Die Symphonie enthalte alles, was ich empfinde, das Ewige, Überzeitliche, wie das Zeitliche, im Augenblick Bedingte: die Sorgen unserer Tage um unser Haupt wie schwarze Dohlen. Grundprinzip: Das Augenblicklich-Persönliche zum Zeitlich-Volklichen, das Zeitlich-Volkliche zum Ewig-Menschlichen erhoben. Die Persönlichkeit wiedergefunden in der Zeit, die Zeit in der großen Menschheitsent-

wicklung. – Großer Hintergrund. Menschheit. Davor: Volk. Endlich ich in meinen Erregungen.« Um eine Widmung für das Buch bat Morgenstern Eugenie Leroi und plante, ihr seinerseits den dritten Satz zu widmen, die »Symphonie« als Ganzes aber »meinem Volke«. Die Arbeiten an dem Werk blieben indes in Skizzen und Notizen stecken. Vollendet und 1898 dann in der Sammlung *Ich und die Welt* auch veröffentlicht wurde lediglich das Gedicht *Vor die vier Sätze einer Symphonie* (S. 50).

Weit weniger anspruchsvoll, aber abgeschlossen waren die Arbeiten, die Morgenstern aus seiner Kur im Sommer 1896 nach Berlin zurückbrachte. Mit dem Galgenbruder »Gespenst« – Paul Körner, auch Zöbner genannt – war Morgenstern im August zu einer Reise in die Hohen Tauern nach Bad Fusch aufgebrochen, einem kleinen Gebirgsdorf, in dem auch Hugo von Hofmannsthal vor der Jahrhundertwende mehrmals Erholung suchte. Mit dem Vorsatz des griechischen Malers Apelles, keinen Tag vergehen zu lassen, ohne nicht wenigstens einen Strich festgehalten zu haben, hatte Morgenstern dort ein lyrisches Tagebuch geführt, das dann in der Sammlung *Auf vielen Wegen* als *Zwischenstück* (S. 58) seinen Platz fand. Auch einen Ausflug von Fusch an den Gardasee hatte er in zwei Gedichte umsetzen können: *Auf der Piazza Benacense* (S. 60) in Riva war er in eine ähnliche Stimmung geraten wie in dem nördlich davon gelegenen Arco: »Ich dünkte mich einer jener alten blonden Germanen, die hier einst mit Herrscherschritt durch die Straßen wanderten.« *An Sirmio* (S. 61) hingegen war »ein Dankbarkeitsblatt an den schönsten Fleck Erde, den ich wohl je gesehen und von dem aus ich eine der herrlichsten Rundsichten hatte, alles voll Historie und Wirklichkeit; Antike, Mittelalter, Gegenwart in wunderbarster Mischung.«

Morgensterns erste Berliner Jahre waren durch finanzielle Sorgen geprägt. Die Beschäftigung an der Nationalgalerie ging mit dem Jahr 1895 zu Ende, und eine zusätzliche Unterstützung durch den Vater blieb aus. Nach dessen Forderung, der Sohn solle jeden Kontakt zu Amalie Morgenstern, der ersten Stiefmutter, unterbinden, war es zu einem Bruch zwischen beiden gekommen, der sie 14 Jahre lang nicht miteinander sprechen ließ. Vom Ertrag der literarischen und journalistischen Arbeiten zu leben, war unmöglich. Im Gegenteil, *In Phanta's Schloß* verlegen zu lassen, kostete Morgenstern 300 Mark, für die er die Hilfe Kayßlers in Anspruch nehmen mußte. Der Umgang mit Pfandhäusern war ihm bekannt. So zögerte er im Herbst 1897 nicht, für die deutsche Gesamtausgabe der Werke Ibsens die Übersetzung der Versdramen und einer Anzahl Gedichte zu übernehmen. Nachdem er zuvor schon August Strindbergs *Inferno* aus dem Französischen übersetzt hatte, schien sich ihm hier ein Weg zu dauerhafter Tätigkeit und damit regelmäßigen Einkünften zu öffnen.

Neben Marie Goettling und Clara Ostler waren unter den Briefempfängern der ersten Berliner Jahre Oskar Bie (1864–1938), Musik- und Kunstkritiker, Hochschullehrer und Herausgeber der *Neuen Deutschen Rundschau* im Fischer Verlag, Philipp Deppe (eigentlich Brautlecht, 1888–1964), der Sohn des Wyker Hoteliers, Schauspielers und Bühnenautors Friedrich

Brautlecht, und der Galgenbruder »Verrekkerle«, Georg Hirschfeld (1873–1942), sowohl Dramatiker (*Die Mütter*, 1895; *Agnes Jordan*, 1899) als auch Romancier. In Hirschfelds Roman *Das grüne Band* von 1906 sind Motive aus dem Berliner »Orden« um Morgenstern eingewoben. Auch der Galgenbruder »Gurgeljochem«, Friedrich Kayßler (1874–1945), war ein häufiger Adressat dieser Jahre. Kayßler war nicht nur Lyriker, Dramatiker und Essayist (*Simplicius*, 1905; *Schauspielernotizen*, 1910–1929; *Jan der Wunderbare*, 1917; *Der Brief*, 1927), sondern auch Schauspieler. So spielte er ab 1895 in Berlin am *Deutschen Theater* unter Otto Brahm, 1897 dann in Görlitz, 1898 in Breslau und ab 1900 wieder in Berlin. In diese Zeit fiel auch Kayßlers Zusammenarbeit mit Max Reinhardt (*Schall und Rauch*, 1901), die sich ab 1905 an dem nun von Reinhardt geleiteten *Deutschen Theater* fortsetzte. Ab 1934 war Kayßler Preußischer Staatsschauspieler. Weitere Briefe Morgensterns gingen an Ludwig Landshoff (1874–1941), Musiker und Musikwissenschaftler – vor allem Bach-Forscher –, der mit seiner Frau, der Sängerin Philippine Wiesengrund, nahe München wohnte, wo ihn Morgenstern auch später noch häufig besuchte. Landshoff hielt sich mehrfach in Italien auf, bis er dann unter dem Nationalsozialismus in die USA emigrierte. Schließlich schrieb Morgenstern an die Sängerin Eugenie Leroi (1871–1912) und an Franziska Nietzsche, Friedrich Nietzsches Mutter, die 1895, zum Zeitpunkt des Morgensternschen Briefes an sie, mit ihrer Tochter Elisabeth und ihrem geistig umnachteten Sohn Friedrich in Naumburg lebte.

Im Tiergarten in Berlin. »Daß Dir mein ›Frühling‹ gefällt, freut mich. Der Tiergarten hat ihn mir auf eine Visitenkarte diktiert«

Frühling

Wie ein Geliebter seines Mädchens Kopf,
den süßen Kopf mit seiner Welt von Glück,
in seine beiden armen Hände nimmt,
so faß ich deinen Frühlingskopf, Natur,
dein überschwenglich holdes Maienhaupt,
in meine armen, schlichten Menschenhände,
und, tief erregt, versink' ich stumm in dich,
indes du lächelnd mir ins Auge schaust,
und stammle leis dir das Bekenntnis zu:
Vor so viel Schönheit schweigt mein tiefstes Lied.

Berlin, Frühling 1894; *Ich und die Welt* (1898)

36

An Clara Ostler

Berlin, 18. April 1894

Aus meinem neuen Wohnort sende ich Dir und Deinen lieben Eltern die herzlichsten Grüße. Hoffentlich geht es Euch allen so gut wie mir, der ich mich bereits ganz eingewöhnt und wohnlich eingerichtet habe. In der Nationalgalerie bin ich täglich einige Stunden tätig, um einen wichtigen Katalog sämtlicher Porträts anzufertigen. Vormittags höre ich einige kunstgeschichtliche Collegs …

An Clara Ostler

Berlin, 20. Mai 1894

… Es geht mir hier außerordentlich gut, wie überhaupt stets, wenn ich schaffen kann. Und ich muß Berlin – alles in allem – die Palme zuerkennen. Dann kommt allerdings sofort München. Was hier so reizend ist ist, daß Großstadt in größtem Stil und köstlichste Natur so dicht beieinander sind, und ich schwärme auch so viel wie möglich in die entzückenden Vororte aus, die man mit der idealen Stadtbahn für zehn Pfennige meistens erreichen kann. Solch ein Frühling! Da könnten wir auch idyllisch wandern.

Alle Freitage habe ich hier sehr interessanten Verkehr im Schriftstellerklub: Heinrich und Julius Hart, Friedrich Lange, John Henry Mackay, Hanns von Gumppenberg, Paul Scheerbart, Hegeler, Cäsar Flaischlen, Evers, Bruno Wille, Willy Pastor, O. E. Hartleben, der Maler Hendrich etc. etc.

Die Nationalgalerie an der Friedrichsbrücke in Berlin

An Friedrich Kayssler

Berlin, 6. Juli 1894

Kürzlich war ich Dir zu Ehren im Deutschen Theater, wo Romeo und Julia in Szene ging. Kainz gefiel mir nur mäßig, vielleicht hatte er einen schlechten Abend. Er hat so etwas Süßliches und seine forciert hohen Töne und Seufzer imponierten den jungen Mädchen gewiß mehr wie mir. Die Teresina Geßner war einfach grausam in ihrem Geheul, von Anfang an schloßhundartig ohne Möglichkeit weiterer Steigerung. Ich liebe überhaupt das Geschrei und den übermäßigen Affekt auf der Bühne nicht. Ihr müßtet bei diesen alten Stücken mit ihrem Pathos neue Ausdrucksweisen finden. Die Leidenschaft einmal leise, unterdrückt reden lassen, den Inhalt schnell anstatt laut oder dergleichen. Sonst werden die alten Sachen immer eindrucksloser. – Sonst sah ich noch im Berliner Theater die »Journalisten!« Ein liebes naives Stück, vielfach beinahe bezaubernd; – aber, aus den Augen aus dem Sinn [...]

Den Winter will ich ganz sicher im Süden verleben. Das Los deutscher Dichter steht in zu naiver Klarheit vor mir, als daß ich so dumm sein sollte, es aus falschem Zartgefühl zum xten Male zu wiederholen. Ich werde doch nicht alt, aber bis gut in die dreißiger Jahre hinein will ich mich denn doch frisch und gesund erhalten und drauf los schaffen, daß man mich nicht vergessen soll. Mein oberster Lebensgrundsatz liegt in den Worten: »Höchste Gesundheit.« Denn wer durch und durch gesund ist, in jeglicher Hinsicht, der ist auch glücklich, edel, leistungsfähig – kurz, er ist ein Mensch, der gern sterben kann, weil er gelebt hat … Professor S. hier, den ich vor fünf Wochen aufsuchte, sagte mir: das Einzige ist eine große Kur im Winter; Professor G. empfahl mir vorläufig eine sommerliche Gebirgskur … Endlich weiß ich, daß sich ein solcher herrlicher Natur-Aufenthalt ungemein rentieren wird, geistig [...]

Die Natur wird immer mehr meine Religion, mein Alles und Höchstes … Der Tiergarten hier ist unsagbar schön, der liebste Fleck Berlins ist mir aber das Kastanienwäldchen bei der Universität …

Im August geh ich vielleicht in den Harz, die Kosten sind dieselben wie hier. Es fragt sich nur, ob ich im August überhaupt leben kann!

An Friedrich Kayssler

Berlin, Herbst 1894

*Feiner Sonntagmorgen. Sonne lacht, ich auch … Bleibe
viel zu gern in Berlin und fühle mich außerdem (aufs
Wort! …) vollständig gesund. Sollte der Winter mir
Beschwerden machen, so verspreche ich Dir, dann noch
fortzugehen. Es ist niemals zu spät, wenn ich meinen
Zustand stets überwache. – Geldpunkt allerdings
schwieriger, als Du und ich denken. Doch dann ist mir
alles egal, und daß ich nicht aus kleinlicher Lebensliebe
so bin, weißt Du. Mir liegt nur das am Herzen, was jeder
Dichter als seine Mission betrachtet. Nur der Schwäch-
ling läßt sich untersinken. Von zu Hause erwarte ich
überhaupt wenig Verständnis mehr … Ich bin als der
einzige Enkel eines reichen Großvaters und als der
einzige Sohn eines hochbesoldeten Beamten als armer
Teufel auf die Straße gesetzt worden und nach drei
verpfuschten, durchgewürgten Semestern überhaupt der
Möglichkeit des Studium beraubt worden. – Denn, wo
man sich so verzetteln muß, wie ich hier, kann aus dem
kunsthistorischen Fach nicht viel werden. Ich kann
einmal nicht mehreren Herren dienen.*

***I**ch bin mir selbst ein unbekanntes Land
und jedes Jahr entdeck ich neue Stege.
Bald wandr' ich hin durch meilenweiten Sand
und bald durch blütenquellende Gehege.
So oft mein Ziel im Dunkel mir entschwand,
verriet ein neuer Stern mir neue Wege.*

Berlin/Bad Grund, August/Dezember 1894; *Epigramme und Sprüche* (1919)

An Friedrich Kayssler

Bad Grund, 31. August 1894

*… Denk Du nur: ich habe hier in Grund mit dem
Vortrag einer Anzahl meiner Gedichte debütiert und an
Erfahrung nicht dabei verloren. Da waren nämlich seit
meiner Ankunft drei sogenannte Dilettanten-Abende,
wobei jedoch auch einige Künstler mitwirkten, zu denen
– ich mich auch rechne. Da sang zunächst ein Neffe des
großen Kaulbach, Joseph K., prächtige Baritonlieder,
ein Fräulein Eugenie Leroi aus Ems Volks- und andere
Lieder mit wunderbarer Schönheit, und aus Hannover*

Christian Morgenstern um 1895 in Berlin

38

Bad Grund. Kurpark mit Freilichtbühne

gaben zwei Schauspieler … humoristische und ernste Sachen zum Besten. Da trat denn auch Christian Morgenstern vor das liebe, gute Badepublikum, ließ die Nixen im Grunde singen, den Bergsee tosen und anderes, was Du noch nicht kennst, und heimste dafür Klatsch, Klatsch, Klatsch und »wirklich sehr schön« ein und auch ein paar Blicke, die ihn für den ganzen Sums entschädigten.

Eins weiß ich jetzt wenigstens: Vortragen kann ich mühelos auch im größten Saal und packen auch. Freilich, vieles vom Meinigen werd' ich nie an solche Leute bringen, dazu bin ich viel zu ernst, zu scharf – oder nicht zu meinem Lob sondern zu deren Schande! – zu geistreich. Ich werde überhaupt nie populär werden, selbst wenn mir Großes gelingen sollte. Aber man muß den populus kennen und wird den Mangel breitester Anerkennung zu seinen leichtesten Enttäuschungen zählen. Daß Dir mein »Frühling« gefällt, freut mich. Der Tiergarten hat ihn mir auf eine Visitenkarte diktiert. Der ist überhaupt mein liebster Geburtshelfer. Das Feuilleton ist geschickte Suada, weiter nichts. Alle Zeitungsschreiberei, auch diese feinere, ist Sünde wider den heiligen Geist.

An Clara Ostler

Berlin, 8. Oktober 1894

Nach den Augustwochen im Harz, die mich fabelhaft erfrischt haben, wohnte ich den September in Charlottenburg, hauptsächlich mit Arbeit an einer größeren Dichtung beschäftigt, deren Grund schon in »Grund« im Harz gelegt war und welche ich Dir hoffentlich in nicht allzuferner Zeit als meine literarische Erstlingstat oder auch -untat werde überreichen können.

Von dem Berliner Winter verspreche ich mir viel, denn ich habe mehr vor wie jemals und fühle mich kräftig zu fröhlichem Schaffen. Auch sind ein paar liebe Freunde hier, so daß keine Vereinsamung droht. Mein auswärtiger Winteraufenthalt scheint sich, dem Harz sei Dank, ganz erledigen zu wollen.

Ich wohne jetzt urgemütlich in einem Dachstübchen mitten in Berlin, ganz nahe dem Schloß und den Galerien. Dabei zahle ich einen Spottpreis und habe alles, was mein Herz begehren kann, denke! –: einen prachtvollen Schreibtisch, Papierkorb, Sofa und ähnliche schöne Dinge mehr. In Zeitschriften habe ich immer mehr Aufnahme gefunden. Freie Bühne, Zuschauer, Magazin für Literatur, Penaten, Deutsche Dichtung, Bremer literarische Blätter, Frankfurter Zeitung, Romanzeitung, Fliegende Blätter – das sind so ungefähr die Stätten meiner ersten Eroberungen.

An Oskar Bie

Berlin, 8. November 1894

Zurzeit arbeite ich so nebenbei an einer Neubearbeitung Horazischer Oden in humoristisch-modernisiertem Sinne, ein kleines Unternehmen, das ich mit einem Freunde zusammen begonnen habe und zu dem ein dritter geschmackvolle Federzeichnungen liefern wird.

Ich habe bis dato acht Oden fertig daliegen (im ganzen werden es kaum mehr wie zwanzig) und glaube, ohne mir zu schmeicheln, daß die lustigen Lieder (im Originalversmaß übersetzt, d.h. natürlich selten wörtlich, sondern dem Charakter des Ganzen nach) überall, wo gemütliche Männer mit Gymnasialvergangenheit sich finden, durchschlagenden Lacherfolg haben müssen.

Das Ganze müßte natürlich recht gefällig ausgestattet werden und höchstens eine Mark kosten.

Was meinen Sie, ob Herr Fischer dafür zu gewinnen wäre? Ein Berliner Verlag wäre um so erwünschter, als sehr oft auf Berliner Verhältnisse angespielt wird.

39

Kreuzberg (später Viktoriapark)

<table>
<tr><td>

Du siehst, wie weiß, im glänzenden Schneegewand,
der Kreuzberg steht, und wie der Viktoriapark
tief eingeschneit, wie Spree und Panke
Mäntel von Eis auf den Leib gezogen.

Drum heize, Freundchen, spare die Kohlen nicht,
und laß uns im behaglichen Stübchen dann
aus schönem alten Rum – was meinst du? –
einen urkräftigen Steifen brauen!

Laß Pan die Welt verwalten, dem Wintersturm,
der mit dem Lenzwind heulende Schlachten schlägt,
gebieten! Beide werden schweigen,
daß sich kein Zweig mehr am Baume rüttelt.

Was kann dich kümmern, was dir das Morgen bringt,
des Lebens freue jeglichen Tag dich neu,
und walze froh mit süßen Mädchen
draußen in Halensee oder Treptow,

</td><td>

Vides ut alta stet nive candidum
Soracte, nec iam sustineant onus
silvae laborantes, geluque
flumina constiterint acuto:

Dissolve frigus ligna super foco
large reponens, atque benignius
deprome quadrimum Sabina,
o Thaliarche, merum diota.

Permitte divis cetera: qui simul
stravere ventos aequore fervido
deproeliantes, nec cupressi
nec veteres agitantur orni.

Quid sit futurum cras fuge quaerere, et
quem fors dierum cumque dabit lucro
adpone, nec dulces amores
sperne puer neque tu choreas,

</td></tr>
</table>

40

solang zu Tanz und Kuß du noch jung genug!
Zum Zirkus wandre, sieh dir ein Lustspiel an!
Vielleicht auch knüpf ein zart Verhältnis
an in dem Dämmer der Gaslaterne!

Und sitzst du dann bei Dressel beim Dejeuner
und deine Kleine hält die Serviette vor –
wie köstlich, wenn der scherzhaft Spröden
endlich den Kuß du, den süßen, raubtest!

donec virenti canities abest
morosa. Nunc et campus et areae
lenesque sub noctem susurri
composita repetantur hora;

nunc et latentis proditor intimo
gratus puellae risus ab angulo,
pignusque dereptum lacertis
aut digito male pertinaci.

Horatius travestitus (1896)

»Kalt Blut und warmes Untergewand!« das ist
ein alter Satz, ob minus oder plus du machst.
Wozu die Überschwenglichkeiten?
Holt doch auch, Freundchen, der Teufel dich einst,

ob du mit Schopenhauer die Welt verwünschst,
ob jeden Sonntag du bei Kempinsky dir
ein Austernmahl mit Sekt geleistet
und eine schwere Export-Havanna!

Du bist gesund, bist Kapitalist, bist jung,
du hast die schönste Villa am Strand der Spree,
in deinen Park verliebt sich jeder –
hörst du die Quellen nicht lieblich flüstern? [...]

Doch freilich, spar dir jegliche Illusion
betreffs der Dauer! – Scheiden mußt einst auch du,
und zungenschnalzend wird dein Erbe
deine vorzüglichen Marken schlürfen.

Das Sterben hast gemein du mit Hinz und Kunz –:
Es ist das Gras das einzige Kraut, darein
so reich wie arm gemeinsam beißen
und sich den Magen daran vertun muß.

Auf alle harrt vergnüglichen Blicks Freund Hein
und dreht sein knarrendes Glücksrad um und um,
und jede Ziffer ist ein Treffer,
ist eines Sterblichen arme Seele.

Aequam memento rebus in arduis
servare mentem, non secus in bonis
ab insolenti temperatam
laetitia, moriture Delli,

seu maestus omni tempore vixeris,
seu te in remoto gramine per dies
festos reclinatum bearis
interiore nota Falerni.

Quo pinus ingens albaque populus
umbram hospitalem consociare amant
ramis? Quid obliquo laborat
lympha fugax trepidare rivo? [...]

Cedes coemptis saltibus et domo,
villaque, flavus quam Tiberis lavit,
cedes, et exstructis in altum
divitiis potietur heres.

Divesne, prisco natus ab Inacho
nil interest an pauper et infima
de gente sub divo moreris;
victima nil miserantis Orci.

Omnes eodem cogimur, omnium
versatur urna serius ocius
sors exitura et nos in aeternum
exilium inpositura cumbae.

Horatius travestitus (1896)

An Eugenie Leroi

Berlin, 27. Februar 1895

Teuerste Freundin!

Hier haben Sie mein erstes größeres Werk, und es ist sein schönster Augenblick, wo es Ihre Augen zum ersten Male lesen. Es ist noch ein Erstlingswerk mit vielen Schwächen, aber ich schäme mich trotzdem seiner nicht.

Ich begann es mit dem »Prolog« wenige Tage nach Ihrer Abreise aus Grund. Die symbolische Stadt mit den »dürren Binsendächern« ist keine andere wie Grund selbst, und es hieß auch zuerst »roten Ziegeldächern«. Die Worte des Prologs kamen mir unwillkürlich auf den Höhen, welche nach der »grünen Tanne« sich hinziehen.

Der Grundgedanke der Auffahrt über die stürzenden Wasserfälle kam mir am »stillen See«. Bald darauf schossen mir eine Fülle von Ideen zu, weit, weit mehr als Sie hier ausgeführt sehen. Einige schon vollendete Gedichte habe ich in das Ganze nicht aufgenommen, weil sie mir nicht gut genug schienen, und eines, was ich noch in Grund schrieb, deshalb nicht, weil es wegen seines Ernstes und seiner Schwermut schlecht in den Zyklus »humoristisch-phantastischer« Lieder passen würde [...]

An Franziska Nietzsche

Berlin, 6. Mai 1895

Hochverehrte gnädige Frau!

Der Augenblick, da ich diese Zeilen schreibe, ist einer der feierlichsten und bewegtesten meines Lebens.

Ich, ein junger Mensch von vierundzwanzig Jahren, wage es, meine erste Dichtung in die Hände der Mutter zu legen, der ehrwürdigen Mutter, die der Welt einen so großen Sohn geschenkt hat und mir im besonderen einen Befreier, ein Vorbild, einen Auferwecker zu den höchsten Kämpfen des Lebens. Jener Geist sieghafter, stolzer Lebensverklärung, jenes Königsgefühl über allen Dingen, von denen der geliebte Einsame so oft gesprochen hat, weht, glaube ich, auch durch die vor Ihnen liegenden Gedichte, welche ich deshalb humori-

Der dreiundzwanzigjährige Friedrich Nietzsche

stisch im verfeinertsten Sinne ihrer Mehrzahl nach mir zu nennen erlaubte.

Mein Buch ist dem Geiste Ihres edlen unglücklichen Sohnes in tiefer Dankbarkeit und Liebe gewidmet.

Ich küsse, tiefergriffen, ehrwürdige Frau, Ihre Hände und bin

in Verehrung und Dankbarkeit
Ihr
Christian Morgenstern

42

Bad Grund. »Die Worte des Prologs kamen mir unwillkürlich auf den Höhen, welche nach der ›grünen Tanne‹ sich hinziehen«

Prolog

Längst Gesagtes wieder sagen,
hab ich endlich gründlich satt.
Neue Sterne! Neues Wagen!
Fahre wohl, du alte Stadt,
drin mit dürren Binsendächern
alte Traumbaracken stehn,
draus kokett mit schwarzen Fächern
meine Wunden Abschied wehn.
Kirchturm mit dem Tränenzwiebel,
als vielsagendem Symbol,
Holperpflaster, Dämmergiebel,
Wehmutskneipen, fahret wohl!

Hoch in einsam-heitren Stillen
gründ' ich mir ein eignes Heim,
ganz nach eignem Witz und Willen,
ohne Balken, Brett und Leim.
Rings um Sonnenstrahlgerüste
wallend Nebeltuch gespannt,
auf die All-gewölbten Brüste
kühner Gipfel hingebannt.
Schlafgemach –: mit Sterngoldscheibchen
der Tapete Blau besprengt,
und darin als Leuchterweibchen
Frau Selene aufgehängt.

Längst Gesagtes wieder sagen,
ach! ich hab' es gründlich satt.
Phanta's Rosse vor den Wagen!
Fackeln in die alte Stadt!
Wie die Häuser lichterlohen,
wie es kracht und raucht und stürzt!
Auf, mein Herz! Empor zum frohen
Äther, tänzergleich geschürzt!
Schönheit-Sonnensegen, Freiheit-
Odem, goldfruchtschwere Kraft,
ist die heilige Kräftedreiheit,
die aus Nichts das Ewige schafft.

Bad Grund, vermutlich August 1894; *In Phanta's Schloß* (1895)

43

Phanta's Schloß

Die Augenlider schlag' ich auf.
Ich hab' so groß und schön geträumt,
daß noch mein Blick in seinem Lauf
als wie ein müder Wandrer säumt.
Schon werden fern im gelben Ost
die Sonnenrosse aufgezäumt.
Von ihren Mähnen fließen Feuer,
und Feuer stiebt von ihrem Huf.
Hinab zur Ebne kriecht der Frost.
Und von der Berge Hochgemäuer
ertönt der Aare Morgenruf.

Nun wach' ich ganz. Vor meiner Schau
erwölbt azurn sich ein Palast.
Es bleicht der Felsenfliesen Grau
und lädt den Purpur sich zu Gast.
Des Quellgeäders dumpfes Blau
verblitzt in heitren Silberglast.
Und langsam taucht aus fahler Nacht
der Ebnen bunte Teppichpracht.

All dies mein Lehn aus Phanta's Hand.
Ein König ich ob Meer und Land,
ob Wolkenraum, ob Firmament!
Ein Gott, des Reich nicht Grenze kennt.
Dies alles mein! Wohin ich schreite,
begrüßt mich dienend die Natur:
ein Nymphenheer gebiert die Flur
aus ihrem Schoß mir zum Geleite;
und Götter steigen aus der Weite
des Alls herab auf meine Spur.

Das mächtigste, das feinste Klingen
entlauscht dem Erdenrund mein Ohr.
Es hört die Meere donnernd springen
den felsgekränzten Strand empor,
es hört der Menschenstimmen Chor
und hört der Vögel helles Singen,
der Quellen schüchternen Tenor,
der Wälder Baß, der Glocken Schwingen.

Das ist das große Tafellied
in Phanta's Schloß, die Mittagsweise.

Vom Fugenwerk der Sphären-Kreise
zwar freilich nur ein kleinstes Glied.

Erst wenn mit breiten Nebelstreifen
des Abends Hand die Welt verhängt
und meiner Sinne maßlos Schweifen
in engere Bezirke zwängt –
wenn sich die Dämmerungen schürzen
zum wallenden Gewand der Nacht
und aus der Himmel Kraterschlacht
Legionen Strahlenströme stürzen –
wenn die Gefilde heilig stumm,
und alles Sein ein tiefer Friede –
dann erst erbebt vom Weltenliede,
vom Sphärenklang mein Heiligtum.

Auf Silberwellen kommt gegangen
unsagbar süße Harmonie,
in eine Weise eingefangen,
unendlichfache Melodie.
Dem scheidet irdisches Verlangen,
der solcher Schönheit bog das Knie.
Ein Tänzer, wiegt sich, ohne Bangen,
sein Geist in seliger Eurythmie.

Oh seltsam Schloß! bald kuppelprächtig
gewölbt aus klarem Ätherblau;
bald ein aus Quadern, nebelnächtig,
um Bergeshaupt getürmter Bau;
bald ein von Silberampeldämmer
des Monds durchwobnes Schlafgemach;
und bald ein Dom, von dessen Dach
durch bleiche Weihrauch-Wolkenlämmer
Sternmuster funkeln, tausendfach!

Das stille Haupt in Phanta's Schoße,
erwart' ich träumend Mitternacht: –
da hat der Sturm mit rauhem Stoße
die Kuppelfenster zugekracht.
Kristallner Hagel glitzert nieder,
die Wolken falten sich zum Zelt.
Und Geisterhand entrückt mich wieder
hinüber in des Schlummers Welt.

Bad Grund, vermutlich August 1894; *In Phanta's Schloß* (1895)

Ankunft der Ausflugsgäste in Werder

Aufstieg der Gäste zum Galgenberg

Galgenlieder

Dem Kind im Manne

»Quanto è bella giovinezza,
Che si fugge tuttavia!
Chi vuol esser lieto, sia:
Di doman non c'è certezza.«

Dem Andenken Julius Hirschfelds

45

Am Ziel: Die Gartenterrasse des Galgenbergs, hier schon Bismarckhöhe

Versuch einer Einleitung

Wir leben in einer bewegten Zeit. Ein Tag folgt dem andern, und neues Leben sproßt aus den Ruinen. Auf moralischem, medizinischem, poetischem, patriotischem Gebiete, in Handel, Wandel, Kunst und Wissenschaft, allüberall dieselbe Erscheinung, dieselbe Tendenz. Symptom reiht sich an Symptom.

Und solch ein Symptom war auch die Idee, welche eines schönen Tages des hinverflossenen Jahrhundertendes acht junge Männer, festentschlossen, dem feindlichen Moment wo immer im Sinne der Zeit und auch wieder nicht im Sinne der Zeit – diese Zeit, wie jede, als eine Zeit nicht nur der Bewegung schlechthin, sondern *einer sowohl ab- wie aufsteigenden Bewegung, mit zeitweilig dem Ideale unentwegten Fortschritts nur zu abgekehrter Vorwiegung des ersteren Moments in ihr gesehen – die Singspielhalle, sozusagen, ihres Humors entgegenzustellen, zusammenschmiedete.*

Ein sonderbarer Kult vereinte sie. Zuvörderst wird das Licht verdreht, ein schwarzes Tuch dann aus dem Korb und übern Tisch gezogen, mit Schauderzeichen reich phosphoresziert, und bleich ein einzig Wachs inmitten der Idee des Galgenbergs entnommner freudigschrecklicher Symbole. Dazu heißt der erste Schuhu: der hängt zuhöchst und gibt den Klang zum Hauch des Rabenaas, der das Mysterium verwest; der dritte heißt Verreckerle: der reicht das Henkersmahl; der vierte

46

Anzeige aus dem Jahr 1896

Bundeslied der Galgenbrüder

O greul, o greul, o ganz abscheul,
wir hängen hier am roten Seul!
Die Unke schlägt, die Spinne spinnt,
und schiefe Scheitel kämmt der Wind.

O greul, o greul, o ganz abscheul!
Du bist verflucht! so sagt die Eul.
Es ist ein Licht, und das zerbricht,
doch wir, wir sind's noch immer nicht.

O greul, o greul, o ganz abscheul,
hörst du den Huf der Silbergäul?
Es sagt der Kauz: pardauz! pardauz!
Nu halt' die Schnauz, nu halt' die Schnauz!

Berlin/Werder, 1895; *Galgenlieder* (1905)

Veitstanz, zubenannt der Glöckner: der zieht den Arme-
sünderstrang; der fünfte Gurgeljochem: der schert den
Lebensfaden durch; der sechste Spinna, das Gespenst:
der schlägt zwölf; der siebente Stummer Hannes, zubenannt der Büchner: der singt Fisches Nachtgesang, und
der achte Faherügghh, mit dem Beinamen der Unselm:
der kann das Simmaleins und spricht das große Lalulā.
Und es wird das Knochenklavier geschaffen und der
Gelächtertrab und die Elementarsymphonie und der
Huckepackdalbert und der Eulenviertanz und der Gal-
genschlenkerer und Sophie die Henkersmaid als Symbol
von der Weisheit unverweslichem Begriff. Ein modula-
tionsfähiger Keim.

Hochachtungsvoll
Jeremias Müller, Lic. Dr.

Berlin 1904; *Galgenlieder* (1905)

Nein!

Pfeift der Sturm?
Keift ein Wurm?
Heulen
Eulen
hoch vom Turm?

Nein!

Es ist des Galgenstrickes
dickes
Ende, welches ächzte,
gleich als ob
im Galopp
eine müdgehetzte Mähre
nach dem nächsten Brunnen lechzte
(der vielleicht noch ferne wäre).

Berlin/Werder, 1895; *Galgenlieder* (1905)

Laß die Moleküle rasen,
was sie auch zusammenknobeln!
Laß das Tüfteln, laß das Hobeln,
heilig halte die Ekstasen!

Berlin/Werder, 1895; *Galgenlieder* (1905)

Das Weiblein

Um stille Stübel schleicht des Monds
Barbarisches Gefunkel...
Im Gässchen, hoch im Norden, wohnt's,
Das Weiblein mit der Kunkel.

Es spinnt und spinnt. — Was spinnt es wohl?...
Es spinnt und spintisieret.
Es trägt ein weisses Kamisol
Das seinen Körper zieret!

Um stille Stübel schleicht des Monds
Barbarisches Gefunkel
Im Gässchen hoch im Norden wohnts
~~Das seinen Körper~~
Das Weiblein mit der Kunkel.

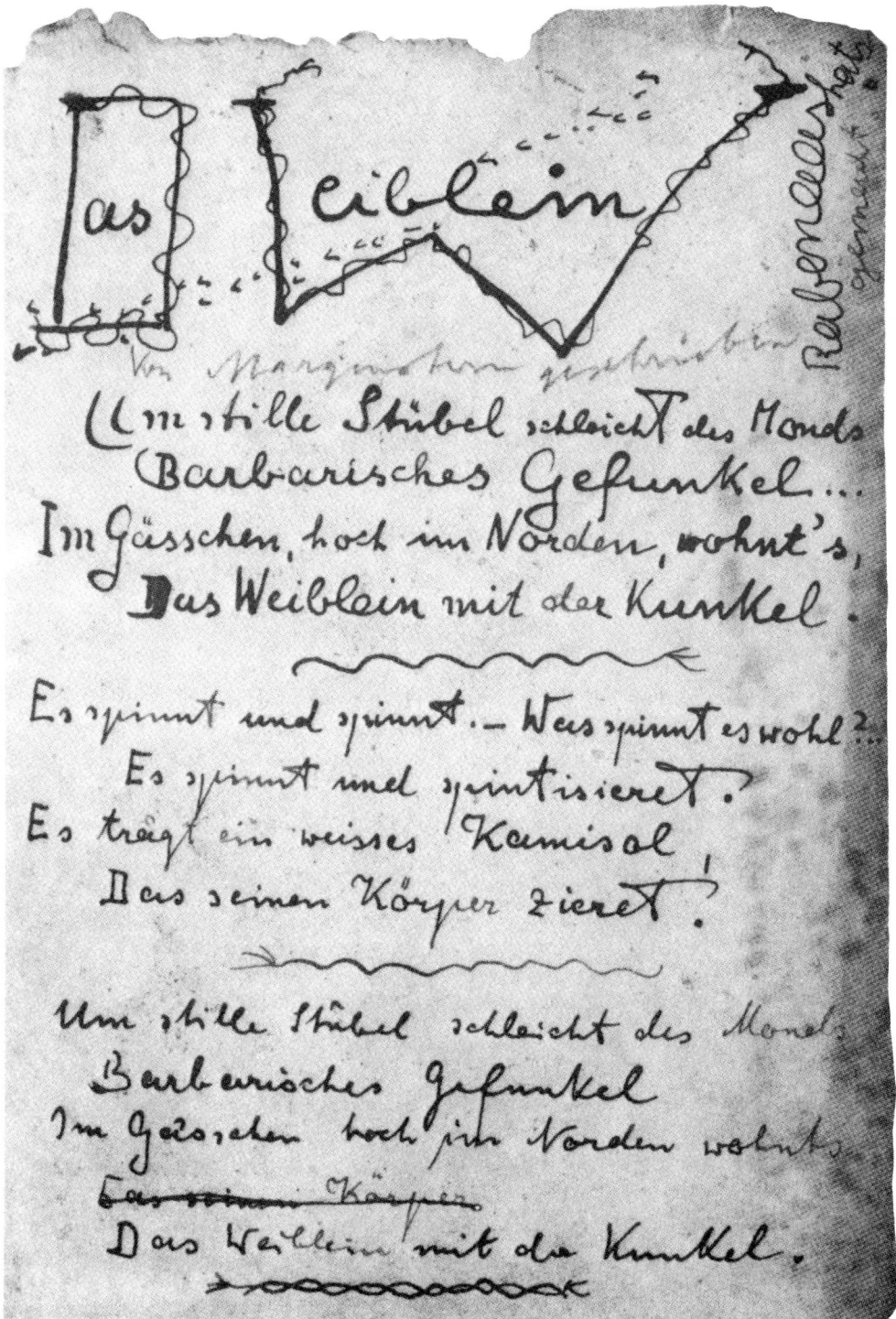

Aus dem ursprünglichen Manuskript der Galgenlieder in der Handschrift Morgensterns

An Friedrich Kayssler

Insel Sylt, 2. September 1895

Ich liege fast den ganzen Tag am Meer. Heine habe ich mit Tränen in den Augen gelesen. Sein ϑάλαττα, ϑάλαττα ist das Schönste was es gibt. Diese Rückerinnerung, wie die Hellenen nach endlosem Wandern und Kämpfen endlich das geliebte Meer erblicken, das sie von ihrer Heimat her grüßt – so etwas gibt es nur einmal. Griechenland! Wann wird Dein unsagbarer Sonnenzauber je schwinden, wann wirst Du uns nicht mehr der Zufluchtgedanke sein aus einer Zeit und Kultur heraus, die so schmutzig und klein, so häßlich und elend ist!

Ich selbst komme mir oft höchst verworfen vor. Und ich verfluche vor allem meine Erziehung, die mich wie ein Unkraut hat aufwachsen lassen, die meinen Willen nie zu stählen suchte, daß er mir jetzt der Stab sein könnte, auf den gestützt ich mich aus den unwürdigen Verhältnissen herausschwingen würde. So oft ich in mich zurückkehre, empfinde ich dies Literatentum mit seinen altklugen Salbadereien als eine Schmach, unter der ich mich winde. Ich, der ich mit Ausnahme meiner Kunstergüsse mein ganzes Leben lang in »heiligem Schweigen« verharren möchte, nur lernend, nur innerlich redend – ich soll mein bißchen Geist tagaus tagein zu Markte tragen? Oh diese wahnsinnige Natur, die statt einem Maler einen Dichter aus mir machte! Aber was errege ich mich. Ich lese jetzt wieder viel Nietzsche. Er ist meine ewige Rettung ...

Ich werde diesen Winter sehr zurückgezogen leben, hoffentlich finde ich einen stillen Winkel in Berlin. Meine »Symphonie« liegt schwer auf mir – ich kann zur Zeit nichts Dichterisches produzieren; – sie wird entweder groß oder gar nicht. Über hundert Stoffe liegen dazu vor ...

Von hier ganz speziell bringe ich Themata zu einem kleinen Meer-Zyklus mit, meist humoristisch. Ich habe schon herrliche Tage verlebt. Etwas nur geht mir unsäglich ab: Musik und Anmut, Würde und Heiterkeit einer unberührten weiblichen Seele.

Thalatta!

Es stürzen der Jugend
Altäre zusammen,
die heiligen Bilder
zerfallen zu Staub,
des Tempelhaines
Opferflammen
zerflattern,
der Winde Raub.

Das Meer wirft grüßend seine Schäume
bis hart vor meine Füße hin –.
Ja, du bist mehr als alle Träume!
Das Beil an die geweihten Bäume!
Daß ich ein Schiff mit Segeln zäume!
Auf, Seele, – Sucherin!

Berlin, Februar/März 1898; *Ich und die Welt* (1898)

Am Meeresstrand. Ich erlebe die Neunte Symphonie im Sturm der Elemente. Alle vier Sätze höre ich heraus, und der erste muß Niegesagtes enthalten. All der wahnsinnige Schmerz unserer Zeit tönt mir tausendfach aus der schwarzen Wogennacht wider, es ist ja mein eigenes Herz, in dem dieses Meer dort stürmt, und Chaos erfüllt es noch ganz und gar. Zerschlagene Götter schwimmen auf den Fluten, Generationen von Jahrhunderten tauchen wie Schaumkämme in ihm auf, und wozu? So haben wir zu einem Phantom emporgeschaut! So war alles Lüge? Und auf Erden – wird es da besser werden? Darf es besser werden, wenn das Leben voll Kraft sich behaupten soll – ist Glück aller = Tod? »Letzter Mensch«? Oder liegt im Einzelnen die Lösung? Ist dies kurze Dasein wirklich alles? – Und der erste Satz endigend mit Akkorden finster-gewaltigster Verzweiflung; schicksalsgranitener Unerbittlichkeit.

Föhr/Sylt, August/September 1895; *Aphorismen* (1987)

49

Christian Ernst Bernhard Morgenstern, der Großvater: *An den Dünen der Nordsee*

Vor die vier Sätze
einer Symphonie

I.
Wie das noch so hoch getürmte
Wasser wieder muß zum Meere,
fällt der noch so hoch gestürmte
Geist zurück in toter Schwere.

II.
Fester Boden kann dich retten,
wenn du dich verloren hast;
trage fromm der Erde Ketten,
und zur Lust wird dir die Last.

III.
Stiegst du aus der Wasser Gruft
auf die feste Erden,
magst du nun einmal der Luft
kecker Segler werden.

IV.
Auf zur Erdenmutter Sonne
trägt den Vogel sein Gefieder,
Feuer tiefster Daseinswonne
schenkt ihm seine höchsten Lieder.

Wahrscheinlich 1896; *Ich und die Welt* (1898)

50

Kampen auf Sylt

Am Meer

Wie ist dir nun,
meine Seele?
Von allen Märkten
des Lebens fern,
darfst du nun ganz
dein selbst genießen.

Keine Frage
von Menschenlippen
fordert Antwort.
Keine Rede
noch Gegenrede
macht dich gemein.
Nur mit Himmel und Erde
hältst du
einsame Zwiesprach.
Und am liebsten
befreist du
dein stilles Glück,
dein stilles Weh
in wortlosen Liedern.

Wie ist dir nun,
meine Seele?
Von allen Märkten
des Lebens fern
darfst du nun ganz
dein selbst genießen.

Föhr/Sylt, Sommer 1895; *Ich und die Welt* (1890)

51

Kurhaus Kampen

An Marie Goettling

Berlin, 5. November 1895

Heute nur kurz aber beruhigend! betreffs Deiner lieben Sorge um mich und der Deines lieben Vaters. Mir fehlt nichts weiter. Ich stehe einfach in den Mensch- und Künstlerkrisen, die keinem Werdenden erspart bleiben, und diese Krisen sind immer bei jedem Ernsten Krisen auf Tod und Leben. Mag sein, daß man nie darüber hinauskommt. Dann schwankt man eben immer zwischen Sein und Nichtsein. Glaube nicht, liebe Marie, daß es Mangel an Vertrauen ist, was mich abhält ins Détail zu gehen. Nein. Es ist mir nur geradezu unmöglich, jetzt über mich selbst zu schreiben. Ich habe selbst meine Tagebuchblätter ärgerlich zugeklappt. Was ich brauche, ist große Sonne. Sei es nun – eine große Liebe, sei es große Natur, große neue Verhältnisse. Dann wird mit einem Mal die »Symphonie« dastehen und andres dazu. So wirds ja auch, aber langsamer. Hier in Berlin stört mich vieles in puncto Kunst. Kürzlich hat ein Kritiker mich einen »edlen Barden von Spree-Athen« genannt. Der höchste Ulk, der mir seit meiner Wiege passiert ist!

Im Ernst aber: Meine Kunst ist still und wird immer mehr ganz für sich wandeln. Der Lärm hier drückt mich oft und die feinen großstädtischen Nerven lassen mir meine Nerven als grob und stumpf erscheinen, weil sie weniger auf Feinheit als auf Größe reagieren. Siehst Du, das sind lauter Brocken aus meinen Gedankengängen – da ist nichts weiter zu machen als ruhig sich selber treu zu bleiben.

An Clara Ostler

Berlin, 23. November 1895

Mir geht es jetzt gesundheitlich ganz gut: die Nordsee hat mir außerordentlich wohlgetan, ich kam ganz gebräunt zurück. Aber ich gehe nicht wieder allein auf Reisen. Ich hatte menschlicherseits fast gar keine Anregung. Das Meer freilich konnte für die Menschen entschädigen, aber trotzdem: es wirkt in mir nach, daß meine Mutter das »Gebirg« so über alles lieb gehabt hat. Ich habe doch die Landschaft dort schwer vermißt. Ich fand nach einigem Suchen den schönsten Fleck der ganzen östlichen Nordsee, nämlich das Kurhaus Kampen auf der Insel Sylt. Denke Dir, von meinen Fenstern aus sah ich über den ganzen nördlichen Teil der Insel, über endlose groteske Dünengebirge, an deren Westrand die offene See Tag und Nacht brausend heranbrandete, und an deren Ostrand das sogenannte Wattenmeer – der Meeresstrich zwischen Insel und Kontinent – in blauer Ruhe lag. Es ist etwas Ungeheures um jene stolze immerwährende Brandung und ich war zuletzt an den Strand und sein eigenartiges Leben so gewöhnt, daß es mir wehe tat, wenn ich einen Tag nicht hinuntersteigen konnte. Und dann nachts dieses beständige Zischen und Donnern aus der Ferne – es war eine aufregende Musik.

Wie mag es erst jetzt da dröhnen ...

Am ersten Oktober zog ich wieder mal um und bewohne jetzt zwei sehr niedliche Stübchen im vierten Stock, die mich ein Zufall als ungewöhnlich billiges Quartier finden ließ.

An Philipp Deppe

Berlin, Dezember 1895

*Mein lieber kleiner Philipp Deppe,
erinnerst Du Dich noch an den jungen schlanken Herrn, den Du am 18. August 1895 gegen Abend außen auf dem Landungsstege trafst, als Du bei der Ebbe Krabben suchen wolltest und keine fandest? Du erzähltest mir damals von einem Bruder, der ebenso wie ich Christian hieße, und von Deiner Schule, Deinen Reisen, Deinem Onkel, von Papa und Mama und von Deinen Ersparnissen. Auch daß Du nächstens Geburtstag hättest, kriegte*

ich aus Dir heraus, und nun frage ich Dich, ob Du nicht irgend einen kleinen Wunsch hättest.

Und da sagtest Du endlich, Du möchtest wohl ganz gern einmal solch ein kleines Schiff haben mit einem kleinen Anker, und das man selbst so ein bißchen auftakeln könnte.

»Nun!« hast Du Dir im Sommer wohl gedacht, als ich nichts mehr von mir hören ließ, »der Christian da, hat mich kleinen Philipp offenbar ganz vergessen.«

Das war aber nicht so. Ich dachte sogar sehr oft an Dich. Auf Sylt aber, wo ich im Kurhaus Kampen drei Wochen verbrachte, ging mir leider das Geld aus, was Dir wahrscheinlich auch manchmal im Leben passieren wird, obwohl ich es Dir nicht wünsche. Und so nahm ich mir vor, Dir Weihnachten aus Berlin ein kleines Schiff zu schicken. Du mußt nun als Inselbewohner, der so viele schöne Boote immer vor Augen hat, an das kleine beigepackte Ding keine hohen Anforderungen stellen. Denn die Berliner sind schlechte Schiffsbauer, und ich bin aus mehreren Spielwarenhandlungen ärgerlich wieder hinausgegangen, weil sie entweder nur Schiffe aus lackiertem Blech hatten, was ganz unseemännisch aussieht, oder aber Schiffe mit einem Mast- und Segelwerk darauf, das so wenig der Wirklichkeit entspricht, daß man die Berliner Landratten, die das gemacht haben, nur gründlich auslachen kann.

Das Segelboot, das ich nun endlich fand, sieht wenigstens einigermaßen anständig aus, und der Verkäufer hat mir versichert, es hätte einen Bleikiel und schwämme ganz schön. Das muß ich nun Dir zum Ausprobieren überlassen. Sollte es nicht so seetüchtig sein, wie ich hoffe, so schreib' mir's ja, damit ich mit dem Verkäufer ein Hühnchen pflücken kann. Ich hätte Dir ja gern noch ein größeres und schöneres Schiff geschickt, aber es geht eben nicht immer so, wie man gern möchte, und ich wollte Dir hauptsächlich damit zeigen, daß ich Dich kleinen Kerl nicht vergessen habe und nichts lieber hätte, als wenn ich sehen könnte, ob Du Dich etwa darüber freust.

Ihr mögt jetzt wohl viele gefährliche Stürme auf der Insel haben, ich las erst kürzlich eine Nachricht von Eurer Insel. Das wäre schön, wenn ich jetzt mal ein paar Tage an der Nordsee sein könnte, im Sommer ist sie ja meistens so sehr ruhig.

Philipp Deppe

Nun, vielleicht komme ich mal wieder, und werde Dich dann gewiß besuchen. Sei recht vergnügt am Weihnachtsabend und bleibe ein strammer deutscher Junge! Grüß Deine lieben Eltern unbekannterweise vielmals von mir und schreib mir mal, wenn Du Zeit und Lust hast!

Mit Gruß und Handschlag
Dein Christian Morgenstern

53

An Eugenie Leroi

... Für die »Freie Bühne« habe ich einen Zyklus von vier Gedichten »Michelangelo« vor, wovon zwei bereits vorliegen. Sie kennen gewiß die Figuren vom Grabdenkmal des Lorenzo di Medici, der Morgen und der Abend. Vor diesen, sowie vor einem gefesselten »Sklaven« (Original im Louvre) und einer Maria, Jesum säugend, habe ich kürzlich einmal wunderbare Stimmungen gehabt, die da niedergelegt werden sollen.

Kürzlich sah ich den »Misanthrop« mit Kainz. Denken Sie sich –: nach der Vorstellung renne ich hinaus, um nur jetzt mit keinem Menschen reden zu müssen, tieferregt und selber ganz Misanthrop, und suche eben das Foyer auf, wo ich niemand »Literarischen« vermute. Da tritt mir, liebenswürdig lächelnd, das kleine Nippes-Ehepaar X. entgegen: »Aber es war doch reizend gespielt! Ach und Kainz!« ... Es war so bitter ernst gewesen und diese Braven ahnten nicht, daß auch sie es waren, von denen dieser Misanthrop sich weg in die Einsamkeit gesehnt hatte.

Aber was rede ich?

Vor mir liegt eine Einladung zu den Fischer'schen Empfangsabenden dieses Winters – und ich werde natürlich hingehen. Komödie, dieses ganze Dasein! Aber gut! sei es Komödie! Wenn wir es nur wissen ...

Glauben Sie wirklich, daß es eine große Entbehrung ist, daß Sie in Ems »die Welt« nicht haben? Aber in der Großstadt hat man gut reden. Wir sind Menschen der Extreme ...

Der Abend
(Grabmal des Lorenzo v. M.)

Sah ich dich nicht schon einmal,
lichtloser Sinnierer? ...
Sah ich dich nicht schon
viel vielemal? ...
Wenn ich des Tages Straße
hinabgegangen
und im Dämmer,
trauriger Träume schwer,
saß und hinaus sann
in Blut und Schatten
und in die brechenden Blicke
erstarrenden Lebens ...
Lagst du da nicht
am Wegrand,
den Rücken
am letzten Meilenstein,
schwer-lässig den Leib
ellbogengestützt,
aus überernsten, verschatteten Augen
über des Irdischen Wandel
brütend? ...
Warf ich mich da nicht
vor dich hin
und vergrub mich
in deine Augen
und ward mit dir eins
und brütete selber
aus ihren Höhlen
hinaus in die Landschaft? ...
Und dann sah ich
noch einmal im Geist
die langen Menschenzüge des Tags
des Weges wallen,
wie sie dem Goldtor des Morgens
fröhlich entsprangen,
Blumen im Haar
und sorglosen Lachens voll;
wie der und jener
zu Staube dann glitt

und immer mehr
sanken, stürzten –
bis endlich der heiße Mittag
müdrastender Völker
schläfrige Lager fand.
Dann wieder Aufbruch,
klingendes Spiel,
neue Siege der Kraft,
neue Opfer.
Wohin zogen sie aus,
die Morgenscharen?
Wo winkt ihr Ziel?
Wohin leuchten
aufblitzende Sterne?
Dort liegt es –:
Ein dunkles Tor,
drin alle verschwinden,
langsam,
auf ewig.
– – –

Laß mich!
Aus deinen kalten,
unsterblichen Augen
kann ich nicht länger schaun;
denn unendliches Weinen
drängt mir empor, –
und es sinken erbarmungsvoll
Tränen der Schwermut
wie Schleier
zwischen den Sterblichen
und das Bild
seines grausamen Schicksals.

»Vor den Gipsabgüssen in der Nationalgalerie, Berlin, wohin
ich damals oft pilgerte«, 1896; *Ich und die Welt* (1898)

Michelangelos *Der Abend*

55

An Georg Hirschfeld

Berlin, 22. Juli 1896

Auf Anraten des Arztes, der mich mit einer Luftkur endlich über die letzten Lungen-Wehen hinausheben will, werde ich wahrscheinlich mit dem Galgenbruder Gespenst den nördlichen Brenner unsicher machen. Ich will da in aller Ruhe vier Wochen Alpenluft in jedem Sinne atmen. Dann habe ich mir jetzt einen Goethe gekauft, zwölf Bände, mit denen man sich getrost Gott übergeben kann, ohne sich in seinem Himmel zu langweilen. Zum Überfluß hab ich noch einen Heine dazu erworben – alles von einem anständigen »Jugend«-Honorar – so daß ich wahrlich glücklich sein kann. Es ist freilich schwer, unter solchen Sternen selbst zu schaffen, aber wozu hat man den Leichtsinn seiner Jugend?

Im Eilzug

*Über der Erde
erhabene Rundung,
hart dem Tag
auf fliehender Ferse,
rollende Räder
rauscht mit mir!*

*Vom Horizonte
schürzen Gewölke sich
nächtlich herauf
und schwärzen seltsam
ein formlos Gesicht
in den stahlhellen Himmel.*

*Ein breiter Stierkopf,
träg und tückisch,
wächst und schwillt es
über die Welt …
dehnt und verzerrt sich …
verschwimmt in Nacht …*

*Rollet, raset
den Rücken der Erde,
Räder empor!
Des Tages Gewandsaum
möcht ich noch einmal
inbrünstig küssen!*

Wahrscheinlich 1896;
Ich und die Welt (1898)

An Marie Goettling

Fusch, August 1896

Aus herrlichem Hochgebirgstal schicke ich dem Haus Moor meine herzlichsten Grüße …

Ich habe mit dem alten Schulkameraden Zöbner zusammen, der eine ziemlich gute Kenntnis alpiner Verhältnisse besitzt, einen reizenden Gebirgswinkel in der nächsten Nähe von St. Wolfgang-Fusch gefunden, wo wir billigst, einfachst und einsamst einquartiert sind. Es ist eine Art Bauernhaus, auf Fremdenbesuch mit fünf Zimmerchen bescheiden eingerichtet. Zum Arbeiten komme ich hier freilich weniger, wie ich dachte, da schöne Tage uns zu mäßig-anstrengenden Touren verlocken, die schlechteren aber uns entweder zusammenrücken, oder wenn (wie meist) Aufenthalt im Freien möglich, die Finger zu jedem Schreiben untauglich machen. Desto gesünder ist der Gesamtgewinn und ich hoffe, im September etc. wird es an meinem Müggelsee schon wieder mit Volldampf losgehen. Vielleicht schicke ich Euch diesen Winter einmal unvermutet meine »Gedichte« ins Haus … ich weiß noch nicht recht, ob ich sie sammeln und sichten oder noch damit warten soll. Ich muß sie jedenfalls erst einmal vor mir haben – es ist ja eine heillose Menge. – Ich habe im VII. Heft 1896 der Neuen Deutschen Rundschau einen kleinen Aufsatz gehabt, »Nietzsche der Erzieher«, den ich mit sehr viel Liebe geschrieben habe. Wenn Du ihn lesen willst, wird es mir eine große Freude machen, ihn Dir zu schicken. – Im Winter denke ich einen Epigrammangriff auf alles Mögliche im modernen – besonders Berliner – Leben zu unternehmen, einen »Lustigen Krieg«, der mir gewiß viel Feindschaft eintragen wird, was mich schon heute mit einer gewissen Freude erfüllt. Du glaubst nicht, wie allein man steht, wenn man einmal ein bißchen die Wahrheit sagen, eine Stunde ohne Kompromiß reden will.

»Gruss vom Leberbrünnl nächst Bad Fusch«

O Herz, geh mir auf. Wie kalt und offiziell uns doch der Norden macht. Gute Nacht, ihr großen kühlen, einsamen Gipfel der Erde! O Herz, werde hier groß – es ist so viel Kleinheit in Dir. Meine großen größeren Freunde, ich grüße Euch durch die hohe weite Nacht.

Bad Fusch, Tagebuch, 8. August 1896; *Leben und Werk* (1933)

Bad Fusch

Zwischenstück

Fusch-Leberbrünnl (Herzogtum Salzburg)
Tagebuch-Fragment 10.–22. August 1896

Nulla dies sine linea
Vor einem Gebirgsbach

(10.)
Waagrecht diese Wasser, – und zu Ende
Wellenspiel und jähe Formenwende!
Wo liegt's? Der Wechsel selbst, für sich allein?
Der Wechsel nur in mir, nur Form, nur Schein?

(11.)
Dunkel *von schweigenden Bergen umschlossen,*
vergessen die Welt wie ein Puppenspiel,
nebelumflossen, regenumgossen,
doch in der Brust ein leuchtendes Ziel.

(12.)
Hinaus *in Nebel und Regen,*
wie stark auch der Himmel trauft!
Mit Sprühwasser-Morgensegen
die junge Stirne getauft!

(14./15.)
Spät von Goethe und andrem Wein
hab ich mich des Nachts getrennt –:
Legionenfacher Schein
überfloß das Firmament.
Wie ein Silberschauer rann
grenzenlose Sternenpracht
über Gipfel, Hang und Tann
durch die tiefe, heilige Nacht.

Morgen

(15.)
Nun sind die Sterne wieder
von blaßblauer Seide verhüllt,
nun Näh' und Ferne wieder
von junger Sonne erfüllt.
Ihr weißen Wasser, die ihr
hinab zur Ebne springt,
oh sagt den Freunden, wie mir
das Herz heut singt und klingt.

[...]

Abendbeleuchtung

(19.)
Wie sich die Gebirge bauen,
Sonnenspätlichts überboten,
fern zurück: von milchig blauen
bis zu violett- und roten!

»Dichter«?

(20.)
Nur nicht eignen Gang bespähen!
Immer kopfhoch weiter wandern!
Bald genug, und gleich den andern
wirst du im Register stehen.

Briefe

(d.)
Briefe von den beiden treusten,
liebsten, schönsten Weggenossen!
Ihr in dritten Freundes Fäusten:
Und der Zirkel ist geschlossen.

Vor einem Wasserfall

(d.)
In breiten Spießen stürzt die Flut zu Tal,
noch mehr, in lang hinabgedehnten Brüsten – –
bis endlich wehnder Staub der letzte Strahl
und hier und dort gestreut nach Winds Gelüsten.

»Leberbrünnl«-Schlucht

(d.)
Jeden Abend, den ich kehre
aus der Täler weitem Lauf,
geht mein Herz in Dank und Ehre
deiner stillen Schönheit auf.

(21.)
Freundin Phanta hat unzweiflich
mich hier oben schnöd verlassen,
doch Faulenzen, Schlafen, Prassen
macht es unliebsam begreiflich.

[...]

Zum Abschied an F.-L.

(22.)
Wie ich schwer von deiner stillen,
unberührten Schönheit gehe!
Doch ich habe tiefen Willen,
daß ich einst dich wiedersehe.

Auf vielen Wegen (1897)

Piazza Benacense in Riva

Auf der Piazza Benacense
(Riva am Gardasee)

Den Nacken hoch, Germane!
Diese Gassen
trat deines Ahns
geschienter Herrenfuß.
Hier eben, wo ich schreite,
schritt auch er,
geehrt vom Italer,
und seiner Weiber
Gebet und Furcht.
Ich blonder Enkel bin

kein Fremder hier;
der Bursch dort teilt vielleicht
uralte Vaterschaft
mit meinem Blut.
Wie mir das Herz schlägt,
töricht laut und stark!
Es ist ein Stolz
um alte Volkheit doch, –
und waren's Bären auch,
die hier als Gäste
des schönsten Reichs gehaust –
der Enkel hegt,
nicht ihren Grimm,
doch ihre Kraft noch heut.

Den Nacken hoch, Germane!
Felskastelle
des Berner Dietrich
und des großen Karl
erzählen heut
von alten Siegen noch,
und schwarze Augen
brennen heut noch heißer,
wenn sie des Nordens
blauer Blitz versengt.

Wahrscheinlich 1896; *Ich und die Welt* (1898)

60

Die Grotte des Catull in Sermione

An Sirmio*
(Catulls Ode)

Kaum glaub ich's noch! Catull, du bist daheim!
Daheim auf deinem lieben Sirmio!
Oh Sirmio, Sirmio, Kronjuwel Neptuns!
In allen Meeren, Strömen, Seen sucht
Deingleichen man umsonst: Kein Vorgebirg,
kein Halbeiland, kein Eiland kommt dir gleich!
Wie gern bin ich zu dir zurück geeilt!
Wie schön, die Sorg und all den fremden Kram,
der mir nichts ist, im Rücken weit, weit, weit,
am eignen Tisch, im eignen Bett zu ruhn!

Das ist doch noch ein Lohn nach so viel Plag!
Mein Zauber-Sirmio, freust du dich denn auch?
Und du, mein See, brandest du mir Willkomm?
Ja, alles lacht und ruft: Catull ist da!

* Sirmio (heute Sermione), Halbinsel im Süden des Gardasees, mit einer Villa des Catull

Wahrscheinlich 1896; *Ich und die Welt* (1898)

An Marie Goettling

Berlin, 24. Januar 1897

*Berlin hat mich nun wieder ordentlich in seinen Krallen.
So daß ich mich bereits zu einer Einsiedler-Woche
entschlossen habe. Da ist ein guter Freund nach dem
andern, dessen gemütliche Abende man mitmachen soll,
und im Handumdrehen wird man aus einem Arbeiter ein
Schmarotzer. Dazu die Kunstsachen. Jetzt eben erwartet
mich die philharmonische Generalprobe mit Schuberts
C-dur-Symphonie (»von himmlischer Länge«).*

Einweihung des Nationaldenkmals für Kaiser Wilhelm I. am 22. März 1897

Ασβεστος γέλως

*Die Tage der Gläubigen
uralten Wahns
sind dahin!
Unauslöschlich Gelächter
grüßt,
was sie lassen und tun.*

*Am Sonnenhimmel
schaun sie noch immer
schwärzliche Punkte
und sprechen: »Seht!
Gottes Finger
deuten auf uns!«
Wissen sie nicht,
daß sie Flecken des eigenen Augs
anbeten?
Rührendem Schauspiel
lohnt
unauslöschlich Gelächter.*

*Bändigen
wolln sie den Huf der Zeit,
mit Spruch und Fluch
bannen das steigende Roß,
drauf frühlingsgewaltig
der freie Geist,
der Zukunft König,
einherbraust!
Weh den Zermalmten!
Ihr Ende
umschallt
unauslöschlich Gelächter.*

*Hören sie nichts?
Vom Aufgang zum Niedergang
lacht es ja unablässig,
grüßt,
was sie lassen und tun,
unauslöschlich Gelächter.*

»Es ist aus jenen Märztagen, wo das ›Wilhelm der Große‹-Denkmal enthüllt
wurde«; *Ich und die Welt* (1898)

Ukas

Durch Anschlag mach ich euch bekannt:
Heut ist kein Fest im deutschen Land.
Drum sei der Tag für alle Zeit
zum Nichtfest-Feiertag geweiht.

Galgenlieder (1908)

An Marie Goettling

Berlin, 5. Juni 1897

Du wirst mir wohl schon ein wenig böse sein, daß ich
von den Rechten des Beschäftigten so ausgiebig
Gebrauch mache.

... Ich bin gerade diesen Geburtstag so verwöhnt
und beschenkt worden, daß es mich eher traurig als froh
gestimmt hat.

Ein Stück um das andere auf ein gleitendes Schiff
gestiftet, auf einen schwankenden Boden gestellt, einem
Heime dienen sollend, das vielleicht morgen nicht mehr
ist – –.

Wenn ich vielleicht äußerlich einige »Bürgertugen-
den« zu besitzen scheine, so habe ich sie innerlich um so
weniger. Wo ich mich gewöhne, werde ich unglücklich.
Vielleicht liegt das schon in meiner ganzen Jugend
vorbereitet, die in unzählige Teile zerhackt war. So habe
ich mir das Mich-Nicht-Gewöhnen-Wollen wohl –
angewöhnt. Nicht, daß ich jetzt meine Luisenstraße
»verändern« wollte, so unmöglich sie auch nun im
Sommer mit ihrem Pfeifen, Singen, Rollen, Klingeln,
Trappeln, Bellen, Schreien etc. etc. für einen »geistigen
Arbeiter« ist – aber meine Sehnsucht haftet an keiner
Scholle ...

Ich bin so unzufrieden und könnte mir doch an Dir
ein Beispiel nehmen, die Du doch auch oft hinaus
möchtest ...

Wie ich jetzt – nachts – weiterschreibe, hacken sie
unten in die Asphalthaut der Straße, aber nicht so zart
wie Goethe, als er auf der seiner Geliebten Hexameter
skandierte. Es ist, als wären die Leute drauf versessen,
jeden Gedanken unmöglich zu machen. Du machst Dir
keinen Begriff von dem Eifer dieser preußischen Pferde-
bahnschienen-Räte. Dabei ist es ein Uhr nachts ...

Inmitten der großen Stadt

Sieh, nun ist Nacht!
Der Großstadt lautes Reich
durchwandert ungehört
der dunkle Fluß.
Sein stilles Antlitz
weiß um tausend Sterne.

Und deine Seele, Menschenkind?

Ward sie nicht Spiel und Spiegel
irrer Funken,
die gestern wurden,
morgen zu vergehn, –
verlorst
in deiner kleinen Lust und Pein
du nicht das Firmament,
darin du wohnst, –
hast du dich selber nicht
vergessen,
Mensch,
und weiß dein Antlitz noch
um Ewigkeit?

Wahrscheinlich 1895; *Ich und die Welt* (1898)

Eine Großstadt-Wanderung

Eine lange Gasse war mein Nachtweg.
Vor mir schalt ein Kerl mit seiner Dirne,
hohl zerbrach der Hall am Wall der Wände.
Nun ein kurzer Kampf – und gellend schreiend
floh das Weib den Weg an mir vorüber.
Aus dem Dämmer tauchten, wie dem Boden
jäh entwachsen, drohende Gestalten,
Pfiffe schrillten, schwere Tritte trabten,
Flüche zischten: Fort! die Polizisten!
Und im Nu von Nacht verschlungen alles.
Wimmern noch … Geworfne Türen … Stille …
Ausgestorben schien der ganze Stadtteil.
Rot und trübe kämpften die Laternen.

Und ich sah, erstarrt, durch eine Hauswand …
Eines Kaufherrn Schlafgemach beschlichen
zwei geschwärzte Burschen. Auf den Schläfer
warf der eine sich, der andre feilte
an dem Schrank. Dem Ächzen seiner Säge
mischten grausig sich erstickte Laute.
Gold, Papiere, Ringe rissen gierig
ihre Finger aus den Fächern … Leise
rief es durch die Tür: Die Wache warnte.
Hastig raffte jeder noch das Nächste,
wusch sich flüchtig die befleckten Hände –
Dringend rief es noch einmal. Die Kerze
gloschte. Schwarz und lautlos lag das Zimmer.

Und ich ging die lange Gasse weiter.
Hinter fensterlosen Mauern sah ich
neue Frücht' und Opfer der Gesellschaft.
Der zerschlug sich den geschornen Schädel …
Der verstierte sich hinauf zur Luke …
Der durchtappte rastlos seine Zelle …
Augen brannten; Lippen fluchten flüsternd;
Fäuste krampften sich; Gehänge klirrten;
mancher wälzte sich in lauten Träumen;
doch die meisten schliefen tief wie Tote.
Frech vertiert, verduldet, unterwürfig,
gramzerfressen, haßverzerrt, verachtend,
also prägten schrecklich sich die Mienen.

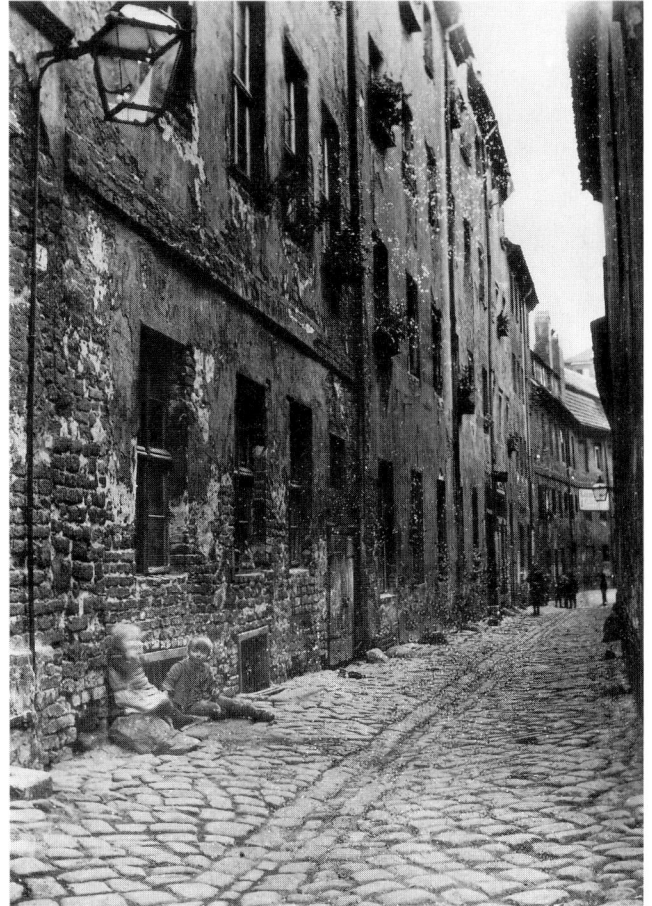

Heinrich Zille: Am Krögel

Und mich zog die lange Gasse weiter.
Endlosen Fensterreihn entscholl es,
mir nur hörbar, dumpf und unablässig,
wie von Stöhnen, Weinen, Weherufen.
Sieche, Krüppel, Giftige, Zersetzte
nährten dort des Lebens arme Flämmchen,
hofften, rafften sich von Tag zu Tage,
bis des Todes Weisheit endlich siegte.
Wie sie so in weißen Kissen wachten …
Opfer ihrer Herkunft, ihres Standes,
ihrer Gierden, ihrer Dienst' und Taten,
ihrer Mitwelt, die sie stieß und hemmte!
Wie die bleichen Händ' anklagend winkten!

Heinrich Zille: Am Krögel. Krögelhof

Und ich floh die trübe Gasse weiter.
Gebt euch nicht so stolz, ihr roten Mauern,
oder prahlt mit freudigeren Gästen!
Niemand weiß es, wer sie sind, sie selber
lächeln seltsam, fragst du, wie sie heißen.
Sind an Tafeln zwar geladen worden,
drauf zu lesen, wo man sie getroffen –:
Den in einem Wehr beim Fest der Fische;
die in einem Hag voll Heckenrosen;
den auf blanken Gleises kaltem Kissen;
den in einer Herberg fremdem Zimmer.
Aber alle ruhn sie bleich und schweigend,
lächeln starr-verächtlich deiner Fragen.

Und ich wanderte mechanisch weiter.
Hinter einer hohen Gartenmauer
hob aus Bäumen sich ein altes Kloster,
dessen eisenstabverkreuzte Scheiben
wirren Lärms zuweilen dumpf erklirrten.
Plötzlich ward ein Fenster aufgerissen,
und ein Mensch im Hemde überschrie sich
in den leeren Park hinunter: »Rechts schwenkt!
Laufschritt! Marsch marsch! Das Gewehr zum Sturm
                                                      rechts!

Ha-alt! Nieder! Fertig! Feuer! Feuer!
Feu-« Jäh brach es ab, zu schlug das Fenster.
Fernes Toben. – Über dem Portal stand:
»Selig sind, die große Trübsal dulden!«

Und ich setzte meine Schritte weiter –
fast so ungewiß wie der Betrunkne,
der im Morgengrauen mir entgegen
kam –: Nun tappte er zur Seit', nun rückwärts,
schoß vornüberfallend vorwärts, rannte
wider die Laterne, griff ins Leere,
schwankte, rollte in den Kot der Gosse…
Selber wirbelte mir Wust im Haupte…
Särge, drängten sich die Häuser; Grüfte
hallten, wo ich schritt; von Moder, Fäulnis
schnob die Luft; Gewölke Bluts und Tränen
dampften, dunsteten, mich dumpf erstickend…
Weiß nicht mehr, wie ich den Weg vollendet.

Auf vielen Wegen (1897)

An Marie Goettling

Mein Herz ist diesen Sommer zwischen Nordmeer und Alpen hin und her gezogen worden und ich werde wohl nie dazu kommen können, einen Teil der unendlichen Natur vor einem andern zu bevorzugen. Ich liebe sie in Friedrichshagen und am Gardasee, sie ist überall dieselbe. Und die Wolken und Sterne kann einem keine Mauer rauben. Sie sollten zum mindesten jedem Lebendigen frei sein [...]

In Friedrichshagen segelten wir, und ich konnte am letzten Tage einen Nachmittag lang ganz allein auf dem See liegen. Du glaubst nicht, wie stolz ich darauf bin, denn Segeln ist meine Leidenschaft von früh auf.

Am Müggelsee, Bezirk Köpenick/Friedrichshagen

Erden-Wünsche

Ein Weib, ein Hund, ein Segelboot,
mein Freund, sein Weib und sonst nichts mehr;
ein freies Schaffen, ein edler Tod,
das wäre so mein Begehr.

Vergaß ich nichts? Wer fehlt noch, wer?
Mein Triumph wider den Tod!
Ein Sohn, dem mein Wollen im Blute loht,
und Kraft noch tausendmal mehr.

Wahrscheinlich 1897; *Ich und die Welt* (1898)

An Marie Goettling

Was ich Dir nämlich nicht verschweigen kann, obschon es Torheit ist, schon davon zu reden, ist, daß mir kürzlich der Auftrag in Aussicht gestellt worden ist, die Vers-Dramen und die Gedichte Ibsens aus dem Norwegischen (Dänischen) ins Deutsche zu übertragen beziehungsweise um(nach)zudichten. Das würde drei bis vier Jahre erfordern, während welcher ich sicher zu stellen wäre. Die Aufgabe ist gewiß sehr schwer, aber ich wüßte mir keine ehrenvollere und mehr den Ehrgeiz entflammende. Die Übersetzungen sind für die einzige autorisierte deutsche Ausgabe von Ibsen bestimmt und wären demnach für alle Zukunft die allein maßgebenden und mustergültigen. Die beiden Klippen, die noch im Wege stehen, sind erstens ein Konkurrent und sodann die Honorarfrage. Irgend etwas aber werde ich jedenfalls übersetzen müssen.

So lerne ich denn mit Hochdruck Dänisch und hoffe mich bald an Stellen der Liebeskomödie (Kaerlighedens Komödie) versuchen zu können. Es wäre herrlich, wenn alles glückte, denke Dir, daß damit meine Lebenslage endlich sicherer würde und die ungewissen Projekte nach der »freien Schriftstellerei« (in Aufsätzen, Kritiken) hin verabschiedet werden könnten. Ich könnte mich, falls ich wirklich Talent dazu haben sollte, allmählich überhaupt für dänische Literatur einrichten. – Vom Honorar wird ja alles abhängen. Ich brauchte mich, falls es mir bequem zu leben gestattete, an keinen Ort zu binden, könnte z. B. eine Zeit lang nach Kopenhagen gehen oder einen Winter in wärmeres Klima. Ich habe freilich Sorge um mein eigenes Schaffen, aber ich glaube doch zu fest an die Zukunft um zu fürchten, es werde verkümmern.

Nächtliche Bahnfahrt im Winter

Wenn du so auf müder Nachtfahrt
durch die dunklen Lande eilest,
wird dir Manches Graun und Rätsel,
das du sonst zum Klaren teilest.

Kannst das Dunkel nicht zerspähen,
wirst ohn Ende fortgerissen –:
Hier ein Licht und dort ein Schatten
aus durchdröhnten Finsternissen.

Und du denkst, wie durch die weißen
Wälder frierend Rehe ziehen,
bis sie vor den Dörfern stehen
mit von Frost zerschundnen Knien.

Und du siehst die vielen Menschen
langgestreckt im Schlafe liegen,
und du siehst die große Erde
alles durch den Weltraum wiegen.

Du erschrickst –: Von lauter Stimme
hörst du einen Namen rufen – –
Ja, das ist das alte Städtchen
deiner ersten Werdestufen.

Und du denkst der lieben Gassen,
und du siehst dich selbst als Knaben ...
Und schon liegt das Städtchen wieder
fern in Schlaf und Nacht begraben.

Und ein Schaudern und ein Wundern
läßt dein festes Herz erbeben,
und dich graut vor deiner Menschheit
unenträtselbarem Leben.

Berlin, Dezember 1897; *Ich und die Welt* (1898)

An Ludwig Landshoff

Berlin, Januar 1898

Schönen Gruß, lieber Lutz, mach, daß Du bald wieder gesund wirst! Ich bin schon vom Reisefieber (Febris itineris) ergriffen: Paß, Koffer, Anzug, Besuche, Gedichte, Orlik Titelblatt, Wäsche, Ibsen, Zahnpasta, Neuer Hut, Ver sacrum, geflochtene Lederschuhe, Dr. Lahmann, Krieg der Amerikaner – kurz, Welt am Montag.

Im Mai 1898 bestieg Morgenstern in Stettin ein Schiff und reiste über Kopenhagen nach Kristiania, dem heutigen Oslo. Ein festes Logis fand er bald in Fru Hanstens Sanatorium, Vingolfvein 12 in Nordstrand, einem südlichen Vorort Kristianias. Das Sanatorium lag dem Wohnhaus des Fabrikanten und Grossisten Eduard Fett, Vingolfvein 19, sehr nahe; eine Tatsache, die für Morgensterns literarisches Schaffen folgenreich war, denn er verliebte sich in Dagny, die zweiundzwanzigjährige Tochter des Hauses. Für und über sie schrieb er Liebesgedichte, und durch die Liebe zu ihr erhielten auch die Nordstrander Naturgedichte ihre glückliche Ausstrahlung. Diese Monate des Glücks (*Dagny*, S. 72, und *Oh, um ein Leuchten deiner Augen alles!*, S. 73) verwandelten sich jedoch in solche der Ernüchterung, als die Familie Fett auf eine dauerhafte Verbindung der beiden drängte, die der siebenundzwanzigjährige Dichter und Übersetzer nicht bereit war einzugehen. Im Mai 1899 war zwischen das Paar die Anrede »Sie« zurückgekehrt (Brief 9. Mai 1899, S. 81). Zehn Jahre später trafen sie noch einmal in Kristiania zusammen, er nun der Verlobte Margareta

Gosebruch von Liechtensterns und sie die Frau des Schauspielers David Lunde. Dagny starb 1927.

In Kristiania suchte Morgenstern den siebzigjährigen Henrik Ibsen auf – die erste Notiz darüber ist auf den 1. Juni 1898 datiert –; meist traf er ihn im Grand Hotel der Stadt, das dieser mit Vorliebe besuchte. Schon in Berlin hatte Morgenstern Ibsens *Gildet paa Solhaug/Das Fest auf Solhaug* übersetzt, jetzt arbeitete er an *Kjærlighedens Komedie/Die Komödie der Liebe*, auch diesmal mit Erfolg. Als Ibsen 1899 sein letztes Drama *Naar vi døde vaagmer/Wenn wir Toten erwachen* abschloß, schrieb er an Julius Elias, einen der Herausgeber der deutschen Ausgabe: »Ich hege den lebhaften Wunsch, daß Herr Christian Morgenstern seinerzeit die Übersetzung meines neuen Stückes besorgen möge. Er ist ein höchst begabter, wirklicher Dichter ... Außerdem ist er vollständig vertraut mit der norwegischen Sprache, ein Vorzug, den zu finden ich früher nicht bei vielen meiner deutschen Übersetzer das Glück hatte.« Noch im selben Jahr, nach Abschluß des *Brand* und zurück in Berlin, entsprach Morgenstern gemeinsam mit Elias diesem Wunsch, durch die Termine für das Weihnachtsgeschäft gedrängt in nur zwei Wochen. 1901 erschien der deutsche *Peer Gynt*, 1903 die *Gedichte* und *Catilina*. Überarbeitungen fremder Ibsen-Übersetzungen kamen hinzu, und noch 1907 war Morgenstern mit Bearbeitungen eigener Übersetzungen für das Theater Max Reinhardts beschäftigt. Die Ibsen-Arbeit, immer als Einkommensquelle geschätzt, war zu einer Bürde geworden, die das eigene Schaffen belastete. Sich auf dem Weg der Nachdichtung in einer fremden Gedankenwelt bewegen zu müssen, fiel dem Dichter schwer. Schon 1899 notierte er: »Es antwortet wohl vieles in mir dem Ibsen'schen Menschen-bessern-und-bekehren-wollen. Aber es widersetzt sich noch mehr in mir gegen den Dogmatiker, Theoretiker, Scholastiker, gegen den Theologen in Ibsen, der mir zu viel Begriffe und zu wenig Weisheit hat.« So schrieb Morgenstern einerseits Ibsen-kritische Epigramme (S. 89) und widmete ihm andererseits 1906, dem Todesjahr Ibsens, die Epigrammabteilung der Sammlung *Melancholie*. Von der Witwe Ibsens erhielt er als eine von sechs Personen, die sich um das Werk des Dramatikers verdient gemacht hatten, ein Silbermedaillon.

Im Mai 1899 brach Morgenstern von Kristiania zu einer Reise in den Norden des Landes auf, die er literarisch in einem Aufsatz festzuhalten gedachte, doch wieder gelang es ihm lediglich, zwei Gedichte zu vollenden. In ihnen finden sich die beiden wichtigsten Reisestationen wieder: Molde (S. 87), das ihm von Ibsen besonders empfohlen worden war und in dem Morgenstern seinen fast zweimonatigen Aufenthalt genoß, und im Juli dann Bergen (S. 88), von wo aus er auch Edvard Grieg in Troldhau-

gen besuchte. Während der zwei Monate dort wurden Besuche beim Arzt erforderlich; die Diagnose war bedrückend (*Dunkler Tropfe*, S. 88). Im September 1899 war Morgenstern dann wieder in Berlin.

Das Buch, das die in Norwegen entstandenen Gedichte versammelte, erschien 1900 unter dem Titel *Ein Sommer* und war »der's gehört« gewidmet. Morgenstern selbst betrachtete *Ein Sommer* als »ein Intermezzo wie ein Stück blauer Himmel«, als einen »besonders lichten Fleck in meinem Leben«. Neben ihrer »seligen Leichtigkeit« (S. 73) zeichnet die Gedichte vor allem die Genauigkeit der Naturbilder aus, die ihr Dichter auf seine Abstammung von Malern zurückführte: Nicht nur der Vater, sondern auch beide Großväter, Josef Schertel (1810–1869) und Christian Ernst Bernhard Morgenstern (1805–1867), waren ja Landschaftsmaler gewesen, und der Vater des letzten war Miniaturmaler. Besonders dem Großvater väterlicherseits fühlte der Enkel sich verbunden. »Mein Großvater«, schrieb er dreiundzwanzigjährig, »steht wieder in mir auf, mit seiner Liebe zu Mondscheinnächten und phantastisch gewaltigen Lüften, zu weiten Ebenen und zur weitesten Ebene, dem Meere. Ich bin Maler bis in den letzten Blutstropfen hinein. – Und das will heraus ins Reich des Wortes, des Klanges; eine seltsame Metamorphose.« In Norwegen ließ sich die Vorstellung, den Spuren des Großvaters zu folgen, noch konkreter auffassen: hier hatte auch dieser als junger Künstler gearbeitet.

Wichtigste Briefempfänger der Norweger Jahre waren neben der Freundin Marie Goettling die junge Norwegerin Dagny Fett sowie Henrik Ibsen.

Grønlands Dampkjøkken in Kristiania

Sag,
nun wunderst du dich wohl,
mein Ich?
Mit einem Mal
hier im fremden Land
hier im fremden Volk
losgetrennt
von allem Bisher ...

Wundert' ich mich
denn nicht je,
wo ich auch war?
Mit einem Mal
auf dem Erdball hier
unter Menschen hier
woher
wohin
wo –
wußt ich's denn je?

Hier oder dort,
dies oder das,
bin ich
ein ewig mich Wunderndes,
bin ich
ein großes Auge
unwissend, glückselig,
traurig –
doch immer staunend
aufgeschlagen
ins Unbegriffne.

Wahrscheinlich 1898; *Mensch Wanderer* (1927)

An Henrik Ibsen

Nordstrand, Mai 1898

Hochverehrter Herr Doktor,
wie Ihnen vielleicht Herr Dr. Elias mitgeteilt hat, bin ich
vor vierzehn Tagen zu einem längeren Aufenthalt nach
Norwegen gekommen, um meine große schöne Aufgabe
um so besser fördern zu können.

Ich bin augenblicklich mit »Kærlighedens Kome-
die« beschäftigt und hoffe, die Übertragung bis Mitte
August vollendet zu haben.

Es würde mir nun eine hohe Ehre sein, Ihnen,
hochverehrter Meister, meinen Besuch machen zu dür-
fen, und falls Ihnen dies genehm wäre, von Ihnen die
Bestimmung eines Zeitpunktes entgegenzunehmen.
In tiefster Ehrerbietung
Ihr Ihnen von Herzen ergebener
Christian Morgenstern

Mächtige Landschaft

Vor dem blassen Dämmerhimmel
den Gewölke, grau verworren,
fast schon jetzt zu Nacht verdunkeln,
steh ich, wie ich mich vom Armstuhl,
drin ich grad ein wenig ruhte,
aufgehoben, mit vom Schlafe
noch nicht ganz befreiten Augen.

Und das ungeheure Bild der
Landschaft, das mich so auf einmal
trifft, wie sie den Flügel ihrer
Wolken in die Nacht vorausreckt,
Wasser, Wälder, Berge so im
Schoß des eigenen Schattens tragend,
hält mich lang noch wie im Traume.

Ein Sommer (1900)

Blickfeuer

I.
Du kennst der Küste rege Leuchtturm-Feuer,
die schlaflos ewig wache Wimpern heben,
als seien es des Schicksals Augen selber,
die ruhlos auf der Dinge Wandel rollen, –

Und stehst vielleicht so selber vor den Dingen,
sie immer wieder groß und fragend messend,
indes des Weltmeers ewig gleiche Woge
zu deinen Füßen ihre Rätsel brandet ...

II.
Und dann sind noch andre Feuer,
die mit unbewegter treuer
Güte durch das Dunkel schauen,
wie wohl Augen stiller Frauen
flehn: aus schwankenden Bezirken
komm, im Heimischen zu wirken.

Kristiania/Nordstrand, 3. Juni 1898; *Ein Sommer* (1900)

Dagny Fett

Dagny*

*Wenn dieses zarte Glühen
in deine Wangen strahlt,
als wie den frühsten frühen
Himmel ein erster Schimmer malt,
da fühl ich erst, wie rein du bist,
welch feine klare Schale
voll unberührtem Wein du bist,
bestimmt zum höchsten Mahle
der Erde.*

Kristiania/Nordstrand, 4. Juni 1898; *Ein Sommer* (1900)

* Dagny (norweg.) = Erstes Frühlicht

Waldkonzerte ...

*Waldkonzerte! Waldwindchöre!
Düstres Solo strenger Föhre –
Tannensatz nach tiefem Schweigen –
heller Birken Mädchenreigen –*

*Buschgeschwätze – Gräserlieder –
Blätterskalen auf und nieder – –
wenn ich euch nur immer höre –
Waldkonzerte! Waldwindchöre!*

Kristiania/Nordstrand, 11. Juni 1898; *Ein Sommer* (1900)

links Dagny

11. Juni abends. Læsesalen af Grand Hotel zusammen mit Henrik Ibsen. Wir sprechen viel über die Aufführungen seiner Stücke: Zacconi, Duse, Kainz, Reinhardt etc. Fragte wegen eines deutschen Ensembles hier. Ich erzählte ihm von Berliner Theatern, von der Brand-Aufführung im Schiller-Theater, Kaiser und Galiläer im Bellealliance-Theater; es wurde gegen seinen Willen aufgeführt. Wir sprachen über Zacconi und dessen eben kreierte Borkmannrolle in Triest. Ibsen äußerst besorgt, ob er nur auch eine gute Übersetzung habe, damit nichts Fremdes hineinkäme. – Ich erzählte ihm von Blumenthal und Kadelburgs »Weißem Rößl« mit wirklichem Regen, woraufhin er übers ganze Gesicht lachend wiederholte: »Mit wirklichem Regen!« War in allem wieder sehr freundlich.

Tagebuch, 11. Juni 1898; *Leben und Werk* (1933)

Dagny im Vordergrund links

Oh, um ein Leuchten deiner Augen alles!
Hör mich! Ein Märchen –. Als der alte Gott
noch jung in seinen Gärten wandelte,
da fand er einst auf einer Wiese sie
in leichtem Schlummer reizend hingestreckt.
Und wie er überwältigt steht, die Arme
noch zum zerteilten Busch zurückgebreitet,
erwacht sie von dem Brechen eines Zweigs
und hebt der Wimpern seidnen Silberwurf
und träumt den ersten großen Blick ihm zu.
Und wie der Herrliche nun näher eilt
und vor ihr kniet, da geht ein Rätselleuchten
aus ihrem Aug, wie wenn in Wogenschleiern
sich das Geheimnis einer Meergrundsonne
verhüllen wollte und sich doch verriete …
Und sieh, um dieses Leuchten schuf Gott alles,
was ist, – der Sterne schimmernde Girlanden –
der Völker Legion, den Tag der Liebe
durch ewige Äonen wiederholend –
und dich und mich – und alles Glück und Elend
von Ewigkeit zu Ewigkeit – ! – Du lächelst!
Oh, um dies Leuchten deines Lächelns alles!

Kristiania/Nordstrand, 13. Juni 1898; *Ein Sommer* (1900)

Selige Leichtigkeit

Keine »Verse«! Singend Leben,
wie es aus den Bächen tönt!
Ward dir innrer Reiz gegeben,
nun, so quillt es schon verschönt.

Deine Meißel, deine Feilen
habe nun im Blut gelöst,
und so laß denn talwärts eilen,
was die muntre Welle flößt.

Rhythmenselig, bogenspringend,
liebe Lockung Aug und Ohr,
alles mit zu tanzen zwingend,
ströme, schwimme, süßer Flor!

Kristiania/Nordstrand, Juni/August 1898; *Ein Sommer* (1900)

Nordstrand

Vormittag am Strand

Es war ein solcher Vormittag,
wo man die Fische singen hörte;
kein Lüftchen lief, kein Stimmchen störte,
kein Wellchen wölbte sich zum Schlag.

Nur sie, die Fische, brachen leis
der weit und breiten Stille Siegel
und sangen millionenweis'
dicht unter dem durchsonnten Spiegel.

Kristiania/Nordstrand, 15. August 1898; *Ein Sommer* (1900)

Zimmerfreuden

Wenn ich mittags fenstersteh
und die große Landschaft seh,
dampft mir plötzlich Bratenrauch
in den reinen Tannenhauch.

Regst umsonst vom Erdenjoch
Flügel der Ekstase –
Ochs und Hammel steigen noch
Göttern in die Nase.

Kristiania/Nordstrand, 15. August 1898; *Die Schallmühle* (1928)

Die Fischbrücke in Kristiania

Fisches Nachtgesang

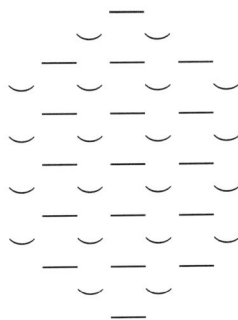

Berlin/Werder, 1895; *Galgenlieder* (1905)

17. X. 98. Auf dem Wege zur Bibliothek Ibsen getroffen. Grüße, er spricht mich an ...

22. X. Zweiter Brief an Elias. Muß freie Hand im Sprachlichen haben, kann mir von ihm nichts korrigieren lassen. Schreibe klar, fest, durchaus nicht verletzend. – Telegramm von Elias, ob »Stüber« Aktuar oder Sekretär. Suche Ibsen im Lesesaal des Grand Hotel mittags nach 12 Uhr auf. Im Mantel. Entscheiden uns für »Aktuar«. Ibsen sagt auf meine Frage über Professoren und Germanisten: »Ja, ja, Herr Dr. Elias will immer alles so furchtbar akademisch haben, ich habe mich nie bemüht, korrekt zu schreiben, sondern habe absichtlich Worte und Wendungen aus der gesprochenen Sprache mit hereingenommen und die Schriftsprache dadurch zu bereichern gesucht. Ich bin dem geradezu aus dem Wege gegangen, korrekt zu schreiben.« Kam wieder auf die andern Übersetzungen zu reden und sagte, er würde die meinige sicher lesen, wenn er sie bekäme ... Fragte mich fürsorglich, ob ich denn auch warm angezogen sei, war überhaupt wieder sehr freundlich und forderte mich, wie stets, auf, ja doch wieder einmal vorzusprechen, worauf ich sagte, ich würde mir in nächster Zeit erlauben, ihm mein neues Buch* zu bringen. »Und da sind Sie eigens wegen dieses Telegrammes zur Stadt gekommen?« – Ich sage, daß ich »Brand« schon angefangen habe: »So, so, da werden Sie ja zu tun haben.« »Ich habe mir zehn Monate gesetzt.« Freut sich sehr über alles. –

14. XI. Vor Sindings Konzert ... bei Blomquist Ibsen getroffen. Saß am Tisch in Mantel und Zylinder und blätterte im »Studio«. Ich mußte mich zu ihm setzen. Er war wie immer höchst freundlich. Ich erzählte, daß ich ins Konzert wolle. Er wolle auch hin, obwohl er ganz unmusikalisch sei; »mir gefällt wohl dies und jenes gefällt mir nicht, ich weiß aber nicht warum. Ich habe leider gar kein Verständnis für Musik.« Als ich sagte, daß ich auch nur Liebhaber in musikalischen Dingen sei, erwiderte er: »Nein, nein, Sie haben sich doch mit Klavier beschäftigt; mir ist das alles vollständig versagt.« Er ging nur wegen Fräulein Hildburg Andersen hin; interessantes Weib und Klavierspielerin, Freundin von ihm. – Abends saß er dann vorn in der zweiten Reihe mit seinem schönen weißen Kopf und hielt standhaft bis zum Schlusse aus.

Das Café des Grand Hotel in Kristiania, das Henrik Ibsen links gerade betritt. Am zweiten Fenster von rechts sitzt rechts Edvard Munch, rechts neben ihm steht Kristian Fritzner, der Besitzer des Hotels (Wandgemälde Per Krohgs im Café)

Hinterher suchte er seinen Mantel, kriegte mich dabei an der Hand zu fassen und zog mich, gutmütig nervös, ein Stück mit.

14. Januar. Mit Ibsen im Lesesaal des Grand zusammen. Mittags. (Er hatte einen braunen Mantel an mit Seideneinsätzen.) Er kam bald auf meine Übersetzung zu sprechen: »Ja, ich finde sie außerordentlich gelungen, die Verse sind in so fließendem Deutsch, wie ich das bei einer Übersetzung gar nicht für möglich gehalten hätte.« Und beim Weggehen sagte er: »Ich danke Ihnen nochmals für Ihre prächtige Arbeit«; er bedankte sich auch für die »Brand-Szenen«, die ich ihm zu Weihnachten handschriftlich dediziert hatte und sagte, wenn mir »Komödie der Liebe« so gut gelungen wäre, die doch durchaus nicht leicht gewesen wäre, so würde es mir mit dem anderen gewiß ebenso gelingen. Er erkundigte sich

wieder aufs freundlichste nach dem Stand der Arbeit, meinen Nordstrander Verhältnissen; ich erzählte ihm von Weihnachten: daß ich einen Baum gehabt habe ... Er rät mir auf meine Andeutung, ich wolle den Frühling wohl nach Romsdalen, besonders zu Molde, Hardanger etc. Er beschrieb mir Moldes schöne geschützte Fjeldnatur mit Jötunheim im Hintergrunde, und die Reiseroute Bahn–Dronthjem und Küstendampfer südwärts, alles ca. 26 Stunden.

Tagebuch, 17. und 22. Oktober, 14. November 1898, 14. Januar 1899; *Leben und Werk* (1933)
* *Ich und die Welt*, das gerade im Druck war

Ibsen verläßt das Grand Hotel

77

Das ästhetische Wiesel

Ein Wiesel
saß auf einem Kiesel
inmitten Bachgeriesel.

Wißt ihr,
weshalb?

Das Mondkalb
verriet es mir
im stillen:

Das raffinier-
te Tier
tats um des Reimes willen

Kristiania/Nordstrand, Oktober/November 1898; *Galgenlieder* (1905)

Blick von Nordstrand auf den Bundefjord

An Marie Goettling

Nordstrand, 20. Januar 1899

... Du schreibst, Du könntest Dir keinen rechten Begriff von meinem Wohnsitz hier machen. Ich wohne also im ersten Stock des ca. dreißig bis vierzig Zimmer enthaltenden Hauptgebäudes unsres Pensionats, das außer diesem noch fünf kleinere villenartige Holzhäuser umfaßt, die in direkter Nähe darunter stehen, alle in verschiedener Terrainhöhe, da die ganze Küste hier ein einziger bewaldeter Felsenabhang von gewiß ein- bis zweihundert Meter Höhe ist. Ringsum also ist hoher Tannenwald; dicht vorbei geht ein Bach hernieder und der Blick geht über den steil abfallenden Abhang mit

Wald, Häusern, Straßen und Bahndamm auf die weite Fjordlandschaft hinaus. Vor Dir liegt ein ungeheurer Arm des großen Christianiafjords, der sogenannte Bundefjord ... Dieser riesige Ärmel liegt also in einer Länge von ca. zwölf Kilometern und einer Hauptbreite von vier Kilometern vor mir und zwar so, daß Du die Längsseite gerade gegenüber hast [...] Das Ufer drüben ist eine lange ununterbrochene tannenbewaldete Hügelkette, fast ohne Niederlassungen. Innerhalb dieses Fjordarms liegen nun eine Anzahl hügeliger ebenfalls bewaldeter Felsinseln, deren Mehrzahl Villenkolonien mit Badehütten etc. beherbergt, die jedoch im Winter verlassen werden und höchstens noch hier und dort einen Fischer zeigen. Die Inseln gehen etwa gerade bis in meine

79

Fensterlinie, links davon ist nur Wasserfläche. Die Reize dieser Landschaft sind in ihrer fortwährenden Abwechslung nicht zu beschreiben. Jetzt z.B. liegt alles stark im Schnee, es ist alles wie in eine große Silberplatte geschnitten und graviert; der Fjord im leicht getönten Silber ausgespart – ja, damit ist noch ebensowenig gegeben, wie wenn ich sage, daß ich auch oft an Kreidezeichnung denken muß.

Dann diese Sonnenuntergänge und Mondnächte. Ich kann nur mit Trauer daran denken, eines Tages von hier fort zu müssen. Dazu ist die Luft Gesundheit selbst, die Kälte, auch bei niederen Graden infolge der Windstille nicht unangenehm. Die Menschen stehen mit ihrer Ruhe und Tüchtigkeit, ihrer harmlosen Fröhlichkeit und Kraft schön in dem allen. Demnächst sind die großen Schneeschuh-Rennen auf der anderen Seite der Stadt, den Holmenkollen herunter, den höchsten Berg hier, darauf freu ich mich schon, denn da ist die Auslese der Jugend, alles in bunten malerischen Trachten, ein herrlichster Anblick. Ich sagte es auch zu Ibsen, den es sehr amüsierte: Alle Kinder müßten in Norwegen aufwachsen …

Etwa dreimal die Woche fahre ich nach der Stadt fünfzehn Minuten mit der Eisenbahn … Dort bin ich oft in der Universitätsbibliothek, im Kunstsalon, im Theater, Konzert oder zu Besuch. Oft auch am Hafen, ein leidenschaftlicher Beobachter, ganz Glück reinen Schauens. Überhaupt der Maler in mir! Der ist meine eigentliche Seele, nach wie vor. Ich ertrinke manchmal fast in den zahllosen Wirkungen der Natur auf mich …

Erster Schnee

Der Fjord mit seinen Inseln liegt
wie eine Kreidezeichnung da;
die Wälder träumen schnee-umschmiegt
und alles scheint so traulich nah.

So heimlich ward die ganze Welt …
als dämpfte selbst das herbste Weh
aus stillem, tiefem Wolkenzelt
geliebter, weicher, leiser Schnee.

Ein Sommer (1900)

20. März 99, ½1 Uhr zu Ibsen. Er kommt mir aus dem Speisezimmer durch den Salon entgegen; ist äußerst herzlich. »Heute dürfen wir wohl norwegisch sprechen.« Er nötigt mich in das Speisezimmer, in dem seine Frau am Tische steht. Stellt mich ihr vor. Noch zwei Gäste sind da … – Ibsen sitzt oben an der Tafel, ohne Brille, sehr fröhlich, schenkt mir ein Glas Portwein ein, stößt an, dankt … Die Frau, sehr freundlich, richtet, halb norwegisch, halb deutsch verschiedene Fragen an mich …

Der eine der Herren erwähnt, daß der Schriftsteller XX auf N. wohne, und fügt hinzu, daß es ein deutsches Sprichwort gäbe: »Jeder möchte Dichter, keiner mehr Schuster sein.« Im Anschluß daran erzählt Ibsen (auf norwegisch) mit froher Lebhaftigkeit von einem Hutmacher, den er auf einer Fahrt durch Sachsen im Bahncoupé kennengelernt, und der für seinen Beruf einen heiligen Ernst empfand. »Det var ham en store hellige livsopgave.« (»Das war ihm eine große heilige Lebensaufgabe.«) Er habe sich darüber ausgesprochen, was so ein Hut alles unter sich berge. Und daß ein Denker einen anderen Hut haben müsse als ein körperlich Arbeitender usw. Seine Frau fügt hinzu: De hattemager (der Hutmacher) habe Ibsen zuletzt für einen Kollegen gehalten, da dieser so gut in Hutsachen Bescheid wußte.

Ibsen fragt mich wegen »Kaiser und Galiläer« und sagt, Elias hätte ihm von 36 Fragen geschrieben, von denen er (Ibsen) indes überzeugt sei, daß ich sie alle beantworten könne. Frau Susanna fragt, ob ich mich schon »heimisch« fühle … Wir drei Herren empfehlen uns. Während die beiden gehen, gebe ich Ibsen noch meine Margit-Melodie, worüber er sich freut und sich den Zusammenhang erzählen läßt. Er dankt nochmals äußerst herzlich, daß ich seinen födselsdag ikke har glemt (seinen Geburtstag nicht vergessen habe), und bittet mich, ins Grand zu kommen, wann ich nur Zeit und Lust hätte. – Wirft während des Abschiednehmens einmal den Kopf zurück und strahlt mich mit seinem herrlichen blauen Augen an – ein Löwenmoment.

Tagebuch, 20. März 1899; *Leben und Werk* (1933)

Dagny (2. v. l.) mit Familie

An Dagny Fett

Nordstrand, 9. Mai 1899

Liebes Fräulein Dagny,
Sie haben bis vor einem Jahre etwa nicht viel mehr vom Leben gekannt als jenen überaus kleinen Zirkel, wie ihn der Begriff der Familie umschließt. Mit Ihrem langsamen Heraustreten aus diesen Grenzen erst hat Ihre selbständige Entwickelung begonnen, Ihr selbständigeres, persönlicheres Leben. Dieser Übergang, glauben Sie mir, ist für alle empfindenden Menschen schmerzlich, wie jeder Prozeß, unter welchem man sich von einem überlebten Zustand loslöst, um einem neuen höheren entgegenzugehen [...]

Was jene Ihnen gewidmeten Lieder anbetrifft, so werde ich sie erst in Ihre Hand legen, wenn Sie mich dazu ermächtigen. Sie sind Ihnen nicht unter Ihrem Namen gewidmet, sondern unter einigen Worten, die niemand als Sie verstehen wird. Sie müssen dieses kleine Buch als mein Tagebuch des vorigen Sommers betrachten und sich selbst darin wie einen Dritten anschauen. Sie müssen es wie etwas Fremdes betrachten, wie ein Stück zu Bild gewordenes Leben; Sie müssen sich daran freuen – wie an einem Bilde – wenn Sie mich nicht unglücklich machen wollen. Sie müssen mich überhaupt so positiv in sich aufnehmen, wie ich es mit Ihnen getan habe. Positiv, nämlich als einen Zuwachs an Leben, als eine Förderung und Erhöhung, als ein Glück. Nicht negativ – als ein Unglück, eine Krankheit oder Verdüsterung.

Wir haben beide unser Bestes gegeben.

Und nun wollen wir beide das Leben aufs neue mit aller Jugendkraft ergreifen und jeder auf seine Weise das erfüllen, wozu uns Natur bestimmt.

81

An Marie Goettling

17. Mai 1899

Was ich als Dichter fand, davon steht ein Bruchteil in
meinen Büchern, was ich aber als Maler fand und liegen
lassen mußte, davon weiß nur mein wehmütiges Herz.
Es ist wahrlich keine Kleinigkeit, mit den feinsten Maler-
augen durch die Welt gehen zu müssen, ohne auch nur
einen Strich festhalten zu können. Da sah ich heute zwei
Bilder in kurzer Aufeinanderfolge: Ein Stück erhöhte
Wiese neben dem Wege, mit kleinen Felsstücken durch-
setzt, darüber ein Strick (von einem Haus zu einem
andern gespannt) mit zwei feinen Leintüchern, durch
deren Geweb und Spitzenbesatz der blaue Morgenhim-
mel hindurchleuchtete. Unbeschreiblich in seiner Ein-
fachheit, Zartheit und Lichtdurchgeistigtheit. – Ein paar
Schritte weiter ein Strauch mit aufbrechenden Blätter-
knospen, ein rotes und ein blaues Tuch zum Trocknen
darüber geworfen, im Hintergrund Wald und beschneite
Höhenzüge. Daneben noch Sträucher und weiße Wäsche.

*

Vormittag-Skizzenbuch

I.
Ein Pferd auf einer großen Wiese
in der Morgensonne stehend, –
nur die Ohren
und den langen vollen Schweif bewegend, –
drunter ein breiter schwarzer Strich,
sein Schatten.

II.
Wie sich der Weg hier
den Hügel hinabwirft –
dann sich ein Weilchen verschnauft –
dann wieder
langsam,
bedächtig,
den nächsten hinaufsteigt!

III.
O du glückselig zitternd Espengrün
vorm wasserblauen Firmament –
und ihr daneben, feierliche Fichten,
der Zweige schwere dunkle Zotteln
kaum bewegend!

IV.
Ein Schmetterling fliegt über mir.
Süße Seele, wo fliegst du hin? –
Von Blume zu Blume –
von Stern zu Stern –!
der Sonne zu.

V.
Vögel im Wald – –.

Niemand nennt sie,
niemand kennt sie.

Was das wohl so erleben mag
den lieben langen Tag!

Da geh ich unter ihnen hin
mit Bärenschritt und Bärensinn – –

Ja, wenn ich noch ein Mädchen wär –!

Vögel im Wald – –

VI.
Auf den Höfen ringsum
läutet es Mittag.
Läutet's auch Mittag –
in mir? . . .

Ich seh' eine Glockenblume
neben mir blauen:
mit neun offnen Glocken
und drei noch verschloßnen.

Die läute für mich mit,
nun, da es rings
auf den Höfen
den Mittag läutet.

Kristiania/Nordstrand, 1. September 1898; *Ein Sommer* (1900)

82

Christian Morgenstern um 1900

Es war am 12. Mai, als ich Christiania verließ, um vor meiner Rückkehr nach Deutschland noch einen weiteren Vorstoß nach Norden zu machen, in die Heimat, die eigentliche Heimat Brands und Peer Gynts. Zunächst gings am Mjösee vorbei, dem größten Binnensee des Landes, einem lieblich-eintönig langhin sich dehnenden Wasserbecken; bald brach Abend und Nacht herein, einen ins Unbekannte Herausfahrenden auf seine eigenen wunderlichen Gedanken zurückzuwerfen und nur dann und wann vor dem Lichte der im Dunkel verschwimmenden Bahnhöfe mit jenem eigentümlichen Gefühl zu beschenken, das im Anfang von »Wenn wir Toten erwachen« seinen Dichter gefunden hat.

Aufsatzentwurf, wahrscheinlich Rom 1902; *Leben und Werk* (1933)

Ibsens Hotel des Sommers 1885, in das Morgenstern in Molde zunächst zog

Wenn ich erwartet hatte, dort Frühling zu finden, wurde ich am Morgen darauf eines andern belehrt. Aber was wollte das besagen gegenüber dem einzigen Umstand, daß ich an einem der schönsten Orte der Erde war, und das zu einer Zeit, wo er noch unschuldig dalag, wie Gott und die Norweger ihn geschaffen. Ich geriet zuerst in das Hotel, in dem Ibsen vor vielen Jahren gewohnt und am Kai auf und ab wandernd an der »Frau vom Meer« gedichtet hatte.

Aufsatzentwurf, wahrscheinlich Rom 1902; *Leben und Werk* (1933)

Es begann eine Reihe wahrhaft glücklicher Tage. O wie liebe ich dieses erste scheue Bekanntwerden mit neuen Menschen, Dingen, Verhältnissen! Ist es nicht die Blume des Lebens? Schenkt da nicht Wunder jeder neue Tag, hat er nicht jedesmal etwas von einer jungen Liebe? Wenn mein Blick auf diesem unermeßlichen Umkreis von Bergen ruhte, die, bis zum Fuße noch schneebedeckt, die tiefe Bläue des Fjords umkränzten, wenn er die langgestreckten Felseninseln verfolgte, wenn er zurückkehrte, zum rauschenden Strand unten vor der Terrasse des Hotels, so mußten alle kleinen Sorgen schweigen in einem langen starken Atemholen der Seele, der hier nichts Kleines mehr entgegenstand, sondern allein die lichte makellose Majestät einer großen Natur...

Im Juni erwachte die Natur mit einem Male, er ist der Mai jener Gegenden, deren Winter sieben bis acht Monate währt, deren Sommer ein kurzer, aber um so berauschender, um so geliebter Aufglanz des Lebens ist. Ein Stück steiniger Strand unterhalb des Hotels ward damals mein liebster Aufenthalt. Ich lag zwischen den Felsen, las, schrieb, sann und ließ dazwischen meine Finger nach Muscheln, Gräten, Knöchelchen suchen, deren jede stürmische Flut eine zahllose Menge auswarf. Wenn ich dann, die Taschen voll zierlicher Funde, auf mein Zimmer zurückgekehrt war, überließ ich mich gern einem reizenden Spiel, das doch mehr als Spiel war, da ich mit ihm einen ganzen Gewerbszweig befruchten könnte, wenn nur irgend ein Zufall einmal meinen Einfällen den richtigen Zuhörer verschaffte. Es ging mir nämlich wieder einmal der unendliche Reichtum an Formenschönheit auf, der in diesen unscheinbaren Dingen da vor mir lag...

Eines Abends, als die Nacht heller und heller geworden war, beschloß ich, den Berg hinter Molde zu besteigen und über Mitternacht droben zu bleiben. Es gibt nichts Feierlicheres als einen Bergrücken zu solchen Stunden. Es ist, als wärest du der erste Mensch, der ihn betritt und als dürftest du ihn nur mit scheuer Ehrfurcht betreten. Denn er ist nicht ein Bergeskamm unter tausenden, sondern gleichsam der Berg, der Berg an sich, auf dessen Rücken du gestiegen bist, um über die Welt, über alle Welt erhoben zu sein. Und zum andern fühlst du vielleicht zum ersten Male diesen Berg wie etwas Lebendiges, Persönliches. Du spürst seinen Körper unter dir,

Das Grand Hotel in Molde, in dem Morgenstern von Mai bis Juli 1899 wohnte

sozusagen. Er scheint dich zu tragen wie der Rücken eines vorweltlichen Tieres. Und etwas wie Liebe steigt in dir auf. Du möchtest diesen Boden mit den Lippen berühren, diese kargen Matten, die dem Himmel näher sind als du, seines reineren Atems teilhaftig und seiner tieferen Bläue, diese grauen Felsen, deren Schweigen erhabener ist als das eilfertige Geschwätz der Täler und der gebackene Staub ihrer Werke.

Aufsatzentwurf, wahrscheinlich Rom 1902; *Leben und Werk* (1933)

Dagny in Nordstrand

Nordstrand

I.

Ihr dunklen Tanneninseln, eurer denk' ich oft.
Wenn so der rote Abend gleichsam aus euch wuchs, –
den Himmel überwuchs, – als hättet ihr den Tag
nun endlich ganz in euch hinein, hinab gedacht,
und kreißtet nun vom Feuer des verschlungenen
Sonnengedankens, stellet ihn nun wieder aus euch dar,
wie Künstler ein Stück Welt, das sie in sich gesaugt, –
wie Denker eine Wahrheit, die sie bluten macht –!
Ihr dunklen Tanneninseln, eurer denk' ich oft.

II.

Des Frühlings unbestimmte Ahnung füllt die Luft.
Tiefschmerzlich-schwärzliche Gewölke ruhen groß
am geisterblassen Firmament der Abendnacht.
Erhabner Tragik unbeschreibliche Gewalt

strömt aus des Himmels abgrundtiefer Dämmerung,
steigt aus der Berge trauerblauem Schattenschoß,
weht von der Wasser meilenweitem Wogenplan
den Menschen an, dem jeder stummgewordne Schmerz
mit unterirdischem Ruf vor diesem Blick erwacht.

III.

O Trauer, die mir immer wieder, wie ein Wind,
ein allzu lauer, in die seltsame Seele greift
und dunkle Gründe, die verborgnes Eis bedeckt,
(je heitrer aber eine tiefe Seele ist,
je stärker bindet ihres Abgrunds Quellen Eis,
die sonst, entfesselt, all ihr Glück vernichteten)
mit ihrem Tränenhauch gefährlich lösend streift, –
o Trauer, weiche, weiche doch von mir; ich bin
vor deinem Tauwind Frühling, Frühling noch zu sehr!

Und aber ründet sich ein Kranz (1902)

86

Molde

IV.

O diese Vormittage, trunken von Glanz und Glück!
O dieser Meeres-, Berges-, Himmelsbläuen seliges Spiel!
Wenn über des Fjordes lichtazurne Fläche so
ein leichter Wind mit violendunklen Fluten naht!
Du stehst und wartest auf dem sonnigen Dampfschiffsteg:
und wie die vorderste Welle sich am Pfeiler bricht
und dich der erste Hauch anatmet, frisch und kühl,
da trifft er auf dem glänzenden Spiegel deines Augs
verwandte Feuchte, – und du schauerst im Innersten.

V.

Die schneebedeckten Gipfel rötet Abendlicht.
Die Heiterkeit der Gletscher! Keines Menschen Fuß
entweiht des Himmels kühles, reines Höhngeschenk,
den Blütenschnee vom Weltbaum des Erkenntnisses.
Ein Regenbogen wächst von ihnen zu mir her, –
die einzige Brücke zu der grünen Welt und mir.
Und flüchtig mißt mein leichter Geist die bunte Bahn –
und salbt sich mit dem roten, reinen, kühlen Schnee ...
und schon verblaßt Rückeilendem so Luft wie Firn.

VI.

Tiefsinnig blau die Berge durch die Dämmernacht,
(Im Dorf die Glocke scholl soeben zwölf)
vom wolkenvollen Himmel brütend überdrückt,
vom regungslosen Fjorde bleiern eingefaßt.
Und eine Stille! Hämmer schmieden hallend Erz, –
unzählige Glocken läuten Sturm, – Gesang
erfüllt die Lüfte, – Unterweltliches reckt sich dumpf, –
ein Ringen wie von Schatten wälzt sich durch den Raum, –
und aus der Ferne klagt ein langgezogener Ton – – –

Molde. »Eines Abends, als die Nacht heller und heller geworden war, beschloß ich, den Berg hinter Molde zu besteigen«

VII.

Schon graut der Tag. Und ist noch Mitternacht.
Die Meisen zwitschern schon im erwartungsvollen Wald.
Die Tannen atmen stärker in der kühlern Luft.
Die kleinen Quellen schwatzen schon, geschäftig wach.
(Ganz anders redet solch ein Quell in dunkler Nacht.)
Und von des Berges Gipfel, dem der Osten schon
sich rötet, kommt ein Wandrer durch den Wald herab
und singt des Lands schwermütige Lieder vor sich hin, –
und Tränen stürzen ihm ins Aug', indes er singt.

Und aber ründet sich ein Kranz (1902)

Station Hop

An Marie Goettling

Bergen, 22. Juli 1899

Aus nächster Nähe dieser altnorwegischen Kirche Sta-
tion Hop bei Bergen sende ich Euch herzliche Grüße.
Bin seit Mai aus Christiania fort und war bis Anfang Juli
in Molde südlich von Drontheim, machte dann eine
wunderschöne Tour in ein paar große Fjorde und hab
mich nun bei Bergen in obengenanntem höchst idylli-
schem Ort wieder festgesetzt, bis Ende August voraus-
sichtlich. Bin stark mit Zu-Ende-Führung des »Brand«
beschäftigt. War an dem Ort, wo Ibsen die erste Idee zu
dem Gedicht empfangen haben soll.

Bergen

VIII.

(Bei einer Weise von Grieg)

Schwill, süße, bittre Klage, in des Abendwindes
sehnsüchtig Atmen hinüber, hebt euch beide so
zum roten Gewölk, die Geisterschwingen noch einmal
in Sonne tauchend, sterbende Schwäne der Dämmerung,
mit Götterstimmen die tiefe flammende Unendlichkeit,
den ewigen Morgen der Geburten singend, – und,
die purpurschweren Fittige dann mit einem Mal
sinken lassend, – Sonnengold im gebrochenen Aug', –
stürzt nieder in den violetten Schattenschoß der Nacht!

Und aber ründet sich ein Kranz (1902)

Dunkler Tropfe

Dunkler Tropfe,
der mir heut in den Becher fiel,
in den Becher des Lebens,
dunkler Tropfe Tod –

Willst du den klaren Wein mir trüben –
soll ich mich an ihm müde trinken –
müde – müde – vom Leben fort?

Dunkler Tropfe,
der mir heut in den Becher fiel,
in den Becher der Freude,
dunkler Tropfe Tod …

Nach ärztlicher Diagnose in Bergen, Juli/August 1899; *Melancholie* ([2]1916)

Henrik Ibsen in seinem Arbeitszimmer

Ibsen

Ich habe mit dir gerungen
und werde mit dir ringen.
Du hältst mich stark umschlungen,
doch zerreiß ich auch oft die Schlingen.
So schwankt die Seele hin und her,
bald gelöst, bald verstockt.
Du bist fürwahr wie das Meer –
das abstößt und lockt.

Wahrscheinlich 1899; *Epigramme und Sprüche* (1919)

Ibsen

Den Tag im Hausbuch rot gemacht,
da ich dich endlich über-dacht.

Wahrscheinlich 1904; *Epigramme und Sprüche* (1919)

Zehn Monate lang lebte Morgenstern nach seiner Rückkehr aus Norwegen in Berlin-Charlottenburg, zunächst am Stuttgarter Platz 4, III, dann in der Schloßstraße 68, III. Im Sommer 1900 zwang ihn die Krankheit zu einem Aufenthalt im Sanatorium Berlin-Schlachtensee, im Herbst reiste er auf dringendes Anraten der Ärzte nach Davos, um zum ersten Mal ein Hochgebirgssanatorium aufzusuchen: das des Dr. Turban, das 1889 als erste geschlossene Anstalt des Orts eingeweiht worden und seitdem bekannt für Disziplin und Ordnung war. Der Zustand des Patienten war nach Auskunft Turbans »elend« (*Es kommt der Schmerz gegangen*, S. 96), und so wurde Morgenstern unmittelbar nach seiner Ankunft für sechs Wochen ins Bett verbannt. In dieser Zeit kam er »auf den Gedanken, die 33 Felder meiner Zimmerdecke im Geiste mit ebensovielen übermütigen Märchen auszufüllen, die ganze Sammlung dann seiner Zeit ›Deckenfelder‹ zu taufen und in einem kurzen Vorwort ihre Entstehungsart zu erzählen«. Vollendet wurde das Märchen *Die Schallmühle*, das dann in der Weihnachtszei-

tung des Sanatoriums erschien und 1928 dem Nachlaßband seiner *Grotesken und Parodien* den Namen gab. Während Ernst von Wolzogens *Überbrettl* u.a. mit Morgensterns *Das Mittagsmahl* und *Der Hundeschwanz* Premiere feierte, zwei Parodien auf Gabriele d'Annunzio und Alfred Kerr (S. 94), durfte dieser, endlich fieberfrei, an der Liegekur im Freien teilnehmen. Turban empfahl dafür: »Von Überkleidern ist ein Winterüberzieher resp. Wintermantel und außerdem im Winter ein wattierter Mantel oder Pelzrock für die Freiluftliegekur nötig, ein leichter Überzieher ist zum Gehen zweckmäßig. Sogenannte Capes sind für Herren und Damen zum Gehen ganz brauchbar, für die Liegekur müssen die Überkleider aber Ärmel haben […] Zwei Decken aus Wolle oder Plüsch kommen auch im Sommer bei der Freiluftkur zur Verwendung, im Winter daneben der bis über die Knie reichende Pelzfußsack, der an Zweckmäßigkeit noch von der Pelzdecke übertroffen wird.« Einen Pelz schickten darum zum Weihnachtsfest Friedrich Kayssler und Max Reinhardt nach Davos.

Im April 1901 konnte Morgenstern das Sanatorium verlassen und für den Sommer nach Kastanienbaum am Vierwaldstätter See hinunterziehen, für den Herbst zog er – immer noch mit *Peer Gynt* beschäftigt – weiter in das Engelbergtal nach Wolfenschiessen, jenen kleinen Ort, in dem ein Herr Christen zwei Pensionen besaß, von denen die kleinere *Galgenlieder*-Ruhm erlangte: *Das Einhorn* (S. 98). Im November ging es dann wieder in 1800 m Höhe, zum ersten Mal nach Arosa, einen Ort mit nur 1000 Einwohnern, aber 3 Sanatorien und 23 Hotels und Pensionen. Morgenstern wohnte dort – mit Ibsens Gedichten beschäftigt – bis zum März 1902 im Hotel Bellevue.

In diese ersten Schweizer Jahre fiel die begeisterte Lektüre der *Deutschen Schriften* Paul de Lagardes, mit denen ihn sein Freund Efraim Frisch bekannt gemacht hatte: »Denn dort ist Größe, Leidenschaft, Tiefe« schrieb Morgenstern. Zehn Jahre nach seinem Tod war der Orientalist und Philosoph Paul de Lagarde (1827–1891) in Deutschland nahezu vergessen, so daß sich Morgenstern empören konnte:

Lagarde
Sie wollen dich nicht kennen,
doch ich wills mit dem Schwert
ihnen ins Antlitz brennen,
daß sie: deiner nicht wert!

Epigramme und Sprüche (1919)

Was ihn an diesem »Marmorbild, auf dessen Sockel ewige Gebote eingegraben sind«, faszinierte, war die scharfe Verurteilung eines in oberflächlicher Reichsbegeisterung schwelgenden, dem Wohlstand verfallenen Deutschlands und die damit verbundene Forderung nach einer

Rückbesinnung auf die deutsche geistige Kultur. Hier stimmte Morgenstern ein:

Vom neuen Reich

Was auch der Lober Schar anstellt:
Dies Reich ist nicht von unsrer Welt.

Wozu, so fragt man sich, Reich, Wohlstand, Macht,
wenn alles das die Menschen nur verflacht.

Melancholie (1906)

Auch seine Kritik an der Institution der Kirche (*Papstjubiläum 1903*, S. 108) war an den Schriften Lagardes geschärft. Daß sich darin andererseits Chauvinismus, Militarismus und Antisemitismus verbanden, etwa in dem Gedanken, zum Erhalt der deutschen Herrenrasse Osteuropa zu »germanisieren« und nicht germanisierbare Juden nach Palästina oder Madagaskar zu schicken, hielt Morgenstern nicht davon ab, noch 1907 auf der Insel Föhr »Zu Niblum will ich begraben sein« (S. 131) zu dichten.

Von der Schweiz aus unternahm Morgenstern im Jahr 1902 zwei große Italien-Reisen. Im März verließ er Arosa und fuhr über Zürich, Lugano und Mailand nach Rapallo. Den kurzen Aufenthalt in Mailand nutzte er dazu, zwei der kunsttouristischen Klassiker der Stadt anzuschauen: Leonardo da Vincis *Abendmahl* im einstigen Refektorium von Santa Maria delle Grazie und den Dom. Nach einigen Tagen der Quartiersuche fuhr er von Rapallo aus weiter nach Portofino und zog in das Piccolo Hotel. In dem kleinen Riviera-Hafen, den zwei Jahrzehnte zuvor Friedrich Nietzsche besucht hatte, lernte Morgenstern Eva Petersen, eine Dänin, kennen. Ihr schrieb er die Gedichte *Bezaube-*

rung, *Ein Rosenzweig* und *Zum Abschied* (S. 105). Über Pisa reiste er Anfang Mai weiter nach Florenz; noch einmal traf er mit Eva zusammen. Zehn Tage lang durchstreifte er begeistert die Stadt, besuchte die Uffizien, Palazzo Pitti, die Academia und nahm aus San Marco den Gedanken mit, über Savonarola, den einstigen Prior des Klosters, eine Tragödie zu schreiben. Der Gedanke reifte zum Plan einer großen Dramentrilogie: 1. Savonarola, die Tragödie der religiösen Leidenschaft. 2. Cesare Borgia, die Tragödie des Weltmenschen. 3. Julius II., die Tragödie der heroischen Ungeduld. Nachdem er Florenz verlassen hatte, zog er sich darum in die Stadtbibliothek von Zürich zurück, um dort – soweit ihm die Brotarbeit der *Catilina*-Übersetzung dafür Zeit ließ – eingehendere Renaissancestudien zu treiben. Doch auch dieser Plan, der ihn noch lange beschäftigte, wurde nicht ausgeführt.

Den Züricher Wochen folgten Tage in Wolfenschiessen, zunächst gemeinsam mit Kayssler verlebt, dann wieder ganz den Gedichten Ibsens gewidmet. Mitte August bestieg Morgenstern in Luzern einen Zug nach Heidelberg: »Nach zwei Jahren Alpen wieder Ebene und nun gar diese göttliche Rheinebene. Dieses Wolkenzelt! Mein Großvater wacht wieder in mir auf, der Maler, der die Dachauer Moore entdeckte. Diese unermeßlichen Fernblicke, diese verschwenderischen Feinheiten. Mir ist, als hätte ich noch nie eine so herrliche Ebene gesehen. Die Wolkenbildung und Beleuchtung gegen Westen ist geradezu heroisch.« Über Worms, wo er den Galgenbruder Beblo besuchte, kehrte er Anfang September nach Zürich zurück und zog Anfang Oktober wieder einmal – nun mit Efraim und Fega Frisch – nach

Wolfenschiessen, wo er bis Anfang Dezember blieb (*Erinnerung an Wolfenschiessen*, S. 100).

Die Begeisterung für Italien, mit der Morgenstern das Land im Mai verlassen hatte, war das Jahr über ungeschmälert geblieben, und der Gedanke, von dort aus als freier Schriftsteller und Feuilletonist seinen Lebensunterhalt zu bestreiten, reizte ihn nach wie vor. Am 8. Dezember 1902 brach er daher die Zelte in Wolfenschiessen ab und reiste über Luzern und Lugano nach Mailand, wo er sich diesmal einen Tag lang neben dem Castello Sforzesco vor allem der Pinacoteca di Brera widmete und darin besonders von Raffaels *Sposalizio/Marienverlöbnis* beeindruckt war. Am 10. Dezember traf Morgenstern in Florenz ein, wo ihn San Marco erneut beschäftigte, am 13. war er schließlich am großen Ziel so vieler nach Italien ziehender deutscher Dichter, in Rom. In der Via Cavour fand er nach einigem Herumsuchen eine feste Unterkunft, und nun nahm er diszipliniert die Arbeit auf. Ausgerüstet mit *Baedeker* und *Burckhardt* erwanderte er sich die Kunstdenkmäler der Stadt und begann, ein *Römisches Tagebuch* mit Beobachtungen und Eindrücken zu füllen. Doch trotz aller Bemühungen blieb eines aus: das überlebenswichtige Feuilleton. Was ihm zu schreiben und dann 1906 in der Sammlung *Melancholie* auch zu veröffentlichen gelang, war wieder einmal die Lyrik. Zum 25jährigen Amtsjubiläum, das Papst Leo XIII. 1903 feiern konnte, bevor er noch im selben Jahr starb, hielt Morgenstern einige Impressionen fest (*Papstjubiläum 1903*, S. 108), und er dichtete *In der Sistina* (S. 112). Auch die Titel anderer römischer Gedichte Morgensterns hätten Titel seiner Kunstfeuilletons sein können: *Bei der Pyramide des Cestius* (S. 112), Michelangelos *Der Triumphzug der Galathea* (S. 110) oder *Monte Testaccio* (S. 110). Obwohl ihm mit dem Auftrag, Knut Hamsums *Aftenrøde/ Abendröte* für den Albert Langen Verlag zu übersetzen, im März 1903 wieder eine Brotarbeit in Aussicht gestellt war, mußte er doch erkennen, daß für ihn in Rom kein Auskommen war: »Vier Aufsätze monatlich = 100 M., wer bringt das fertig?«

Morgenstern beschloß, Ende März die Stadt zu verlassen und sein Heil wieder in Berlin zu suchen. Um sechs Wochen erholsamen Atemschöpfens aber verzögerte sich seine Rückkunft. Unerwartet lud ihn der Freund und Komponist Ludwig Landshoff ein, nach Fiesole zu kommen, wo er mit seiner Frau eine kleine Villa gemietet hatte. Der kleine Ort oberhalb von Florenz kann auf eine literaturgeschichtliche Tradition zurückblicken: John Milton, Alexandre Dumas, George Eliot, Anatole France waren dort gewesen, und vor allem hatte Boccaccio hier an seinem *Decamerone* gearbeitet. Morgenstern schrieb 25 *Fiesolaner Ritornelle* (S. 114). Sein zweiter Italienaufenthalt, der fünf Monate gedauert hatte, fand so noch zu einem versöhnenden schöpferischen Abschluß.

Die wichtigsten Briefempfänger dieser Zeit waren Efraim Frisch und seine Frau Fega. Efraim Frisch (1873–1942), den Morgenstern 1896 in Berlin kennengelernt hatte, war Kritiker, Schriftsteller (*Das Verlöbnis*, 1902; *Der Tod des Studenten Moissewitsch*, 1911; *Zenobi*, 1928), Übersetzer und ab 1912 Lektor des Georg Müller Verlags. 1914–1916 und 1919–1923 war er Mitherausgeber des *Münchener Merkurs*; in der Zeit des Nationalsozialismus emigrierte er in die Schweiz nach Ascona. Fega Lifschitz (1878–1964) war Übersetzerin aus dem Russischen und Jiddischen und wurde 1902 in Anwesenheit des Zeugen Morgenstern mit Efraim Frisch getraut. Weiterhin richtete Morgenstern Briefe an seinen Freund Friedrich Kayssler und seine Stiefmutter Amalie Morgenstern sowie den Industriellen Julius Moos aus Stuttgart, den Morgenstern in Davos kennenlernte.

Ernst von Wolzogens Ensemble am 18. 1. 1901 nach der *Überbrettl*-Premiere im Sezessionstheater Berlin, wo auch *Der Hundeschwanz* zur Aufführung kam

Der Hundeschwanz
Drama in sieben Bildern von N. N.
besprochen
von
Adolf Kerr

Schlußposaune

Brüder! – Zeitgenossen! – Otto! – Paul! – Ludwig! – Geist! und ich erstaune das neue Jahrhundert – –. – – – –. Es ist nichts. Es ist aber nichts. Es ist dreimal nichts. Es ist möglich. Es ist unmöglich. Kinder, Kinder! Mache. Matze. Platt. Matt. Patt. Unterbilanzisch. Kein Ewigkeitszug. Keine Ewigkeitsmomente. Beethoven? Schnitzler? Hauptmännisches? ? – – – Nein, – Hundeschwanz, – – – – – – – – – – – – – – – – – –

II

Es gibt heut Maler in der Präraffaelitenweise. Es gibt Droschken mit Petroleum, aber auch mit Benzin. Es gibt aber auch noch Lampen in der Ölweise. Es gibt Tiergartenfrauen in der Aquarellistenweise. Es gibt Weise auf alle Weise. Wir haben Matkowsky. Es gibt aber auch Kohlenhändler. Mögen sie glücklich werden. Es gibt Leute von übermorgen wie aus vorgestern. Es gibt aber auch Leute von vorgestern wie aus übermorgen. Mögen sie glücklich werden. Es gibt schludrige Seidenpintscher-schwänze in der verschnittenen Gartenweise des Quatorze. Es gibt plutarchisch vermittelte Hundeschwänze in der Alcibiadesweise. Mögen sie glücklich werden. Es gibt Pudel. Es gibt Faust. Es ist eine Rückkehr zum Primitiven. Es ist eine Abkehr. Es ist eine Einkehr. Es ist eine Auskehr. Es gibt die buddhistischen Hundeschwänze des Schopenhauer. Es gibt den Hund des Hebbel. Es gibt sogar einen Hundestern. Es gibt alles. Vom Drama bis zur nächsten Ecke. Vom Sozialismus bis zur schönen Helena. Von Kaspar Schmidt bis zum Max Stirner. Vom Gott bis zu mir. Aber eins gibt es nicht: Die Möglichkeit, sich mit dem ›Hundeschwanz‹ schlechtweg weiter zu beschäftigen.

III
Mittelstück

Indessen – – – – – – – – – – – – –

IV

Was ist ›Hundeschwanz‹? Ein Drama in sieben Bildern. Was ist sieben? Drei mehr vier. Oder zwölf minder fünf. Oder eins mehr sechs. Oder dreiundsechzig durch neun. Warum gerade sieben? Warum nicht acht? Warum nicht zweiundzwanzig? Was sind sodann Bilder? Malt der Dichter? Zeichnet der Dichter? Kupferstich der Dichter? Macht der Musiker »Bilder«? Macht der Gärtner Bilder? Er setzt. Er haut. Er düngt. Sonaten. Statuen. Beete. Und der Dichter schreibe Akte. Aufzüge. Abschnitte. Absätze. Teile. Stücke. Kapitel. Paragraphen. Wozu die Vermalischung? Wozu die Entdichterung? Es ist keine Erquickung. Es ist eine Verquickung. Er ist eine Kreuzung. Es ist ein Kreuz.

Das also ist Hundeschwanz.

V

Staccato aus Paganini mit obligater Flöte.
Text: Lang, lang ist's her.

usw.
mit Grazie in infinitum

1900 oder früher; *Die Schallmühle* (1928)

94

Sanatorium Dr. Turban, Davos

An Efraim Frisch

Davos Platz, Sanatorium Turban, 5. Februar 1901

Am bewußten Oktobertage solltest Du einen Brief von mir erhalten, aber es blieb, Umstände halber, ein angefangener Bogen. Ich mußte nach meiner Hierherkunft ca. sechs Wochen zu Bett bleiben, bis meine »Temperatur« den gewünschten Niederstand erreicht hatte. – Nun mache ich seit ca. Mitte November die gleiche Liege-(Luft)Kur wie sechzig, siebzig andere, stopfe mich mit unerwünschten Mahlzeiten und beklage mein der holdesten und fruchtbarsten Einsamkeit grausam entfremdetes Los. Dazu ist es etwas ganz anderes, registrierter Kranker zu sein, als angeschossenes Tier im freien Wald. Zwar ergibt jede Untersuchung ein relativ befriedigendes Ergebnis, aber mein Zustand ist nur zu oft trübe; denn wie soll das alles weitergehen, mit diesem Leben und mit der Kunst. Was machst Du? Schreib mal wieder einen summarischen Brief aus Deiner Deussen-Stadt. Hast Du schon die Briefe Nietzsches an Deussen und andere gelesen? »Siehe, welch ein Mensch.«

Im Sommer wallfahrte ich vielleicht nach Sils Maria. – Mein liebster Gedanke wäre jetzt in ein Kloster zu gehen, aber natürlich ein Kloster für sich be-freiende Geister. Tätest Du mit? Auf irgendeinem Ararat! Also schreib bald und ex itineribus

Deinem
Chr. M.

95

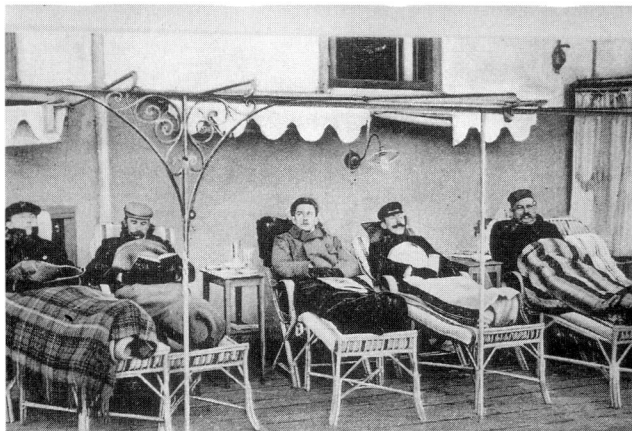

Davos, Liegekur

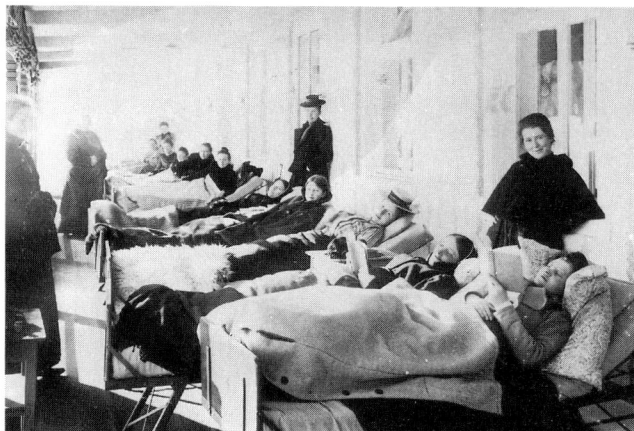

Davos, Liegekur

Es kommt der Schmerz gegangen
und streicht mir über die Wangen
wie seinem liebsten Kind.
Da tönt mein' Stimm' gebrochen.
Doch meines Herzens Pochen
verzagt nicht so geschwind.

Und gäb' die böse Stunde
noch gerner von sich Kunde;
mein Herz ist fromm und fest.
Ich bin ein guter Helde;
mein Lachen zieht zu Felde,
und Siegen ist der Rest.

Davos, 8. Dezember 1900; *Und aber ründet sich ein Kranz* (1902)

Genesung

Wenn nach der Schwäche, die dich leicht befiel,
die Lebenskraft aufs neue dir zurückkommt –
Heiliger Augenblick!
Köstliche Fülle des Seins!

Der Zukunft Mantel auseinanderflatternd!
In morgenröter Nacktheit, Weib, erhabenes,
Leben! Geliebtestes!
Tausendmal küß ich dich noch!

Wahrscheinlich 1900; *Mensch Wanderer* (1927)

96

Der Steg bei Dallenwil

An Fega Lifschitz

Wolfenschiessen, 18. Oktober 1901

Liebe Freundin,
wie hübsch wäre es gewesen, wenn Sie noch einmal
hätten kommen können! Bis vor kurzem war das Wetter
allerdings greulich; wenn aber einmal ein schöner Tag
ist, so ist es auch ein hoher Genuß, hier zu sein, in diesem
Tal, dessen Reize nicht abnehmen, solange man auch in
ihm wohnt. Mein Abendspaziergang ist jetzt meistens
bis zu dem Steg vor Dallwyl und dann auf der anderen

Seite des Baches zurück. Dieser Rückweg mit dem Blick
auf die mächtigen schneebedeckten Wallerstöcke ist
etwas ganz Außerordentliches.

Sie werden sich wundern, daß ich noch hier bin.
Peer Gynt allein hält mich noch fest. Noch ein paar
Korrekturen nun, und ich kann endlich einpacken.
Leider werde ich kaum nach Zürich kommen. Vielleicht
im Winter einmal. Es wird mir schwer, nicht an die
Riviera zu gehen. Ich dürste nach Meer, Farben, blühen-
den Menschen und soll wieder in diese weiße Einöde,
ohne zu wissen, ob ich je später den Süden sehen werde.

97

Abend im Gebirge

Über dumpfen Wäldermassen
baden steile erdenferne
Höhen sich im rosenblassen
Firmament der ersten Sterne.

Tageshelle will nicht scheiden,
ehe nicht der letzte flimmert;
und so leuchten sie, von beiden
zwiefach feurig angeschimmert.

Bis des ehernen Geschickes
strenger Schluß den Wettstreit endet
und der Tag sich langen Blickes
von den vielgeliebten wendet.

Wie beraubt der Seele, sinken
stumm die mächtigen zusammen.
Starre, kalte Strahlen blinken
statt lebendiger Liebesflammen.

Wolfenschiessen, 1902; *Melancholie* (1906)

Die Giebel

Dunstgewölk verhängt die Sterne,
Dämmer deckt die Erde ganz.
Nur ein Giebel in der Ferne
träumt in geisterhaftem Glanz –

wie ein Haupt, das seinem Hirne
keinen Schlaf zu gönnen scheint
und auf seiner bleichen Stirne
alles Licht der Nacht vereint.

Wolfenschiessen, 1902; *Melancholie* (1906)

An Efraim Frisch

Wolfenschiessen, 20. Oktober 1901

Lieber Freund,
alles ist gepackt, am leeren Tisch sitze ich und schreibe
Dir noch einen Abschiedsgruß aus Wolfenschiessen ...
Peer Gynt ist fertig, ich lasse Dir von Fischer einen
Band zugehen. Schreib mir ein paar Worte darüber,
ja? [...]
Auch eine einzige Schach(!)partie spielte ich mit
Madame L. Sie war – tatsächlich – reizend dabei, obwohl
es fast zwei Stunden dauerte; aber, da ein Herr F. jeden
zweiten Zug für sie machte, ließ ich sie nicht gewinnen,
was mich heute noch schmerzt. Diesem Herrn sowie
einem andern gewann ich noch etwa ein Dutzend Partien
ab; unbesiegt also scheidend von hier, einzig und allein
von Dir einige Wunden tragend.

Das Einhorn

Das Einhorn lebt von Ort zu Ort
nur noch als Wirtshaus fort.

Man geht hinein zur Abendstund'
und sitzt den Stammtisch rund.

Wer weiß! Nach Jahr und Tag sind wir
auch ganz wie jenes Tier

Hotels nur noch, darin man speist –
(so völlig wurden wir zu Geist).

Im »Goldnen Menschen« sitzt man dann
und sagt sein Solo an ...

Wahrscheinlich Meran, September/Dezember 1909; *Palmström* (1910)

Hotel und Pension Einhorn

Eigentümer: Witwe Christen-Reinhard u. Tochter

Telegramm-Adresse: **Einhorn, Wolfenschiessen.**

Herrlicher Landaufenthalt, 4 Minuten vom Bahnhof talaufwärts. — Portier am Bahnhof. — In Mitte grüner Wiesen und Wälder, ganz freie aussichtsreiche windgeschützte ruhige Lage. — Herrliche Alpenluft. — **Parkanlage.** — **Schattige Gärten,** Tannenallee. — **Spielplätze.** — **Kegelbahn.** Das Kurhaus besteht aus dem eigentlichen Hotel und neuer Dependance mit 70 Betten. Schöne grosse Balkonzimmer. — Glasveranda. — Geschützte Terrassen. — Musik-, Lese- und Schreibzimmer, überall elektr. Beleuchtung. — Eisenhaltiges Quellwasser für Bäder und Kuren. — Volle Pension mit Zimmer von 4—5 Fr. Hochsaison 4.50—5.50 Franken. — Referenzen langjähriger Gäste und Prospekte gratis. — Restauration und Gartenwirtschaft den Passanten und Touristen bestens empfohlen bei billigster Berechnung offener Weine und Bier, sowie in Flaschen verschiedener Mineralwasser. — **Saison von Mai bis Oktobter.**

Werbeanzeige der Pension Einhorn

99

Wolfenschiessen

Erinnerung an Wolfenschiessen

Ihr Wege einer gedankenvollen Einsamkeit –
wie wandelt oft mein Fuß im Traum euch wieder!
Von neuem tönen einst empfangne Lieder,
und meine Seele wird von Liebe weit.

Es eilt der Bach durch abendfeuchte Wiesen,
die Uferbüsche regt ein herber Hauch,
die Berge glühn von goldnen Matten-Vliesen,
und drüber geistert veilchenroter Rauch.

Ich säume bis zur Nacht auf dunklem Stege,
des Tales volles Bild im Angesicht ...
Dann kehr' ich heim durch Hecken und Gehege
und grüße jedes Haus und jedes Licht.

Du warst mein Tal vor allen Erdentälern,
so wie dein Land mein liebster Aufenthalt.
Und nichts soll deinen Ruhm mir jemals schmälern,
du Tal von Wolfenschiessen nid dem Wald.

»Für Efraim und Fedscha Frisch«; *Melancholie* (1906)

Das Hotel Bellevue in Arosa, in dem Morgenstern vom November 1901 bis zum März 1902 wohnte

An Efraim Frisch

Bin seit acht Tagen hier und befinde mich, nach einigen Wehen, leiblich und geistig wohl. Habe ein famoses Eckzimmer mit sehr viel Sonne in einer netten Pension zweiten Ranges. Die Natur ist geradezu herrlich, Wälder wie aus Erz, bedeutende Berggipfel, grandiose Kessel, kristallklare Luft.

An Efraim Frisch

Arosa, Ende 1901

Ich danke Dir von innerstem Herzen, daß Du mich Lagarde zugeführt hast. Ich traf ihn im rechten Zeitpunkt. Welch ein Mann! Und diesen größten Gesetzgeber der deutschen Gegenwart – denn Nietzsche ist kein Gesetzgeber in diesem Sinne – wer kennt ihn? Du hattest recht, als Du ihn im Gegensatz zu Tolstoi als den echten rechten besten Germanen charakterisiertest. Gerade gegen Tolstoi, dessen »Was ist Kunst?« mich ganz und gar überwältigt, zerschmettert und gereinigt hat – das letztere wenigstens zu tun begonnen –, ist Lagarde für einen Deutschen die notwendige Korrektur, der not-

101

Paul de Lagarde

wendige Gegenmagnet, verhütend, daß man nicht ins Bodenlose sinke. Tolstoi ist die Verzweiflung, Lagarde ist der Glaube. Was ist Nietzsche? Ich glaube, diese drei sind der Dreizack, der sich uns Heutigen ins Herz stößt und an dem wir verbluten oder den wir in unser Blut auflösen müssen [...]

Was kennst Du noch von Lagarde, dessen Lebensdaten zu erfahren mir gestern nachmittag beschert war, als mich mein Weg nach dem höchsten Hofe dieser Gegend, Hof Maran (1906 m) führte und der Zufall mich dort ein Konversationslexikon neuesten Datums finden ließ? Die »Mitteilungen«? Meine Ausgabe (obzwar nicht gebunden) ist noch schöner wie die Deinige ohne dazwischengestreute Seitenzahlen und mit noch breiterem Rand. Erschienen bei Dieterich, Göttingen 1886.

An Amalie Morgenstern

Inner-Arosa, 31. Dezember 1901

... Bis Weihnachten war es noch ganz unentschieden, ob ich im Hochgebirge bleiben, nach Zürich oder nach San Remo fahren würde.

Nicht aus gesundheitlichen Gründen – denn es geht mir glücklicherweise recht gut – sondern aus pekuniären Erwägungen.

Ich wäre wohl weit lieber im Süden und habe keinen lebhafteren Wunsch, als den nächsten Winter und womöglich auch die folgenden in Rom oder Florenz verbringen zu können, nicht allein der Gesundheit, sondern auch vor allem Studien halber – aber zunächst bindet mich noch die Übertragung der »Gedichte« von Ibsen an einen, meine eigene Produktion nicht allzusehr herausfordernden Ort; sowie die Erfahrung, wie gut mir die Höhenluft vorigen Winter getan hat. Arosa, nur mit der Post von Chur aus zu erreichen, liegt noch höher als Davos, nämlich 1800–1900 m über dem Meeresspiegel. Ich kann es jedem, der mit der Lunge zu tun hat, nur raten, einen Winter im Hochgebirge zu verleben. Und zwar, sobald er nur irgend etwas an sich merkt. Man bringt zwar ein Opfer, denn man darf sich solch einen Höhenkurort nicht als sonderlich unterhaltend vorstellen. Entweder man gesellt sich andern Kranken zu, z.B. in einem Sanatorium, und begibt sich damit in eine im Grunde höchst langweilige kleinliche und klatschsüchtige Gesellschaft, oder man wohnt – wie ich diesen Winter – und bleibt ganz auf sich angewiesen. Das erste ist für die Mehrzahl das Beste, das zweite für die, denen Alleinsein nichts Fremdes ist.

Wie lebendig steht Euer liebes Starnberg vor mir ... Seltsam, seltsam, das alles.

An Efraim Frisch

Arosa, 24. Februar 1902

[...] Du fragst nach den Früchten dieses Winters? Sie sind nicht sehr groß und zahlreich. Einen Einfall in Szenenform wird demnächst die Neue Deutsche Rundschau bringen. Vieles andere ist Entwurf geblieben. Seit Neujahr habe ich einige Hefte mit Gedanken, Urteilen, etc. gefüllt, aus denen für ein späteres Buch vielleicht manches zu excerpieren sein wird. Ich wäre damit zufrieden, wenn das Material in etwa fünf Jahren so angewachsen wäre, daß ein Auszug daraus einhundert bis zweihundert Seiten ergäbe, darauf kein Wort zuviel stände [...]

Unter mancherlei neuen Büchern, die ich mir von meinem Freund Calvary verschrieben, würde Dich eines besonders interessieren: Die Reden Buddhas (oder vielmehr Buddhos) übersetzt von Karl Eugen Neumann. Ich habe nur erst flüchtig hineingeschaut und behalte sie mir für eine ruhigere Zeit vor.

Wenn ich die Mittel hätte, würde ich mir meine ganze Bibliothek in Hefte mit Baedekereinband binden lassen. Mein Sitzen gehört den schriftlichen Arbeiten, lesen kann ich hier nur auf dem Sofa, unter einer warmen Reisedecke. Was soll ich da mit dicken und schweren Bänden anfangen. –

Alles in allem drängt es mich mehr denn je, mich universeller zu betätigen, als es in Lesen und Schreiben möglich ist. Ich war diesen Winter nahe daran, an Paul Schultze-Naumburg zu schreiben und ihm mein Herz auszuschütten. Aber ich kann mich nicht darüber auseinandersetzen, wovon ich oft so voll bin. Ich kann einen Goldschmied auf Jahre hinaus mit Ideen versorgen, aber ich kann darüber keinen Brief oder Aufsatz schreiben. Es ist mein Auge, das nicht vergeblich leben will. Linien und Farben sind meine Domäne, und ich muß im grauen Elend des Buchstabens leben. Ein zerknittertes Papier kann mich berauschen, – darf ein solcher Mensch auf Verständnis rechnen? Nun, ich will sehen, vielleicht finde ich in San Remo Mut dazu, mich einem Goldschmied oder Gärtner zu bekennen.

Du siehst, ich habe schon Reisefieber. Und wirklich bin ich schon ganz unruhig, und mehr noch als freudige Erwartung beherrscht mich die Vorstellung des Packens, Geldausgebens und Ibsenfrohndens. Nun, mein Glück wird mich hoffentlich nicht verlassen. –

Demnächst wird Fischer Dir und Fega meine neue Sammlung schicken. Du wirst einiges Wolfenschießen darin finden. Für Deine nächsten Nachrichten kann ich Dir dann hoffentlich eine italienische Ausgabe geben.

Europens Bücher

Korf ist fassungslos, und er entflieht,
wenn er nur Europens Bücher sieht.

Er versteht es nicht, wie man
zentnerschwere Bände leiden kann.
Und ihm graut, wie man dadurch den Geist
gleichsam in ein Grab von Stoff verweist.

Geist ist leicht und sollte darum auch
leicht gewandet gehn nach Geisterbrauch.

Doch der Europäer ruht erst dann,
wenn er ihn in Bretter »binden« kann.

Meran, Januar 1910; *Alle Galgenlieder* (1932)

Die Kugeln

Palmström nimmt Papier aus seinem Schube.
Und verteilt es kunstvoll in der Stube.

Und nachdem er Kugeln draus gemacht.
Und verteilt es kunstvoll, und zur Nacht.

Und verteilt die Kugeln so (zur Nacht),
daß er, wenn er plötzlich nachts erwacht,

daß er, wenn er nachts erwacht, die Kugeln
knistern hört und ihn ein heimlich Grugeln

packt (daß ihn dann nachts ein heimlich Grugeln
packt) beim Spuk der packpapiernen Kugeln ...

Wahrscheinlich Meran, September/Dezember 1909; *Palmström* (1910)

Arosa

Portofino. Rechts am Ortseingang das dreistöckige Piccolo Hotel, in dem
Morgenstern im März/April 1902 wohnte

Im Tal von Arosa

O Stern der Klarheit, mir vor allen fern,
des Berges Sattel, ein Demant, durchfunkelnd,
das dunkle Tal nur immer mehr verdunkelnd;
du meiner Abende geliebter Stern!

Ein Durst erfaßt mich, da ich dich erblicke,
ein Durst, wie nach kristallnem Naß, nach Dir.
Wie bist du hell und kühl! Wie zeigst du mir,
was nie mir ward vom dumpferen Geschicke.

Und immer mehr des Dunkels bricht herein,
den kurzen Tag mit Schatten zu verschütten;
und hell erschimmern mehr und mehr der Hütten.
O Herz, genüge dir: Dies Licht ist Dein.

Melancholie (1906)

Porto fino, kleiner Hafen,
da wir uns im Frühling trafen.

Da geheim wie eine Mythe
unverhofft ein Glück erblühte.

Glück und Leid? Wer will es wissen?
Wehrlos ward ich fortgerissen,

daß sich eine oder scheide,
was zu Glück ward oder Leide.

Porto fino, kleiner Hafen,
da wir uns im Frühling trafen.

Du, was auch mein Schicksal werde,
bleibst mir ewig teure Erde.

Wahrscheinlich 1902; *Mensch Wanderer* (1927)

Ein Rosenzweig

Im Süden war's. Zur Nachtzeit. Eine Gasse.
Ich trat aus deinem Haus und schloß das Tor
und wandte noch einmal den Blick empor:
da flog ein Zweig aus deinem Dachgelasse

und fiel aufs Pflaster, – daß ich rasch mich bückte
und deinen Hauch noch warm vom Munde nahm
der schweren Rosen, deren Gruß den Gram
der kurzen Trennung duftend überbrückte.

Wahrscheinlich Heidelberg, 2. September 1902; *Melancholie* (1906)

Bezauberung

Ich ging einmal des abends, den du kennst, den Weg,
mit einem Freund, der mir von seinen Plänen sprach.
Da ward mir seltsam: Wie ich schweigend neben ihm
und halb ihm lauschend ging im Dämmerlicht, geschah's,
daß ich mich selbst als Dich empfand, als gingest Du
in mir und lauschtest, wie ich seinem, meinem Wort …
Und leise nickt' und murmelt' ich ihm zu
mein Augenaufschlag war der Deine, Dein mein Leib
in jeglicher Bewegung bis ins Innerste …
Und deine scheue Jungfraunseele liebte mich aus mir …

Melancholie (1906)

Zum Abschied

Die du durch meinen Tag
geglitten bist, wie Sonnenlicht
durch Gänge dichtbelaubt,
du liebes lichtes Haupt,
zerbrich mir nicht!
Wenn dir das Leben einst die Zunge löst
der wilden Klag
und dir das Haar zerzaust
und mit der Faust
dich vor die Stirne stößt:
Dann denk an mich …

ich
litt
wie nur ein Mensch von seiner Hand –
und stand,
und stritt
mich dennoch durch zum Licht.
O du, und alle, die ich liebe, mit,
zerbrecht mir nicht!

Wahrscheinlich 1902; *Mensch Wanderer* (1927)

*

An Efraim Frisch

Zürich, 23. Juli 1902

Soeben erhalte ich Deinen lieben Brief, gleichzeitig mit einem Telegramm von Fritz Kayssler, daß er statt elf Uhr erst ein Uhr hier eintrifft. Wir wollen nämlich acht Tage in Wolfenschiessen zusammen sein! Was sagst Du dazu?

Also: Wenn Du's möglich machen kannst, sei es durch Deinen Vater, sei es durch Aufsätze für Zeitungen etc., so faß die Gelegenheit beim Schopf, zaudere nicht, tritt Deinen Römerzug an. Ich spreche nun nicht mehr aus dem Grund allein, Dich mit mir zusammen in Rom zu sehen. Ganz abgesehen von mir, der ja noch nicht genau weiß, ob es auch wirklich gelingen wird, sage ich Dir jetzt: Geh hin … Du wirst mich nicht für einen halten, der meint, äußere Verhältnisse seien unbedingt notwendig, wenn ein Mensch innerlich groß werden soll. Du weißt, daß ich nicht zu den modernen Stimmungsnarren gehöre, die meinen, eine schöne Landschaft mache schon den Dichter. Aber am Fundamentalen soll man nicht vorbeigehen, wenns möglich ist. Wenn es auf Erden ein Land gibt wie Italien und eine Stadt wie Rom, so sollte man als Mensch und Künstler in tiefster Demut und Dankbarkeit dorthin wallfahrten und nicht glauben, man könne dort nichts mehr lernen, nichts mehr erleben. Ich begreife den Gedankengang sehr wohl, der Dich über Länder, Völker und Kulturepochen hinausführt. Aber wir dürfen in der Blüte unserer Jugend nicht gar zu vorzeitig ernst, weltfremd, fertig werden, wir dürfen uns unsere Lehr- und Wanderjahre nicht unterschlagen, wenn es zuletzt nicht doch unser Schade sein soll.

Wolfenschiessen

Soweit kam ich vor acht Tagen. Nun ist die schöne Episode wieder vorüber. Gestern mußte Kayssler wieder heim. – Die Landschaft Wolfenschiessen ist reicher und schöner wie je ...

Von Rom fange ich nicht mehr an, mehr kann ich Dir doch nicht sagen, als am Anfang, höchstens dasselbe anders ...

An Julius Moos

Zürich, 28. September 1902

Lieber Freund,
vielen Dank für Ihre lieben Briefe und Karten der letzten Zeit. Bin seit September wieder in Zürich, im selben Logis wie Frisch. Also nun solls doch nach Italien, nicht auf die See gehen? Ja, Bester, ich kann leider nicht mitkommen. Den Oktober muß ich zum größten Teil noch an den Abschluß der Ibsenarbeit wenden; was dann wird, wissen die Götter. Ich habe dann noch ein »Guthaben von fünfzehn Mark« bei meinem Verleger. Trotzdem werde ich noch bis Florenz zu kommen suchen, um von dort (oder Rom) aus für Zeitungen zu schreiben. Eine wahrhaft klare Zukunft! Nun, es wird sich schon wieder dies oder das ergeben. Mein altes Glück wird mich schon nicht verlassen.

An Efraim Frisch

Florenz, 11. Dezember 1902

Nun sitz ich also doch in dem deutschen Café von Firenze – bei einem Tee, der dem Eurigen nicht das Wasser reichen kann – aber nachmittags ist alles geschlossen und zuhaus ists zu kalt. So lasse ich Euch denn von hier aus »ein erstes Grüßen« zukommen. Nehmt vor allem noch einmal meinen innigsten Dank für alles Gute und Liebe der letzten Zeit. Konnte ichs nicht

In etwa der Blick vom deutschen Café auf die Piazza Vittorio Emanuele in Florenz

so, wie ich wollte, zurückgeben, so lag das an der großen Verstimmung, die nun einmal diese Jahre meines Lebens bedeckt ... Avanti Savoia! –

Die Fahrt über den See hätte ich Euch gleich zuerst mit gewünscht: Schweifende Nebel über dem Wasser, die Berge rings herunter verhängt, ganz als führe man im Christianiafjord, – und bei Küßnacht wie die offene See nach Dänemark zu. An der Alpenreise fesselte mich diesmal vor allem der Tessin, in dem das Wiederaufsteigen des Herbstes unter mehr und mehr nachlassendem Schneegestöber ein fesselndes Schauspiel bot. Bald aber wurde es wieder weiß und so bliebs bis in die rasch sinkende Dämmerung. Mailand war kalt aber schön, der Hof der Brera am nächsten Morgen mein erster mächtiger Eindruck. Die Brera ist ein altes Jesuitenkloster. Man muß solche Schöpfungen der Kirche in die Waagschale werfen, wenn man geneigt ist, sie zu verdammen. Es kam eben auch darauf an, wer Christ war: Der Italiener machte schließlich dasselbe aus diesem Kult wie der Grieche aus seinem Olymp. Christus, »Rex Florentiae«. Das Leiden daran und das Verdorben- und Gebrochenwerden blieb wohl zumeist uns Nördlichen vorbehalten.

Das Sposalizio war über die Maßen herrlich. Unter so vielen Kunstwerken wie eine Perle unendlichster Anmut und Vollkommenheitsahnung. Alles so rein gefühlt und so tief durchdacht, gegeneinander abgewogen mit feinen, verstehenden Händen und von einem süßen Frühling der Farben. –

Nachmittags war ich im Kastell, abends in der Bohème von Puccini. Das müßt Ihr Euch auch anhören, sobald Ihr könnt. Ich wünschte mir Dein musikalisches Gedächtnis, mir all die reizenden frischen Melodien zu merken. Aufführung wie Zuhörerschaft (im Teatro del Verme) gleich erfreulich. Ganze Szenen mußten wiederholt werden und ich hätte noch mehr wiederholt gewünscht. Fürwahr eine Oper von hohem Liebreiz und reicher Erfindung. Nichts Geringes für das junge Italien.

Die Fahrt hierher war das Anstrengendste bis dato, d.h. mit dem darangehängten Herumlaufen hier nach einem Logis, Gepäckträger-Affäre etc. etc. »Unfrühstückt«, durchgefroren kam ich in einen schauerlichen Wind und erst ca. neun Uhr zum pranzo, nach dem ich todmüde sofort zu Bett ging. Bei Rosetti war alles besetzt gewesen, die gute Frau brachte mich in einem Palazzo der Nachbarschaft unter: Via della Stufa (ma leider senza stufe). Ein wirklicher palazzo mit unzähligen Büsten etc., mächtigen Treppen; mein Zimmer doppelt so groß und anderthalbmal so hoch als das bei Mattern. Eine lira pro Tag. Frühstück fünfzehn centesimi. Steinboden. Riesenbett. Aber leider hundekalt. Ich bin wieder ganz zuhause hier in dieser geliebten Stadt, begrüße Altes wieder, bestaune Neues. Heut lange in San Marco. – Vielleicht in ein paar Tagen schon weiter, da man in der kalten Schönheit meiner Stube nichts machen kann! Überhaupt –! Semester lang müßte man hier sitzen und studieren. Was wollen da ein paar Tage.

An Efraim Frisch

Rom, 18. Dezember 1902

Erwarte weder ausführliche Berichte noch schöne Schrift: beides kann ich zur Zeit weniger geben denn je. Ich bin immer noch sozusagen »fliegender Hund« oder wie Du mich nennen willst; zwar wohne ich in der Pension S. Silvestro, aber ich betrachte sie nur als vorübergehenden Aufenthalt, da ich trotz sehr freundlicher Aufnahme kein Zimmer nach meinen Wünschen bekommen konnte... Freitagabend also faßte ich plötzlich den Entschluß nach Rom zu fahren. Der Schnellzug mit dritter ging 11.15 Uhr nachts und so rollte ich die Nacht hindurch auf harter Ofenbank (denn durch die

Stäbe stiegen rastlos glühende Dämpfe) am Trasimener See vorüber und in den römischen Morgen hinein. Um sieben Uhr kam ich an und ließ mich von einer Droschke ins Unbekannte hinausfahren. Am selben Abend war ich noch vor St. Peter, dessen Kuppel mir aber erst am nächsten Mittag von der Höhe des Quirinal aus in ihrer ganzen unendlich edlen Schönheit aufging. Vom Platz aus nämlich läßt einen die Fassade zu keinem reinen Genuß kommen... Nun gings denn langsam an eine erste friedliche Eroberung der Stadt, in der ich noch mitten drin bin. Von Galerien noch keine Rede, zuerst nur eine gewisse allgemeine Orientierung, wobei schon genug das Architektonische auf dem Wege liegt. Nietzsches Wort: Kunst heißt Ordnung schaffen, liegt mir hier immer in der Seele, wie überhaupt in Italien, fast vom ersten Moment an. Man sieht auf Schritt und Tritt den gewaltigen Willen gegen das Chaos, gegen den Zerfall, den Willen zur grandiosen Überwältigung der rohen Materie. Das Colosseum z.B. ist einfach ein organisiertes Gebirge. Man begreift ein solches Werk kaum. Von außen möchte es noch angehen, ist man erst drinnen, so hören alle Worte auf. Dazu welch ein düsterer Zauber um alles, als könnten jeden Augenblick wieder die Züge der Gladiatoren aus den unterirdischen Gewölben hervorbrechen und ihre Schwerter zum Sitz des Kaisers emporstrecken. Die verschiedenen Fora, soweit ich sie bis jetzt flüchtig sah, erweckten in mir vor allem Gefühle der Melancholie. Es ist nicht auszudenken, was hier zerstört worden ist: Diese Pracht muß über alle Begriffe gewesen sein. Ich nehme mein Brera-Urteil (von den Christen) tausendmal zurück. Freilich: man weiß nicht, was die Zeit sonst gebracht hätte. Immerhin: Daß solch ein Schönheitsgefühl und solch ein Lebenswille einmal möglich war! Sollte das nie und nirgends mehr wiederkommen können? Selbst die Renaissance tritt davor zurück; wenn sie auch der große Trost fürs erste bleibt...

Zum Herrlichsten der italienischen Städte gehören, – ja, sie charakterisieren sie eigentlich vor allem anderen – die Paläste. Darin spricht sich auch jene virtù aus, die über alles geht, die grade aufrechte Menschheit, der aristokratische, könighafte Mensch. Von allen, die ich bisher sah, dünkt mich der Palazzo Strozzi (in Florenz) der großartigste. Der Medicäische ist weichlich dagegen, obwohl auch herrlich. Ihre Zahl ist Legion. Ganze Straßen bestehen nur aus solchen Häusern...

Aber genug für heute. Du magst mir eine gewisse Verwirrung zugute halten; auch dir wird es nicht anders ergehen. Wie innigst wünschte ich euch nicht auf Schritt und Tritt an meine Seite. Es ist erdrückend, allein zu genießen. Wie herrlich wäre nicht eine Aussprache am Abend über das Geschaute, ein gemeinsames Eindringen in diese vielfältige neue Welt.

An Fega Frisch

Rom, 19. Januar 1903

Was Sie da von Ihrer Weihnachtsfeier erzählen, konnte einem ja ordentlich das Herz schwer machen. Ich war den Abend zuhause, fing eine Art römisches Tagebuch an – man sollte sein Leben lang Tagebuch führen, auch wenn es für gewöhnlich nur dürre Berichte abwirft – und hing gemischten Gedanken nach, von denen mich der große Tröster Schlaf noch vor Mitternacht befreite. Dann folgte eine Reihe, wie ich wohl sagen darf, glücklicher Tage. Ich genoß in vollen Zügen, unbekümmert ums Morgen, bis dann wieder die unabwendbare Reaktion eintrat, die Zukunft mit dunklen Schatten wieder hereinlangte und ein vergebliches Mühen um Dinge, die mir nicht liegen, die frohe Eindrucksfähigkeit lähmte und herabsetzte. »Uns ist gegeben, auf keiner Stätte zu ruhen«...

Indessen, gleichviel, es wird sich schon wieder entwölken. Was meinen Sie wohl: das erste, was ich hier antraf, war eine leibhaftige italienische Contessa! Eine vortreffliche Dame, die mich sogleich in ihren Salon einlud und vor die Porta Pia entführte, einen berühmten römischen Wein zu versuchen. Es gehört mit zu meinen Schmerzen, daß ich es nicht einmal diese Salon-Don-nerstage über mich bringe, unter Menschen zu gehen. Einmal war ich dort: fünfzig und mehr Personen, die alle zwanglos, die Damen meist noch in ihren Mänteln, herumsitzen und plaudern, während von Zeit zu Zeit ein Musik- oder anderer Vortrag ernsthaftester Art ihre Aufmerksamkeit fordert. Eine entzückende, wahrhaft geistige Art der Geselligkeit ohne jeden Kaffee, Wein oder dergleichen, rein um schöner Musik und anregenden Gesprächs willen...

Den Künstlerverein habe ich nach einer rührseligen Weihnachtsfeier auch wieder gemieden ... So lebe ich nun völlig isoliert und befinde mich wohl dabei, wenn ich auch nicht leugnen will, daß mich manchmal recht sehr nach einem Menschen verlangt. Eine Freude war mir, einen staatlichen Permeß zu erhalten; damit stehen mir wenigstens die Hauptsammlungen frei. Ich bin dann auch fast Tag um Tag auf Reisen und halte mich zunächst immer noch bei den Antiken auf, so daß ich selbst Sistina und Stanzen noch nicht besucht habe ...

*

Papstjubiläum 1903

Historische Momente nennt's die Menge,
wenn über schwärzlichem Gedränge
ein toter Papst die Hände hält ...
Als ob man sie nicht besser kennte,
die wirklichen »historischen Momente«!

Doch haben sie noch ganz die Liebe
der Weiblein und der Taschendiebe.

Welch glänzender Theatercoup!
Man hat doch ein Billett dazu?

Petersdom mit Pilgerschar

Angelsachsen

Mit herrlichen Gefühlen
kommen sie angerennt
(und mit Klappstühlen)
zum historischen Moment.

Mönche

Ein dickes Kreuz auf dickerm Bauch.
Wer spürte nicht der Gottheit Hauch!

Man kennt sich

»Pret'chen, Pret'chen«
fleht die kleine Gierige,
»Sie haben gewiß ein Billettchen –
ich bin ganz die Ihrige!«

In den Kirchen

Und immer wieder winkt ein Sakristan:
»Was fliehst du, lieber Bruder, unsre Mäh'?
Gestattet ist, erwünscht sogar, zu nahn, –
die Kirche liebt dich – und dein Portemonnaie.

Leo XIII.

Du bist an diesem großen Tag
ein Bild mir, alter Mann,
der Kirche, die nicht sterben mag
und nicht mehr leben kann.

Rom, März 1903; *Melancholie* (1906)

109

Raffael: *Triumph der Galathea*

Der Triumphzug der Galathea
(Villa Farnesina)

Verweile doch –! Und sie verweilen,
Du mußt dem Meister nur vertraun.
Du fühlst es, wie sie schweben, eilen
und darfst sie dennoch ewig schaun.

Es teilt das Maß sich der Bewegung:
Dem Vor erwidert ein Zurück;
und stürzt dich jenes in Erregung,
gesellt ihr dies der Ruhe Glück.

Du siehst der Linie Widerstreben
und siehst es auch schon wieder nicht, –
nun ganz versunken hingegeben
des Künstlers seligem Gedicht.

Rom, 18. März 1903; *Mensch Wanderer* (1927)

An Friedrich Kayssler

Rom, 16. März 1903

An meine Zurückkunft denke ich nun ernstlich. Ich habe bereits für 1. April gekündigt, so daß ich also dann jedenfalls etwas Entscheidendes tun muß. Ich möchte dann am liebsten noch kurze Zeit nach Florenz und dann endlich kurzerhand »heim«. Oder soll ich gleich am 1. kommen? Ich denke mir dort im Grunewald wird sich schön arbeiten lassen. Daß mich nur die guten Bekannten nicht wieder in Stücke reißen; sags ja nicht allen, daß ich komme; vielleicht könnte ich ganz unbemerkt draußen bei Dir wohnen; es ist nicht bloß Laune, sondern Lebenbleibensbedingung; ich muß meinem Gewissen vieles zu Liebe zu tun suchen, sonst bringt es mich noch einmal um.

Monte Testaccio

Auf den Römer Scherbenberg
bin ich stumm gestiegen,
sah Natur und Menschenwerk
rings im Kreise liegen.

Eine Blume pflückt ich rot
wie im reichsten Garten
und die weichste Wiese bot
Stätte meinem Warten –

Luft so klar und Licht so mild,
Ferne duftumwoben.
Ewigjungen Lebens Bild
grüßet mich auch droben.

110

Monte Testaccio, Rom

Und doch, seltsam! unter mir
Scherben, nichts als Scherben,
und ein Kreuz als rechte Zier
über all dem Sterben.

Schaudernd griffs mich selbst wie Tod
überm Graus der Krüge –
Auge hell und Lippe rot,
wärt auch ihr nur Lüge?

Wär auch ich nur Scherbenbrast
freundlich nur verkleidet,
der dem Spaten, der ihn faßt,
bald den Stich verleidet?

Gierig sog ich Luft und Licht …
Nein, Dämonen werben!
Nein, noch sind wir Scherben nicht,
ging auch viel in Scherben.

Noch ist vieles ganzer Stein,
Urgestein voll Stärke.
Und was blüht auf meinem Rain,
sind nicht Lügenwerke!

Saß dann lang noch, sank in mich …
Wär doch Schutt dein Leben – –
selbst auf Schutt noch kannst du dich
über die Welt erheben.

Rom, 24. März 1903; *Mensch Wanderer* (1927)

111

Pyramide des Gaius Cestius und Porta S. Paolo, Rom

Bei der Pyramide des Cestius

Vor einem Grabmal mit der Statue eines jungen Weibes

Ein Mädchen sitzt und zaudert wehmutvoll;
zur Linken laden – die sie wandeln soll –
die Stufen abwärts in ein ernstes Tor,
das, angelehnt, der stillen Jungfrau harrt.

Sie sträubt sich noch; sie sitzt und sinnt und starrt,
daß sie so bald den teuren Strahl verlor,
so früh der Liebe kaum erglühtes Rot;
sie faßt noch nicht das dunkle Wörtlein: tot.

Ein Vogel singt in ihren holden Gram,
die Erde winkt und lockt wie nie zuvor …
Doch in der Tiefe wartet stumm das Tor,
in dem die Form verschwindet, wie sie kam.

Rom 24./31. März 1903; *Melancholie* (1906)

In der Sistina

Die Sistinische Kapelle
dröhnt von wüsten Hammerschlägen:
Männer zimmern für die Feste
eines Baldachins Gerüst.

An die zarten Farbenleiber
stößt des Lärms gemeine Welle:
Unverrückt an ihrem Werke
bleibt die hohe stumme Schar.

Nur Ezechiel schilt und eifert,
während Jeremias trauert, –
doch sie eifern, doch sie trauern
nicht ob eignen Untergangs.

Höheres erfüllt ihr Herze,
als auf niedres Volk zu achten;
noch zerfallend, noch zerbröckelnd
werden sie das Gleiche tun.

Leise rinnen Stäubchen nieder,
Mauerstäubchen, Farbenstäubchen,
bleicher wird, doch niemand merkt es,
fahler wird der Leiber Pracht.

Hundert, aberhundert Jahre
lärmt der Schwarm sein Eintagstreiben
wüst empor zum Geisterreigen,
Körnchen rinnt herab um Korn.

Doch die Hohen, unbeweglich,
leben fort ihr hohes Leben,
fern der Zeit und ihren Tücken,
überweltlich bis zum Tod.

»Sistina, 31. März, nachm. 2–3. Den letzten Tag in Rom«; *Melancholie* (1906)

An Friedrich Kayssler

Endlich laß mich den Versen mich entreißen, zu denen heute vormittag selbst Dein lieber Brief nur neue Nahrung hinzubrachte, und Dir vom runden Steintisch hinter meinem Mauer-Eckplatze nicht nur über den Buchdrucker hinweg schreiben. Ich hatte schon seit einigen Tagen Anwandlungen von Sorge verspürt, vergib mir daher mein gestriges Telegramm. Ja, dies Fiesole ist ein ganz eigentümlicher Zufall. Seit fast vierzehn Tagen bin ich nun hier, ohne vorher auch nur eine Ahnung gehabt zu haben. Ich wollte ursprünglich nur drei, vier Tage bleiben, aber die Leutchen forderten mich so nett auf, zu bleiben und ungestört bei ihnen zu leben, daß ich wie gesagt, heute noch hier bin. Zwar ist so ein junges Ehepaar unter Umständen eine verfl. Sache für jeden Dritten (und dieser Dritte vermutlich ebenso verfl.), aber schließlich sind wir doch alle zufrieden miteinander, und vermutlich wird es nur schwieriger werden, vor der Heimreise mich noch loszulösen als zu bleiben. Erstens nämlich möchte ich ihre Gastfreundschaft doch nicht zu lang in Anspruch nehmen und zweitens Florenz selbst noch ein wenig kultivieren, was von hier oben meist nur aus der Vogelperspektive geschieht, was freilich auch sein Herrliches hat. Ach, wenn Du hier einmal ein paar Frühlings- oder Herbstmonate verleben wolltest (– ich sage mehr »wolltest« als »könntest«), Du würdest auch wieder einmal glücklich ohne Anführungsstriche werden und mit abgelegter Rüstung Deine Reichtümer ordnen und ausformen. Frage Dich einmal im Innersten, ob Du es für Deine Bestimmung hältst, Dich von diesem Berlin aufreiben zu lassen, und ob Du unsere alte Idee des halbierten Jahres nicht schon jetzt bei Euerm neuen Theater wahrmachen solltest. –

Was unser Zusammenleben anbelangt, so glaub ich, dürfen wir ruhig sein. Ich danke gerade den letzten Wochen viel und komme frohgemuter nach Berlin, als ich es in Rom noch geglaubt hätte. Es war in der Tat der »Südwind«, der mich zuletzt dort in einen so jämmerlichen Zustand verfallen ließ, daß ich mich selbst fast verlor, fast jedes Selbstvertrauens verlustig ging und jeder Zukunftshoffnung; ein Zustand, dem die wenig-

Friedrich Kayssler und sein Sohn Christian Friedrich

sten Italienfahrer entgehen, wenn ich wohl auch besonders dazu disponiert bin, wie auch mein Aufenthalt vorigen Frühling bewies. Also, wie gesagt, ich werde Dir hoffentlich eher ein bißchen Sonnenschein ins Haus hinzubringen als Wolkenschatten.

Ist es Dir demnach recht, wenn ich Ende April, Anfang Mai eintreffe? Ich fahre dann directissime, mit einem Tag Aufenthalt in München.

Ich muß sagen, daß ich mich unbändig auf Dich freue, lieber, lieber Junge, Du wirst mir schon wieder fröhlich werden, anders wie früher, aber vielleicht sogar besser. – – –

Also, heut abend habe ich mit Lutz gesprochen und werde nun doch die übrige Zeit noch hier oben bleiben und vielleicht nur über Mittag in die Stadt fahren.

Schreibe nun recht bald wieder und bleib mir gesund. Gib dem kleinen Kerl einen Kuß und laß Dir selbst einen dazugeben von

Deinem
Christian

113

Fiesole

Fiesolaner Ritornelle

Oliven.
Erst wenn der Wind euch beugt und schaudern macht,
enthüllt ihr eure silbernen Tiefen.

Zypressen.
Ihr lehrt mit nicht gemeinem Maß
die Dinge messen.

Feigen.
So sinnlich sah ich keinen zweiten Baum
Unfaßbares umzweigen.

Käuzchenschreie.
Des Unglücks Bote ruft durch stille Nacht.
Wann kommt an uns die Reihe?

Mondnächte, klare.
In solchen Nächten stiehlt man nichts
denn Liebesware.

Nachtschatten.
Erinnerst du dich, fernes Mädchen, noch,
wie lieb wir uns einst hatten?

Judasbäume.
Daß ich vor euch nicht von verratner Liebe
träume!

Verfrühter Falter.
Du flogst, verwegner Geist, der Zeit voraus;
noch dämmert erst dein Alter.

Glänzende Dächer.
Im Mittagschleier ruht die Arnostadt,
ein edelsteinbesetzter Fächer.

Zwölfuhr-Schuß.
Dem Aug' blitzt Mittag schon, indes das Ohr
sich noch im Vormittag gedulden muß.

Domglocke brummt:
Aus Höhn und Tiefen keine Antwort mehr:
Mein Gott, mein Mensch sind beide längst verstummt.

Ihr sanften Hügelketten!
Umsonst versuch' ich in mein Buch zu schaun;
wer könnte sich vor Eurer Anmut retten!

Eidechse.
Solang ich pfeife, hältst du still und horchst, –
doch greif' ich zu, entwischt du, kleine Hexe.

Amsel flötet, Biene summt,
Frühling jubelt über allem Leben ...
Mund des Glücks, du warst mir lang verstummt.

O Welt!
Wie gern genöss' ich als ein Schauspiel dich,
von halber Höh', nur locker dir gesellt.

Von halber Höh' – ein Adel, der mir paßt.
So lebt' ich immer, zwischen Tier und Gott,
halb Mensch, halb Vogel, zweier Reiche Gast.

Glanzgrauer Tag.
Aus deinem Taft soll man die Flagge machen,
darin man mich dereinst begraben mag.

Der Freund schreibt:
Des Herzens unverwandte Einsamkeit,
du fühlst sie auch – und wie sie nichts vertreibt.

Mohn im Winde.
So neigen wir uns glühend geneinander, –
doch nie wird zwei zu eins – als einst im Kinde.

Epheuranke.
So reich verkleidet Trümmer und Zerfall
nur Eins noch: der Gedanke.

Die Fünfuhr-Glocke ruft durch bleiche Nacht:
Wer schläft, wach' auf, und wer da wacht, schlaf' ein;
so hab' ich jedem, was ihm frommt, gebracht.

Morgenhauch.
Aus Bett und Haustür ziehst du mich hinaus,
wie aus der Esse den verschlafnen Rauch.

Giottos Grabschrift von Polizian.
Zwiefacher Hauch der Vorzeit traf uns voll,
als wir im Dom die stolzen Verse sahn.

In meinem Burckhardt wühlt empört der Sturm:
So war es einst, so soll es wieder sein!
Das gafft nur, schafft nicht mehr um Giottos Turm.

Kaum mehr erhoffte Tage!
Mit dreißig Jahren fand ich eine Stadt,
zu deren Bild ich ja und Amen sage.

Fiesole, April/Mai 1903; *Melancholie* (1906)

San Gimignano

San Gimignano

Große Raubvögel wart ihr, prächtige,
Ihr Ardinghelli, ihr Salvucci, die ihr
in einem Bergnest fünfzig Türme bautet

und euch von Horst zu Horst bekriegtet, Guelfen
und Ghibellinen, dort in Gimignano,
die Straße von Siena nach Florenz.

Ich schau dich, starke Zeit, einst meine Liebe,
noch meine Liebe, – doch ihr Aare flogt
mir noch nicht hoch genug, euch fehlte noch

das große Ziel. Die Sonne lag zu prall
auf euch, drum saht ihr nicht die Sonne
und machtet euch ein irdisch Licht aus – Blut.

Meran, 12. Oktober 1908; *Mensch Wanderer* (1927)

116

Berlin 1903–1906

1905 Nordsee
1905/06 Birkenwerder
1906 Oetztal

Was hoffte Christian Morgenstern zu finden, als er am 12. Mai 1903 mittellos in Berlin eintraf? Neben dem Gefühl, »heim« zu kommen und der engen Freundschaft zu Kayssler, die er gerade in seiner römischen Einsamkeit vermißt hatte, lockten ihn vor allem die Entwicklungen des Theaters um Kayssler und besonders um Reinhardt herum, über die ihn der erste auch in Italien auf dem Laufenden gehalten hatte. Noch aus Rom hatte Morgenstern geschrieben: »Ich habe solch ein Vertrauen zu diesem Unternehmen, daß ich denke, es wird schon auch mich in irgendeiner Weise mittragen und mitverwenden können.« Die Berliner Theaterlandschaft war 1901 vehement in Bewegung geraten. Am 18. Januar hatte Wolzogens *Überbrettl* Premiere gefeiert, am 23. Januar – mit einem Benefiz-abend für Morgenstern – in der Bellevuestraße Reinhardts und Kaysslers *Schall und Rauch*, zwei Kleinbühnen, auf denen Einakter, Szenen, Gedichte und ähnliches zur Aufführung kamen. Schon damals hatte Kayssler den Freund zu Beiträgen aufgefordert: »Du ahnst nicht, was für ein fruchtbarer Boden für diese leichte Kunst jetzt Berlin ist.« Inzwischen war aus *Schall und Rauch* unter den Linden das *Kleine Theater* geworden, und gerade erst – im Februar 1903 – hatte das *Neue Theater* am Schiffbauerdamm eröffnet. In diesem Umkreis hoffte Morgenstern Fuß zu fassen. Im August war er zunächst für kurze Zeit Dramaturg bei Felix Bloch Erben, im September dann Lektor bei Cassirer, von wo aus er schließlich mitteilen konnte: »Bruno Cassirer hier, der rühmlich bekannte Verleger, gibt eine Theaterzeitschrift unter meiner Leitung vom 15. September ab heraus. Wir wollen darin allem Neuwerdenwollenden im Theaterwesen wie auch einem literarisch geschmackvollen Publikum dienen; nicht in der üblichen Theaterjournal- sondern durchaus ernster Weise. Alles was irgendwie zu Theatern in Beziehung steht, wird zur Mitarbeiterschaft aufgefordert [...] Das Blatt heißt ›Theater‹.« Großen Anteil an der Gründung dieser Halb-monatsschrift hatte Max Reinhardt. In seinen beiden Theatern, dem »kleinen« und dem »neuen«, wurde sie – in einer anfänglichen Mindestauflage von 8000 – zusammen mit den

Programmzetteln verkauft. Doch erlebte die Zeitschrift nur zwei Jahrgänge: Im Frühjahr 1905 stellte sie ihr Erscheinen ein, da die Ziele der an ihr Beteiligten sich zu weit voneinander entfernt hatten, »sie in der alten Form nicht mehr fortzuführen war und eine neue größere meinem Verleger zuviel Geld gekostet hätte«.

Auch dem zweiten längeren Aufenthalt Morgensterns in Berlin verdankt die Stadt Gedichte, in denen sie sich widerspiegelt. In humoristisch-kritischem Licht erschien ihre Architektur und Denkmalskultur: beispielsweise in *Aus der Vorstadt* (S. 139). Geradezu liebevoll aber behandelte sie der ›seriöse‹ Lyriker, der ihr einen ganzen Gedichtzyklus zu widmen gedachte. Kam dieser auch nicht zustande, so entstanden immerhin die Gedichte *Berlin* (S. 121), *Draußen in Friedenau* (S. 121) und *Der Gärtner* (S. 120).

Im Juli 1905, zehn Jahre nachdem er zum ersten Mal zur Sommerkur dort gewesen war, reiste Morgenstern von Berlin aus an die Nordsee. Wie vor zehn Jahren zog es ihn zuerst nach Föhr. Am 21. traf er auf der Insel ein und fand im Nachbarhaus der friesischen Dichterin Stine Andresen rasch ein Logis, das gerade in der richtigen Entfernung vom Sanatorium Dr. Gmelin lag, um einerseits sich durch dessen Nähe nicht bedrücken zu lassen, andererseits aber auch die Mahlzeiten dort einnehmen zu können. Am 23. aber war das Fieber da, und Morgenstern mußte im Krankenhaus Föhrs ein Zimmer beziehen, bevor er nach einigen Tagen ins Sanatorium hinüberwechseln konnte. Beim »Waterdoktor« Gmelin, der sein Sanatorium seit 1899 nach den Grundsätzen des Licht-, Luft-, Sonnen- und Meerwasserbades und einer strengen Diät führte und dabei auch die – nach vorn offene und dachlose – »Lufthütte« erfand, kam Morgenstern allmählich wieder auf die Beine und konnte sich schließlich in der dem Sanatorium angeschlossenen Villenkolonie Südstrand erholen. Anfang September setzte er dann nach Sylt über und blieb zehn Tage in Rantum (*Sylt-Rantum*, S. 133), bevor er wieder nach Berlin zurückkehrte.

Obwohl Morgenstern die seinen Lungen wohltuende Nordsee stets lobte und später noch des öfteren mit dem Gedanken spielte, dorthin zurückzukehren, befand er sich Anfang November schon wieder im Sanatorium – diesmal im wenige Kilometer nördlich von Berlin gelegenen Birkenwerder. Wie das Föhrer Haus war auch dieses Sanatorium 1899 eröffnet worden; es war soeben – im Oktober – von Dr. Sperling gepachtet worden. Der Aufenthalt dort, der sich acht Monate lang hinziehen sollte, war für das weitere Schaffen Morgensterns von großer Bedeutung. Im Sanatorium und in den Wäldern, die es umgaben (*Nachts im Wald, Neuschnee*, S. 135), wandte er sich im Winter der Mystik zu, vertiefte sich in die Lektüre Meister Eckharts und Jakob Böhmes und begann, an einem *Tagebuch eines Mystikers* zu arbeiten, das er in einen großen Roman aufzunehmen plante und dessen erster Satz lautete: »Ich schrieb dies auf einem Punkte, wo der Mensch mit Gott zusammenfällt, wo er aufhört, sich als Sonderwesen fühlen zu können.« Kayssler berichtete er im September 1906: »Mir ist im letzten Januar oder Februar in Birkenwerder ein ungeheurer Gedanke aufgetaucht, nicht als etwas Plötzliches, sondern als Krone gewissermaßen meiner ganzen bisherigen Entwickelung, und diesen Gedanken tiefer zu denken wird wohl meine ganze fernere Lebenszeit und künstlerische Arbeit dienen müssen. Er ist vielleicht nichts Geringeres als die Grundlage einer neuen Weltanschauung und Religion.« Und in seiner *Autobiographischen Notiz* erklärte er 1913: »Inzwischen war dem Fünfunddreißigjährigen Entscheidendes geworden. Natur und Mensch hatten sich ihm endgültig vergeistigt. Und als er eines Abends wieder einmal das *Evangelium nach Johannes* aufschlug, glaubte er es zum ersten Male wirklich zu verstehen … Er war doppelt geworden und in der wunderlichen Verfassung, sich, sozusagen, groß oder klein schreiben zu können … Er konnte in einem Kaffeehause sitzen und fühlen: ›So von seinem Marmortischchen aus, seine Tasse vor sich, zu betrachten, die da kommen und gehen, sich setzen und sich unterhalten, und durch das mächtige Fenster die draußen hin und her treiben zu sehen, wie Fischgewimmel hinter der Glaswand eines großen Behälters, – und dann und wann der Vorstellung sich hinzugeben: Das bist Du! – Und sie alle zu sehen, wie sie nicht wissen, wer sie sind, wer da, als sie, mit *sich* selber redet und wer sie aus meinen Augen als *sich* erkennt und aus ihren nur als sie!‹«

Im Juni 1906 war er endlich fieberfrei und suchte das Hochgebirge; diesmal begab er sich auf die Reise nach Tirol. Auf einer Zwischenstation bei Landshoffs in München aber zwang ihn das Fieber wieder vier Wochen lang ins Bett, bevor er über Innsbruck und Bad Oetz am 19. Juli im Gasthof Zum Hirschen in Längenfeld

eintraf, wo seit 1893 Schwefelheilbäder die Kurgäste anzogen. Da ihm der Ort zu überfüllt war, zog Morgenstern am 5. August wieder nach Obergurgl (in das Edelweiß oder den Kuraten). Neben der Überarbeitung einer *Gespenster-*Übersetzung für Max Reinhardt entstanden im Oetztal die ersten Naturgedichte des ›Mystikers‹ Morgenstern: *Im Hochgebirge* (S. 147), *Versuchung* (S. 147), *Auf einem verfallenen Kirchhof* (S. 146). Mit dem Entschluß, auch den Winter in den Bergen Österreichs zu verbringen, brach Morgenstern Anfang September von Obergurgl auf und fuhr über Innsbruck nach Bozen hinunter nach Meran.

Wieder richtete Morgenstern lange Briefe an Friedrich Kayssler und dessen Frau Helene Fehdmer-Kayssler, an die Freunde Fega Frisch, Ludwig Landshoff und Julius Moos, und nicht zuletzt an seine Stiefmutter Amalie Morgenstern. Daneben schrieb er an Julius Bab (1880–1955), den Dramaturgen, Kritiker und Schriftsteller (*Der Andere*, 1907; *Das Blut*, 1908; *Fortinbras oder der Kampf des europäischen Geistes mit der Romantik*, 1913) und ersten Rezensenten der *Galgenlieder*. Weitere Briefe gingen an Luise Dernburg, die Schwester des Kolonialdirektors im Außenministerium Bernhard Dernburg, mit der Morgenstern häufig in Berlin zusammentraf und an Karl Scheffler (1869–1951), den Kritiker und Essayisten, der ab 1906 Redakteur der bei Cassirer erschienenen Zeitschrift *Kunst und Künstler* war.

An Ludwig Landshoff

Berlin-Halensee, 12. Mai 1903

Die Reise selbst ging im ganzen gut von statten. In Verona hatte ich ca. zwei Stunden Aufenthalt, die ich zu einer Tour durch die Stadt benutzte. Nachts schlief ich wenig, schluckte Rauch bis zum Umkommen und reimte auf Bayer Schreier.

Hoffentlich ist Euch die Frühfahrt gut bekommen. Euer Fiesolaner Idyll erscheint nun nur noch reizender aus der Ferne. Mir geht immer die Goethesche Zeile im Kopf herum: von dem greulichen Tag, der mich nun wieder im Norden umfängt. »Hinten im Norden.«

Die Berliner neuen Stadtteile sind in der Tat unmöglich, der ganze »Geist« dieser »Architekten« ist es, bei allem Bestreben zum Möglichen. Halten wir uns also an die Menschen und unter diesen an die Freunde. Fritz, dem großen und kleinen, geht es gut, Anwands haben ein Töchterchen bekommen, das ich heute mittag kennen lernen werde.

Mein Hauptwunsch ist nur, mir möglichst bald irgendwo ein eigenes Zimmer einrichten zu können, damit die regelmäßige systematische Arbeit endlich losgehen kann; denn natürlicherweise ist auch mein Zimmer in Fritzens Wohnung nur ein Zwischenzustand. Am liebsten mietete ich mich in der Königlichen Bibliothek ein. –

Für Deine freundschaftliche Hilfe sowie die ganze schöne Frühlingsepisode danke ich Dir hier nochmals aufrichtig! Grüße Dein liebes Frauchen und laß mich auch ihr herzlich für alles danken, was sie mir an persönlicher Liebenswürdigkeit, Geduld und Preißelbeeren entgegengebracht hat. Allora – a rivederci! E felicissimi giorni e notti!

Dein Christian

Beste Grüße an Harald, die vornehmste Hundebekanntschaft meiner italienischen Reise.

Der Gärtner

Ich seh' ihn täglich schalten
von meiner Trambahnfahrt,
den irren Tolstoi-Alten
mit weißem Haar und Bart.

Er recht mit seinem Rechen
das dürre Laub zuhauf,
er kann den Spaten stechen,
als grüb' ein Grab er auf.

Er kehrt auf den Beeten den Mist um,
wann Winterfröste drohn,
er denkt an Jesum Christum,
der Erde tiefen Sohn.

Er war dereinst ein Großer
und tat der Erde weh;
jetzt ist er Gärtner bloßer
im Kurhaus Halensee.

Er steht auf seinen Spaten
gelehnt und murmelt leis;
er kann der Welt entraten,
er weiß, was niemand weiß.

Er streut den Vögeln Futter,
kennt all die Pflänzlein zart.
Die große Erdenmutter
sein Ein und Alles ward.

Er kehrt auf den Beeten den Mist um,
wann Winterfröste drohn.
Er denkt an Jesum Christum
der Mutter tiefen Sohn.

Melancholie (1906)

Draußen in Friedenau

Es bläst wer in der Winterluft
zum Blut der Abendröte ...
Ein fragender Vorfrühlingsduft
mischt sich dem Klagen der Flöte.

Vor einer Schenke steht ein Kind,
ein schlankes, mit kurzen Röcken.
Es steht mit seinen Locken im Wind
wie ein erstes Frühlings-Erschrecken ...

Dahinter flammt durch Pappelreihn,
die Welt mit Schmerz durchseelend,
der tiefe himmlische Widerschein
von unendlichem Glück und Elend.

Melancholie (1906)

Das Leben ist in Berlin, es ist nicht zu leugnen. Und wo Leben ist, da ist auch Schönheit nicht weit. Was wollen alle diese stillosen Häuser, wenn sie der Abend übermannt, wenn er eine einzige dämmernde Gasse aus ihnen macht hinein in eine glühende Unendlichkeit, hinein in sich selbst, in den Maler der Maler, den Sonnenuntergang. Was kümmern uns noch all die Diebstähle und Missetaten der Architekten, wenn die Nacht herniedersinkt und die Stadt intim wird wie ein Spielzeug unter dem Weihnachtsbaum.

Vermutlich Rom, Tagebuch, Dezember 1902; *Leben und Werk* (1933)

Berlin

Ich liebe dich bei Nebel und bei Nacht,
wenn deine Linien ineinander schwimmen, –
zumal bei Nacht, wenn deine Fenster glimmen
und Menschheit dein Gestein lebendig macht.

Was wüst am Tag, wird rätselvoll im Dunkel;
wie Seelenburgen stehn sie mystisch da,
die Häuserreihn, mit ihrem Lichtgefunkel;
und Einheit ahnt, wer sonst nur Vielheit sah.

Der letzte Glanz erlischt in blinden Scheiben;
in seine Schachteln liegt ein Spiel geräumt;
gebändigt ruht ein ungestümes Treiben,
und heilig wird, was so voll Schicksal träumt.

Melancholie (1906)

Groll auf Berlin – In ira veritas

Das ist die Liebe, die um Heimat wirbt
und die am klaren Tag zu Frost erstirbt.

Wie kann wohl Heimat sein, wie groß es sei,
was solch ein Wust der tiefsten Barbarei.

Nicht daß man keinen totschlägt, ist Kultur,
Kultur ist Wandel auf der Schönheit Spur.

Ich schaue nur ein großes Sklavenheer,
die hundert fehlen, daß aus viel wird mehr.

Der Adel fehlt, der schöpferische Geist,
der all dies Volksgewirr zur Größe reißt.

Der sein gestaltlos Tun zusammenrafft,
daß er nicht Werte mischt, nur Werte schafft.

Wahrscheinlich 1905; *Epigramme und Sprüche* (1919)

121

Die Siegesallee im Bezirk Tiergarten, vor dem Denkmal des Markgrafen Albrecht II.

Neo-Berlin

Welche Kunstsiegesalleen!
Welches Neulandgebuddel!
Ein blendendes Phänomen:
Dies Berliner Kulturkuddelmuddel.

Berlin, Juli/August 1903; *Epigramme und Sprüche* (1919)

Steine statt Brot

Ja, wenn die ganze Siegesallee
aus Mehl gebacken wäre –
das wäre eine gute Idee,
auf Ehre!

Man spräche zum Hungernden: Iß dich rund
(Dein Landesvater will es!)
an Otto dem Faulen, an Siegismund,
an Cicero, an Achilles!

Zu Dank zerflösse bei Arm und Reich
des Mißvergnügens Wolke:
es wäre geholfen auf einen Streich
dem ganzen deutschen Volke.

Ein Loblied sänge der deutsche Geist
vom Pregel bis zum Rheine.
Gib Kunst, o Fürst, die nährt und speist!
Gib Brot, o Fürst, nicht Steine!

1906 oder früher; *Die Schallmühle* (1928)

122

An Friedrich Kayssler

Berlin-Halensee, 14. Juli 1903

... Ich fühle mich hier bei der kühler gewordenen Witterung und in Deiner angenehmen Wohnung recht wohl, bin die Abende meist mit Glücksmann, Anwands oder Frischs zusammen und verbringe die Tage über der Durchsicht von »Brand« (der mich wieder als Sache mächtig packt, als Arbeit böse Stunden kostet); übrigens habe ich mein Vertrauen wiedergewonnen, es ist eine Eselei ... mir mit Passarge zu kommen.

... Um das Gas zu sparen und die unpraktische Laterne zu umgehen, habe ich mir heute aus Deiner klafterhohen Glasvase und dem obligaten Zubehör ein »Nachtlicht« fürs Entrée zurechtgemacht, das »jeder Beschreibung spottet«. Zugleich bedeckte ich einen Bogen mit Entwürfen zur Neugeburt der Nachtlichtbeleuchtungskörperindustrie. Sodann nahm ich einen zweiten Bogen und hielt Winter-Fest-Gedanken für Euer Theater fest, darauf begab ich mich ins Eßzimmer, das ich bisher selten betreten, und begann mir aus dem Buffet »gleichartige Gegenstände«, Gläser, Glastassen und dergleichen zusammenzusuchen, woraus dann im Laufe des Tages herrliche Dinge entstanden, Brunnenmotive und Aufsätze für Blumen. Auch einen großen Tonklumpen ließ ich mir aus der Nachbarschaft herbeischleppen. Du siehst, ich habe wieder einmal meinen Raptus, und gestern mittag, den 11. Juli, war ich sogar bei Möhrke. Ich machte ihm einen regelrechten Besuch in der Wohnung, erzählte ihm meine Leiden und Wünsche und fand – nicht gerade einen Weg oder sonst etwas Neues, sondern hauptsächlich nur die Bestätigung des von mir längst Gefühlten, daß mir nämlich, wie zu so manchem, nur die Gelegenheit fehlt und gefehlt hat ... Zuletzt lud er mich ein, doch einmal im Herbst bei ihm auszustellen. Na, man kann sichs ja überlegen. Nicht undeutlich war eine Art Sorge zu bemerken, es könne da etwa ein unnötiger Konkurrent entstehen. Nun, er mag ruhig schlafen. Bei mir heißt all dergleichen »Spleen«. Ich bin ja ... ein »Dichter«. Ecco.

Die Tagnachtlampe

Korf erfindet eine Tagnachtlampe,
die, sobald sie angedreht,
selbst den hellsten Tag
in Nacht verwandelt.

Als er sie vor des Kongresses Rampe
demonstriert, vermag
niemand, der sein Fach versteht,
zu verkennen, daß es sich hier handelt –

(Finster wirds am hellerlichten Tag,
und ein Beifallssturm das Haus durchweht.)
(Und man ruft dem Diener Mampe:
»Licht anzünden!«) – daß es sich hier handelt

um das Faktum: daß gedachte Lampe,
in der Tat, wenn angedreht,
selbst den hellsten Tag
in Nacht verwandelt.

Meran, 23. Januar 1910; *Palmström* (1910)

Bildhauerisches

Palmström haut aus seinen Federbetten,
sozusagen, Marmorimpressionen:
Götter, Menschen, Bestien und Dämonen.

Aus dem Stegreif faßt er in die Daunen
des Plumeaus und springt zurück, zu prüfen,
leuchterschwingend, seine Schöpferlaunen.

Und im Spiel der Lichter und der Schatten
schaut er Zeuße, Ritter und Mulatten,
Tigerköpfe, Putten und Madonnen ...

träumt: wenn Bildner all dies wirklich schüfen,
würden sie den Ruhm des Alters retten,
würden Rom und Hellas übersonnen!

Südtirol, Juni/Juli 1910; *Palmström* (1912)

An Julius Moos

Berlin-Halensee, 26. Juli 1903

*Berlin hat mich verschluckt, dazu bin ich einmal wieder
voll von tausend Dingen. Wollen wir nicht endlich eine
Kunstgärtnerei zusammen gründen? Oder eine Vasen-
Fabrik, eine Art Kunsttöpferei?*

*Nebenbei werde ich vom 1. August ab Dramaturg
bei Felix Bloch Erben; täglich fünf Bürostunden, zehn
Briefe, zwei Dramen.*

Die Türme

*Die Häusertürme von Neu-Berlin
kamen einmal zusammen,
dieweil es ihnen geboten schien,
sich tätig zu entflammen.*

*Das Auge nämlich hatte sie
beschimpft in seiner Zeitung:
Es sprach von Hydrozephalie
moderner Hausbereitung.*

*Das ließ die eitle Zunft nicht ruhn,
sie fingen an zu toben.
(Sie hatten nämlich nichts zu tun
auf ihren Dächern droben.)*

*»Wir stellen dar den neuen Geist!«
mit Fug und Recht sie riefen.
»Den Bürgerstolz, der aufwärts weist
aus herrschaftlichen Tiefen.*

*Das Auge, dieses dumme Tier,
mag auf sich selber schreiben.
Wir sind Wahrzeichen! Wir sind Wir
und werden Wir verbleiben!«*

*Die Giebel wackelten dazu
mit ihren Dekorationen
und schrien: »Ja, laß uns nur in Ruh: –
sonst werden wir dich nicht schonen!«*

Die Kaisergalerie Eingang Friedrich-/Ecke Behrenstraße

*Die Obelisken auch sodann,
die dickbefransten Säulen, –
sie alle drohten wie ein Mann:
»Wir werden dich schon verbeulen!«*

*Und aufgeblasenen Kröten gleich
hupften zurück die Türme, –
Hanswurste nach wie vor im Reich
der Lenz- und Winterstürme.*

Wahrscheinlich Berlin, Dezember 1902; *Der Gingganz* (1919)

124

Papierhandlung in der Manteuffelstraße 95 im Bezirk Kreuzberg

Babelverse

Schaufensterarrangements

Auch der Kaufmann hier in Babel
ist ein heimlicher Feldwabel,
treibt's in seinen Auslagscheiben
wie's die Tempelhofer treiben,

läßt die Waren aufmarschieren,
sich in Reih und Glied formieren,
rechts Konsole, links Konsole,
mittendrin Tablett mit Bowle.

Weiter vorn am Rand der Rampe
links 'ne Lampe, rechts 'ne Lampe.

Oben in der Mitte Gips
und im Halbkreis unten Nippes.

Steht so alles stramm gefüget,
hat der Gute seiner Pflicht genüget
und bei Zwölfuhr-Wache-Schritt
klirrt sein Fenster lustig mit.

Ja, es trägt in diesem Babel
jeder noch die Schnur am Nabel,
welche zu dem Korporal
führt von anno dazumal.

Berlin, August 1903; *Die Schallmühle* (1928)

125

Berliner Tram

Heinrich Zille: Wäschetrockenplatz in Charlottenburg

Die letzte Tram

Wer stampft so spät den dunklen Damm
als wie ein roter Feuerjoh?
Es kehrt die Tram, die letzte Tram
zum trauten Machtdepot!
   Nun schlafen
   sie im Hafen,
   nun pflegen sie der Roh,
   nun schlafen
   all die braven
   im Straßenbahndepot.

September 1904 oder früher; *Leben und Werk* (1933)

Die Unterhose

Heilig ist die Unterhose,
wenn sie sich in Sonn' und Wind,
frei von ihrem Alltagslose,
auf ihr wahres Selbst besinnt.

Fröhlich ledig der Blamage
steter Souterränität,
wirkt am Seil sie als Staffage,
wie ein Segel leicht gebläht.

Keinen Tropus ihr zum Ruhme
spart des Malers Kompetenz,
preist sie seine treuste Blume
Sommer, Winter, Herbst und Lenz.

Wahrscheinlich 1911; *Palma Kunkel* (1916)

Freiballonaufstieg in Schmargendorf

Christian Morgenstern in Berlin um 1905

Zukunftssorgen

Korf, den Ahnung leicht erschreckt,
sieht den Himmel schon bedeckt
von Ballonen jeder Größe
und verfertigt ganze Stöße
von Entwürfen zu Statuten
eines Klubs zur resoluten
Wahrung der gedachten Zone
vor der Willkür der Ballone.

Doch er ahnt schon, ach, beim Schreiben
seinen Klub im Rückstand bleiben:
dämmrig, dünkt ihn, wird die Luft
und die Landschaft Grab und Gruft.
Er begibt sich drum der Feder,
steckt das Licht an (wie dann jeder),
tritt damit bei Palmström ein,
und so sitzen sie zu zwein.

Endlich, nach vier langen Stunden,
ist der Albdruck überwunden.
Palmström bricht zuerst den Bann:
Korf, so spricht er, sei ein Mann!
Du vergreifst dich im Jahrzehnt:
Noch wird all das erst ersehnt,
was vom Geist dir vorgegaukelt,
heut dein Haupt schon überschaukelt.

Korf entrafft sich dem Gesicht.
Niemand fliegt im goldnen Licht!
Er verlöscht die Kerze schweigend.
Doch dann, auf die Sonne zeigend,
spricht er: Wenn nicht jetzt, so einst –
kommt es, daß du nicht mehr scheinst,
wenigstens nicht uns, den – grausend
sag ich's –: Unteren Zehntausend! …

Wieder sitzt v. Korf danach
stumm in seinem Schreibgemach
und entwirft Statuten eines
Klubs zum Schutz des Sonnenscheines.

Wahrscheinlich Meran, September/Dezember 1909; *Palmström* (1910)

An Julius Bab

Berlin, 9. Juni 1905

Meine Sommeradresse sollen Sie haben, sobald ich sie selber kenne. Weiß der Kuckuck, wie sich dieses seltsame Jahr noch weiterentwickelt. Der Herbst sieht mich entweder als einsamen Landbewohner oder als Redakteur einer großen Monatsschrift »Das Theater«. Wissen Sie keine Kapitalisten dafür? Ich habe noch nicht mehr als ein Angebot von 10 000 Mark, wozu noch ebensoviel käme, wenn das Ganze – es wären ca. fünfzig Mille nötig – gesichert wäre [...]

Mit einer bedeutenden Aufgabe – der Ibsen-Übersetzung – am tannigen windstillen Südufer des mächtigen Christianiafjordes – der nächsten materiellen Sorge überhoben – so ließ sich ein Sommer und Winter schon verbringen. Mein altes Norge! Nun macht es sich frei und es hat recht. Es ist ein Individuum für sich unter den Völkern und soll sich als solches auch fühlen dürfen.

Es wird – trotz allem – wieder mehr und mehr eine Lust, zu leben und törichter denn je, zu sterben.

An Helene Fehdmer-Kayssler

Insel Föhr, 3. Juli 1905

Liebe Lene,
nun sollst Du die erste sein, die aus Föhr etwas von mir erfährt. Vorgestern, Freitagnachmittag, bin ich bei heftigem Wind von Schleswig-Holstein herüber angekommen und schon ganz verliebt in die Insel. Sie mutet mich durch ihre Bewohner wie ihre Landschaft heimatlich an, und darf es wohl, da ich ja im zweiten Gliede von der Waterkant stamme. Dazu hat mich ein glücklicher Zufall in eines der mehr im Innern liegenden Friesendörfer verschlagen, wo mir infolge gemeinsamer Unterstützung meines hiesigen Doktors und der friesischen Dichterin Stine Andresen, die ein Haus weiter wohnt, das »gute Stübchen« einer älteren Witwe eingeräumt worden ist, ein Schmuckstück von Sauberkeit und Nettigkeit. Vor der Front des einstöckigen Häuschens stehen fünf alte Erlen, durch die man auf die Marschen hinaussieht. Und diese Marschen, flaches Weideland, unendlich scheinend wie das Meer und mit seinem verstreuten Vieh von tiefem

Das Sanatorium Dr. Gmelin auf Föhr, in das Morgenstern wenige Tage nach seiner Ankunft auf der Insel ziehen mußte

Reiz, scheinen meine besondere Liebe werden zu sollen. Sie haben eine entfernte Verwandtschaft mit Teilen der römischen Campagna, aber sie haben dazu noch die Stimmung einer ewigen Gefährdetheit durch das Meer und sie sind deutsches Land. Links von mir hat ein alter Kapitän sein kleines Haus, der dreißig Jahre auf allen Meeren gefahren ist, und mit dem ich schon eine Schachpartie (!) verabreden durfte. Rechts ist eine einfache Wirtschaft mit einer Wirtsstube, die Ihr sehen müßtet. Niedrig, alles braunes Holz, dicke Deckbalken, quadratische Fenster, quadratische Tische, das Ganze in Form eines Winkelmaßes. Die Küche mit Bodenplatten aus norwegischen Felsen und einem Friesenkamin, in den nur jetzt ein sogenannter Sparherd hineingesetzt ist. Das Haus ist 1755 von einem Kapitän erbaut. Die Föhringer selbst scheinen ein vortrefflicher Menschenschlag zu sein. Unter den Frauen sieht man viel frische Anmut, fast alle haben sie prächtiges Haar, dessen kranzartig auf dem Hinterkopf ruhendes Geflecht malerische schwarze Kopftücher umrahmen, aber nicht bedecken, und blendend weiße Zähne. – Vom Sanatorium (in dem ich zunächst nur zweites Frühstück, Mittagbrot und Nachmittags-Kakao einnehme), bin ich gesegneterweise zwanzig Minuten entfernt. Die Zwischenzeiten (dieser Mahlzeiten) soll ich vorläufig auf einem Korbliegestuhl am Strande verbringen. Die See ist freilich nicht so gewaltig wie bei Sylt, aber man wird auch ihre stilleren Reize schätzen lernen. Als ich sie vom Damm von

Die Hallig Langeneß bei Föhr

Dagebüll nach acht oder neun Jahren zum ersten Mal wiedersah – ich meine just diesen charakteristischen Teil um die Inseln und Halligen – versagte mir doch einen Augenblick der Atem. – Freut Euch auch des kurzen »fern von Madrid« wie ich! Hoffend nun bald auch von Euch eine Regentagepistel zu erhalten mit herzlichsten Grüßen an Euch alle

Dein
Christian

Auf Föhr. Ich höre Anreden von Fremden an Eingeborene wie die folgenden: »Sie tragen noch die alte Tracht; bleiben Sie ja dabei; ich sehe das zu gern; lassen Sie auch Ihre Kinder in dieser Tracht gehn!« Oder: »Nein, was ist Ihre Tochter für ein schöngewachsenes Mädchen! Sehn Sie nur, meine Herren, dieses schmale Gesicht und dabei dieses kleidsame Mieder ...« Als ob diese Halligbewohner, diese Nachkömmlinge der alten Friesen, Schaustücke eines Panoptikums wären; als ob sie nicht mit Fug herabsehen könnten auf diese zusammengewürfelte Gesellschaft halbkranker Groß- und Kleinstädter, die mit all ihrer »Bildung« nicht einmal wissen, wie ein Mensch einem Menschen gegenüberzutreten hat.

Juli/August 1905; *Stufen* (1918)

129

An Luise Dernburg

Insel Föhr, Juli 1905

Diese Landschaft hat gar nichts Äußerliches, Lautes, sie spricht selbst fast nicht, sie singt höchstens leise an stillen sonnigen Abenden, wenn das Meer wie ein Spiegel grünblau mit dem Himmel zusammenzurinnen scheint, wenn auf den westlichen Wänden der Halligwerften ein leuchtender Schein liegt und die weiten Geesten und klaren Marschen mit ihren zerstreut weidenden Pferden, Kühen und Schafen eine beschauliche Wehmut atmen. Die sanfte Großzügigkeit der Menschen ausgenommen. Alles ist lieblich und gut, schlicht ohne ärmlich zu sein, beschränkt ohne der Weite zu entbehren. Die Halligen allein grüßen wie eine immerwährende Mahnung vergänglichen Erdenlebens darüber. Untergegangene und dem Untergang geweihte Dörfer sind vielleicht noch nichts eigentlich Tragisches; denn hier stand und steht kein tieferer Besitz der Menschheit auf dem Spiele; aber sie sind doch ein Akkord in der großen Erdensymphonie »Vineta«.

Nebel am Wattenmeer

Nebel, stiller Nebel über Meer und Land.
Totenstill die Watten, totenstill der Strand.
Trauer, leise Trauer deckt die Erde zu.
Seele, liebe Seele, schweig und träum auch du.

Melancholie (1906)

An Karl Scheffler

Insel Föhr, 24. August 1905
(Kolonie Südstrand)

Sehr geehrter Herr Scheffler,
verzeihen Sie den Bleistift: ich bin an der Nordsee und ihr mit Haut und Haaren verfallen, so daß ich mich überhaupt nur mit Anstrengung im Zimmer zurückhalten kann. Daher auch die bekannte träge Verachtung sonst unentbehrlicher Kulturgegenstände als da in diesem Falle: eines Federhalters. Daß ich mich trotzdem dem Trieb überlasse, Ihnen zu schreiben, beruht auf einem Bedürfnis, zu Ihnen, sehr geehrter Herr, in nähere geistige Beziehungen zu treten. Sie sind, soweit ich Sie bis jetzt aus Aufsätzen und Ihrem jüngst erschienenen kleinen Buche kenne, unter den vielen schreibenden Menschen (und speziell Berlinern) von heute für mich beinahe ein weißer Rabe. Sie sind nämlich offenbar nicht nur Kunsthistoriker, Ästhetiker usw., sondern auch ein Stück Ethiker, d.h. ein Mensch, der neben dem, daß er sehr viel weiß und versteht, auch etwas will. Ich weiß nicht, ob Sie es selbst wissen, wie selten Sie damit unter einer breiten Herde fader Genießer und Genüßlinge sind, deren Aufnahme- und Wiedergabefähigkeit wohl ebenso unbegrenzt ist wie ihr Leben und Trachten ohne jede tiefere leidenschaftlichere Beziehung zum Leben der Nation; deren leitende Gedanken gleich Null sind, wenn sie nicht gar zu den in irgendeiner Gesinnung höchst Tüchtigen – und sei es selbst die einer platten Freigeisterei – gehören. Vor allem Ihre jüngsten Aufsätze... waren mir eine reine Freude. Ich glaube nämlich seit längerem etwas in mir zu erkennen, das ich als starkes Gefühl, mich irgendwo als Bürger fühlen zu dürfen, ansprechen möchte. Und da ich nun einmal nach Berlin geraten bin und schließlich Berlin eine solche Fülle von Möglichkeiten in sich birgt, wie heute keine andere deutsche Stadt, so ist es eben dies Berlin, worauf sich viel meiner Liebe und meines Hasses wirft. Auf diesem jungen Boden wäre noch etwas zu schaffen, und da der Kaiser dem Sinn seiner Zeit und damit auch dem Sinn seiner Stadt konstant fremd bleibt, so sollte ein junges Bürgertum noch weit mehr als bisher die Entwickelung seines Gemeinwesens selbst in die Hand nehmen. Ich meine, es müßte möglich sein, es müßte eine Gruppe von Intellektuellen führend werden können – bis in den letzten Hausbau hinein. Man müßte die wilde und scheußliche Barbarei ausrotten können, die das Bild der Stadt von Tag zu Tag mehr entstellt, man müßte im zwanzigsten Jahrhundert endlich so weit sein, eine neu heranwachsende Stadt, statt sie dem Zufall zu überlassen, zum Kunstwerk oder wenigstens zum Organismus gestalten zu können.

Halten Sie es für aussichtslos, hierfür das Gewissen der Berliner zu wecken? Ich meine, es käme erst noch auf den Versuch an. Und da wir armen Leute mit unsern Gedanken immer nur auf das Hilfsmittel der Publizistik angewiesen sind, schwebt mir eine Berliner Zeitschrift engsten Sinnes vor, Hefte, die sich lediglich mit der Entwickelung Berlins befassen, ihr auf Schritt und Tritt folgen, ihre Fehler schonungslos aufdecken und angreifen, ihr Gutes ans Licht stellen, kurzum vorkämpferische Hefte für Berlin als einer Stadt, in der ein anständiger Mensch wenigstens notdürftig sein Leben fristen kann, ohne täglich einmal von Ekel befallen zu werden.

Ich wundere mich fast, daß meine Gedanken nach Berlin, diesem Monstrum, schweifen konnten, während mir hier ein weit schöneres Ungeheuer vor den Fenstern liegt. Sie haben gewiß immer nur von dem langweiligen Wyk auf Föhr gehört; aber die Insel hat noch einen viel charaktervolleren Strand nach Süden, zu dem über die Watten ein Stück offener See hereinrollt.

Vielleicht werden wir nach meiner Rückkehr im September mit einander bekannt; wennschon ich mich fast vor jeder neuen Bekanntschaft scheue. Nicht meinetwegen sondern um Ihretwillen. Einen Menschen kennen zu lernen, ist nicht immer ein Glück. Und wer wie ich so viele Oberflächen hat und auch über manchem Grundbestand so viel Oberflächlichkeit – vor allem des Wissens – rechnet sich dem andern nur zu leicht als eine Enttäuschung zu.

Aber Sie senden mir wohl vorerst noch eine Botschaft hierher.

Mit herzlichem Gruß
Ihr ergebener
Christian Morgenstern

St. Johannis und der Friedhof in Nieblum

Zu Niblum will ich begraben sein,
am Saum zwischen Marsch und Geest.
Dort holt mich wohl einmal die Nordsee heim,
die immer meine Mutter gewest;
holt mich in ihre Tiefen heim,
die immer meine Mutter gewest.

Ich hör den Wind nicht rauschen,
daß ich nicht dächte dein,
muß immer nur liegen und lauschen,
die Augen schließen und lauschen
in sein Gebraus hinein.

Er kommt über dich gestrichen
und trägt so herben Duft
mit Tönen heimatlichen
erfüllt sich rings die Luft:
die Boote zerren am Pflocke,
die Brandung schlürft und zischt,
und fernher summt eine Glocke
von Amrum über den Gischt.

Zu Niblum will ich mich rasten aus
von aller Gegenwart.
Und schreibt mir dort auf mein steinern Haus
nur den Namen und: »Lest Lagarde«!
Ja, nur die zwei Dinge klein und groß:
diese Bitte und dann meinen Namen bloß.
Nur den Namen und: »Lest Lagarde«.

Das Inselchen Mutterland dorten, nein,
das will ich nicht verschmähn.
Holt mich doch dort bald die Nordsee heim
mit steilen, stürzenden Seen –
das Muttermeer, die Mutterflut ...
o wie sich gut dann da drunten ruht,
tief fern von deutschem Geschehn.

Meran, Februar 1908; *Mensch Wanderer* (1927)

Wyk auf Föhr

Wie ich das Bröckeln und Rinnen einer in den Sand gewühlten Mulde beobachte, kommen mir einige der tragischsten Eindrücke meines Lebens ins Gedächtnis. Den einen empfing ich in den Thermen des Caracalla, und was hier nur Bild und Gleichnis, war dort melancholische Wirklichkeit. Von den mächtigen Gewölberesten rieselte fast unaufhörlich Mörtel und verwittertes Mauerwerk, und ab und zu, wenn der leichte Wind sich stärker erhob, flog wohl auch ein größerer Stein polternd in die Tiefe. Es war ein unheimliches und erschütterndes Gespräch der Vergänglichkeit, dem der gefährdete Wanderer dort beiwohnte und zugleich das Totenraunen einer Kultur, das vielleicht noch währen wird, wenn der Petersdom das seinige anheben sollte. – Den andern gaben mir die norwegischen Berge mit ihren ewigen Steinschlägen, in denen ihre Gipfel nach und nach herabzukommen scheinen.

Juli/September 1905; *Stufen* (1918)

132

An Julius Moos

Wyk auf Föhr, 29. August 1905

Herzlichen Gruß, lieber Moos! Bin seit 20. Juli hier und habe mich trefflich erholt und abgehärtet. Fahre morgen noch auf ein paar Tage nach einem der südlichen Dörfer von Sylt, dann wieder Berlin. Was machen Sie? Alles Gute von

Ihrem
M※

Sylt-Rantum

Weil ich nur dieses Donnern wieder höre,
dies Mahlen einer ungeheuren Mühle,
weil ich nur diesen Flugsand wieder fühle
und dieser Möwen Ruhe wieder störe!

Du abendliche Klarheit dort im Westen,
sei mir ein Bild von naher Tage Glück.
Still leg ich mich ins Dünengras zurück.
Nicht wie ich will, – wie Es will, ists am besten.

September 1905; *Mensch Wanderer* (1927)

Zivilisatorisches

Ein Fisch schrieb jüngst in seinem Blatt:
»Ich bin des trocknen Tons nun satt.
Ich will (als einer nur von vielen)
zwei Hände, um Klavier zu spielen.
Tief in der Südsee lebt mit Brillen
ein Molch, der tut uns wohl den Willen.
Er teile das Rezept uns mit.
Bad Westerland, Sylt. E. P. Schmidt.«

Das Blatt verließ die Druckerei.
Der Hering las es wie der Hai.
Fast jeder bis hinauf zum Wal
empfand den Einfall als Skandal,
ja, mehr als das, in seltner Einheit,
als dekadentische Gemeinheit.

(Alleinzig der Polyp sah jetzt,
wozu er in die Welt gesetzt.
Und schwamm herum, von Sinnen schier,
nach einem scheiternden Klavier.)

Der Molch indes mit spitzen Ohren
hat seine Kundschaft nicht verloren:
Er sandte Schmidten die Broschüre
»Fischhände (später Maniküre)
nur durch Gymnastik in drei Jahren«.
Da war nun alles zu erfahren.

Man sieht, wie da in Westerland
zum Menschen noch der Fisch entbrannt:
die Wunder der Natur, der wilden,
kulturgemäß hinaufzubilden.

Der Gingganz (1919)

An Amalie Morgenstern

Birkenwerder, 23. November 1905

Deinen lieben Brief bekam ich damals nach Sylt nachgeschickt, wohin ich von Föhr aus noch auf zehn Tage übersiedelte, um in Rantum, einem Dorf von fünf Höfen, eine Art Belohnung meiner sanatoriellen Artigkeit auf Föhr zu genießen. Gesundheitlich wäre es für mich vielleicht am ersprießlichsten, immer an der Nordsee zu hausen; aber die See scheint der geistigen Arbeit nicht allzu förderlich zu sein.

Karte Morgensterns an Enno Quehl vom Bruno Cassirer Verlag. Morgensterns Zimmer lag im linken Trakt, zweite Etage rechts

In der Klinik

Der du draußen vor der Türe,
just geläutet habend, wartest, –
daß ich dich allein durch meines
Wunsches Kraft verwandeln könnte.

Aus dem Fremdling, der du sein magst,
in ein Wesen, das mich lieb hat;
denn nach Trost schreit meine Seele
wie der Hirsch nach frischem Wasser.

An Elisabeth, die Gräfin,
denk ich und das holde Wunder,
wie aus tuchentblößtem Korbe
Rosen ihr entgegenblühten.

Der du draußen vor der Türe,
just geläutet habend, wartest, –
daß ich dich allein durch meines
Wunsches Kraft verwandeln könnte!

Birkenwerder, Oktober/November 1905; *Mensch Wanderer* (1927)

134

Selbstaufnahme Morgensterns in Birkenwerder 1906

Nachts im Wald

Bist du nie des nachts durch Wald gegangen,
wo du deinen eignen Fuß nicht sahst?
Doch ein Wissen überwand dein Bangen:
   Dich führt der Weg.

Hält dich Leid und Trübsal nie umfangen,
daß du zitterst, welchem Ziel du nahst?
Doch ein Wissen übermannt dein Bangen:
   Dich führt dein Weg.

»Birkenwerder, kgl. Forst, 5. November, abends«; *Melancholie* (1906)

Nebelweben

Der Nebelweber webt im Wald
ein weißes Hemd für sein Gemahl.
Die steht wie eine Birke schmal
in einem grauen Felsenspalt.

Im Winde schauert leis und bebt
ihr dämmergrünes Lockenlaub.
Sie läßt ihr Zittern ihm als Raub.
Der Nebelweber webt und webt ...

Birkenwerder, Oktober/Dezember 1905; *Melancholie* (1906)

Traumwald

Des Vogels Aug verschleiert sich;
er sinkt in Schlaf auf seinem Baum.
Der Wald verwandelt sich in Traum
und wird so tief und feierlich.

Der Mond, der stille, steigt empor:
Die kleine Kehle zwitschert matt.
Im ganzen Walde schwingt kein Blatt.
Fern läutet, fern, der Sterne Chor.

Birkenwerder, Oktober/Dezember 1905; *Melancholie* (1906)

Neuschnee

Flockenflaum zum ersten Mal zu prägen
mit des Schuhs geheimnisvoller Spur,
einen ersten schmalen Pfad zu schrägen
durch des Schneefelds jungfräuliche Flur –

kindisch ist und köstlich solch Beginnen,
wenn der Wald dir um die Stirne rauscht
oder mit bestrahlten Gletscherzinnen
deine Seele leuchtende Grüße tauscht.

Birkenwerder, Februar 1906; *Melancholie* (1906)

Heinrich Zille: Berlin, Bergstraße 69

telt und mit diesem oder jenem Stachel in der Seele. Land und Wald heilen dann wieder und man ergibt sich um so leidenschaftlicher abermals den Mächten seines Innern.

Ich habe dem kleinen Tisch, an dem ich schreibe, durch ein billiges Kunstblatt einen Hintergrund gegeben. Es stellt »Die Schule von Athen« dar. (Wie Sie zu Raffael stehen, weiß ich nicht.) Viele tun ihn ja einfach ab, indem sie ihn fade, flach, mittelmäßig nennen. Ich gestehe, daß ich für solche Urteile nie Sinn gehabt habe. Das Bild vor mir ruft meine Bewunderung immer von neuem hervor, obwohl doch ein Wichtigstes, seine Farbe, fehlt. Es ist als Ganzes wie in jeder Einzelheit ein außerordentliches Kunstwerk.

Die Tafeln

Man soll nichts gegen jene Tafeln sagen,
die eine Hand an ihrer Stirne tragen,

den Namen einer Schenke nahebei,
den Paragraphen einer Polizei.

Sie sind, wenn sonst nichts spricht im weiten Land,
ein wundervoller justiger Verstand.

Bescheiden zeugt ihr Dasein von Kultur:
Hier herrscht der Mensch – und nicht mehr Bär und Ur.

Birkenwerder, 1. Februar 1906; *Palma Kunkel* (1916)

An Luise Dernburg

Birkenwerder, Winter 1905/06

… Es gibt vielleicht nichts für den Geist Fruchtbareres als zwischen Stadt und Land in der rechten Weise abzuwechseln. Man verläßt die Stadt mit demselben Gefühl, wie man aus einem Museum oder Konzertsaal in den Tag oder die kühle Nachtluft hinaustritt mit einem tiefen Atemzug, aber doch neu durcheinander geschüt-

Die Westküsten

Die Westküsten traten eines Tages zusammen
und erklärten, sie seien keine Westküsten,
weder Ostküsten noch Westküsten –
»daß sie nicht wüßten!«

Sie wollten wieder ihre Freiheit haben
und für immer das Joch des Namens abschütteln,
womit eine Horde von Menschenbütteln
sich angemaßt habe, sie zu begaben.

Doch wie sich befreien, wie sich erretten
aus diesen widerwärtigen Ketten?
»Ihr Westküsten«, fing eine an zu spotten,
»gedenkt ihr den Menschen etwan auszurotten?«

»Und wenn schon!« rief eine andre schrill.
»Wenn ich seine Magd nicht mehr heißen will?« –
»Dann blieben aber immer noch die Atlanten«, –
meinte eine von den asiatischen Tanten.

Schließlich, wie immer in solchen Fällen,
tat man eine Resolution aufstellen.
Fünfhundert Tintenfische wurden aufgetrieben,
und mit ihnen wurde folgendes geschrieben:

Raffael: *Die Schule von Athen*

Wir Westküsten erklären hiermit einstimmig,
daß es uns nicht gibt, und zeichnen hochachtungsvoll:
Die vereinigten Westküsten der Erde. –
Und nun wollte man, daß dies verbreitet werde.

Sie riefen den Walfisch, doch er tats nicht achten;
sie riefen die Möwen, doch die Möwen lachten;
sie riefen die Wolke, doch die Wolke vernahm nicht;
sie riefen ich weiß nicht was, doch ich weiß nicht was
                                                    kam nicht.

»Ja, wieso denn, wieso?« schrie die Küste von Ecuador:
»Wärst du etwa kein Walfisch, du grober Tor?«
»Sehr richtig«, sagte der Walfisch mit vollkommener Ruh:
»Dein Denken, liebe Küste, dein Denken macht mich
                                                    erst dazu.«

Da wars den Küsten, als sähn sie sich im Spiegel:
ganz seltsam erschien ihnen plötzlich ihr Gewiegel.
Still schwammen sie heim, eine jede nach ihrem Land.
Und die Resolution, die blieb unversandt.

Birkenwerder, 5. Februar 1906; *Galgenlieder* (1908)

137

»Klein Irmchen«, die 1903 geborene Tochter Clara und Oskar Anwands, für die Morgenstern das Gedicht schrieb

Ein Kindergedicht

Spann dein kleines Schirmchen auf;
denn es möchte regnen drauf.

Denn es möchte regnen drauf,
halt nur fest den Schirmchen-Knauf.

Halt nur fest den Schirmchen-Knauf –
und jetzt lauf! und jetzt lauf!

Und jetzt lauf! und jetzt lauf!
Lauf zum Kaufmann hin und kauf!

Lauf zum Kaufmann hin und sag:
Guten Tag! guten Tag!

Guten Tag, Herr Kaufmann mein,
gib mir doch ein Stückchen Sonnenschein.

Gib mir doch ein Stückchen Sonnenschein;
denn ich will mein Schirmchen trocknen fein.

Sieht es nicht wie gelber Honig schier?
Und er tut es sorgsam in Papier.

Und er tut es sorgsam in Papier.
Und dies Päckchen dann, das bringst du mir.

Und zu Haus, da packen wir es aus –
sieht es nicht wie gelber Honig aus?

Und die Hälfte kriegst dann du, mein Irmchen,
und die andere Hälfte kriegt das Schirmchen.

Und jetzt spann dein Schirmchen auf –
und lauf! und lauf!

Birkenwerder, 5. Februar 1906; *Melancholie* (1906)

An Luise Dernburg

Birkenwerder, 23. Februar 1906

Hier ist es so schön, wie es nur in der näheren Umgebung von Berlin sein kann. Dazu habe ich an jedem Finger eine andere Arbeit.

Ich möchte Ihnen etwas von dem Frohsinn meines Temperaments abgeben können, von der dauernden heiteren Skepsis, die allein Lebenslust verbürgt. Sie möchten gern lachen – aber so tun Sie es doch. Die Welt ist durchaus nicht zu ernst dazu. Sie ist weder ernst noch lächerlich, sondern in jedem Kopf und jeder Sekunde anders, anders, anders.

Reichskanzlerplatz und Heerstraße in Charlottenburg

Aus der Vorstadt

(Mit Seele vorzutragen)

»Ich bin eine neue Straße
noch ohne Haus, o Graus.
Ich bin eine neue Straße
und sehe komisch aus.

Der Mond blickt aus den Wolken –
ich sage: Nur gemach –
(der Mond blickt aus den Wolken)
die Häuser kommen noch nach!

Ich heiß auch schon seit gestern,
und zwar Neu-Friedrichskron;
und links und rechts die Schwestern,
die heißen alle schon.

Die Herren Aktionäre,
die haben mir schon vertraut:
Es währt nicht lang, auf Ehre,
so werd ich angebaut.

Der Mond geht in den Himmel,
schließt hinter sich die Tür –
der Mond geht in den Himmel –
ich kann doch nichts dafür!«

Vermutlich Berlin/Birkenwerder, September/Oktober 1905;
Palma Kunkel (1916)

139

Droschkengaul am Bahnhof Alexanderplatz

Der Droschkengaul

Ich bin zwar nur ein Droschkengaul, –
doch philosophisch regsam;
der Freß-Sack hängt mir kaum ums Maul,
so werd ich überlegsam.
Ich schwenk ihn her, ich schwenk ihn hin,
und bei dem trauten Schwenken
geht mir so manches durch den Sinn,
woran nur Weise denken.

Ich bin zwar nur ein Droschkengaul, –
doch sann ich oft voll Sorgen,
wie ich den Hafer brächt ins Maul,
der tief im Grund verborgen.
Ich schwenkte hoch, ich schwenkte tief,
bis mir die Ohren klangen.
Was dort in Nacht verschleiert schlief,
ich konnt es nicht erlangen.

Ich bin zwar nur ein Droschkengaul, –
doch mag ich Trost nicht missen
und sage mir: So steht es faul
mit allem Erdenwissen;
es frißt im Weisheitsfuttersack
wohl jeglich Maul ein Weilchen,
doch nie erreichts – o Schabernack –
die letzten Bodenteilchen.

Vermutlich Birkenwerder, 1905/06; *Der Gingganz* (1919)

140

An Kaysslers

Die Temperatur ist gestern weggegangen, wohin, weiß ich nicht. Mit just diesem Teile der Ostsee überlegts Euch nur recht. Die Namen sind schon so schauderhaft: Binz, Bahnsinn, Wulst – ach so, das ist ein Mensch. Warum nicht Radegast? Das wäre noch etwas! Übrigens ernsthaft: Hiddensee soll prächtig sein, einsam, spottbillig, Insel, Volk (Hauptsache). Über Rügen gibt Marschalk genaue Auskunft. Überhaupt: Marschalk ist Ostsee-Fachmann: Es gibt dort ganze Dörfer, die nur er, Heimann oder Hauptmann bewohnen. Schönsten Dank noch für Euren Besuch!

An Friedrich Kayssler

Liebes Tantchen,
ich habe Dich furchtbar lieb und tanze mit Dir siebenmal und in amerikanischen Schnürstiefeln um das Sanatorium herum. Ich werde mich bessern, bessern, bessern. Ohnehin trifft manches von Deinen Anschauungen mit Ideen zusammen, die mich gerade dieser Tage wieder besucht haben und die Du – weiblich inkonsequent, Du verzeihst, liebes Tantchen! – Schäferideen zu nennen pflegst. Ich erinnere mich mit wahrer Wehmut an die paar netten Arzneien und so, an die man sich in jüngern Jahren behaglich gewöhnen zu dürfen glaubte. Der Blechlöffel mit heißem Öl war typisch dafür, man goß ihn auf Flanell und legte diesen auf die Brust. Heute baut man zum selben Zweck ein Sanatorium. Laß uns einen Verein, einen neuen Verein als Anschlußverein an den Verein zur »Einführung von Strohhüten bei der Elektrischen« gründen: den Verein zum heißen Blechlöffel mit Öl. Du denkst jetzt, ich scherze, und wie soll man auf dem Papier beweisen, daß man nicht scherzt? Aber auch mein Gesicht schiene eher das Gegenteil zu beweisen; denn natürlich lächelt man bei solchen Ausführungen. Aber nicht mitleidig oder (wie's früher aufgefaßt wurde:) »mephistophelisch«. Sondern einfach aus Vergnügen, grundlos, aus ganz metaphysischen Gründen.
Nun aber zu etwas Ernsterem. Ich habe mich vergeblich nach jenen Möbeln umgesehen, die Dir sogar im Traum erscheinen. Du nennst sie einem modernen Sprachgebrauch (wieder inkonsequent) zufolge: Sandalen. Aber, liebstes Tantchen, es sind ja einfach gute liebe alte »Hausschuhe«, wie unsre Vorfahren bis hinter Goethe und Luther und ganz besonders die Frauen samt und sonders fast unaufhörbar getragen haben und tragen. Und wie sie ja auch Du an Deinen niedlichen kleinen Füßen trägst, sobald Du nicht im Salon oder in den Gassen bist. Aber, sagst Du, in Hausschuhen geht man nicht in den Wald. Nun, zugegeben, es wären Klapperlatschgen, aber es sind ja fast vollkommene gelbe »Halbschuhe«, ebenso hoch, völlig wasserdicht, festes Leder, gute Sohle, mit dem einzigen Unterschied: man schnürt sie oben nicht zusammen, sondern eine Art Geflecht mit Ausschnitten befestigt den Schuh über dem Spann. Eine »Sandale« dagegen ist eine Sohle mit Riemenzeug und wird allerdings gewöhnlich übern nackten Fuß getragen. Auch daß meine Socken innen direkten Kamelhaarflaum aufweisen, mag Dich vollends beruhigen, und zwar ist der Kamelhaarflaum nicht von mir, sondern von einem ganz wirklichen Kamel. Aber, trotz alledem, ich werde versuchen, auch, wenn ich wieder ganz wohlauf bin, diesen Dingen mehr Sorgfalt als bisher zuzuwenden. Zugleich bin ich aber auch gern bereit, einen »Verein gegen Erscheinung von Sandalen im Traum« mit Dir zu gründen. Eintritt eine Mark.
… Nun laß mich aber zu Ende kommen, sonst wirds für den ersten Aufstand zu viel.
Es grüßt Dich und die lieben Kaysslers von Herzen
Dein stets dankbarer und getreuer Neffe
Christian

An Amalie Morgenstern

Wie Du an diesem Briefbogenteil siehst (ich schreibe im Liegen) bin ich noch in Birkenwerder, das ich erst im Mai mit der See zu vertauschen gedenke. Der Winter war in vieler Weise fruchtbar […]
Es muß jetzt bei Euch sehr anmutig sein. Hier ist es auch voll Blüten und Gezwitscher. Der Wald ist mir viel, ob er auch nur ein strenger märkischer Kiefernwald ist.

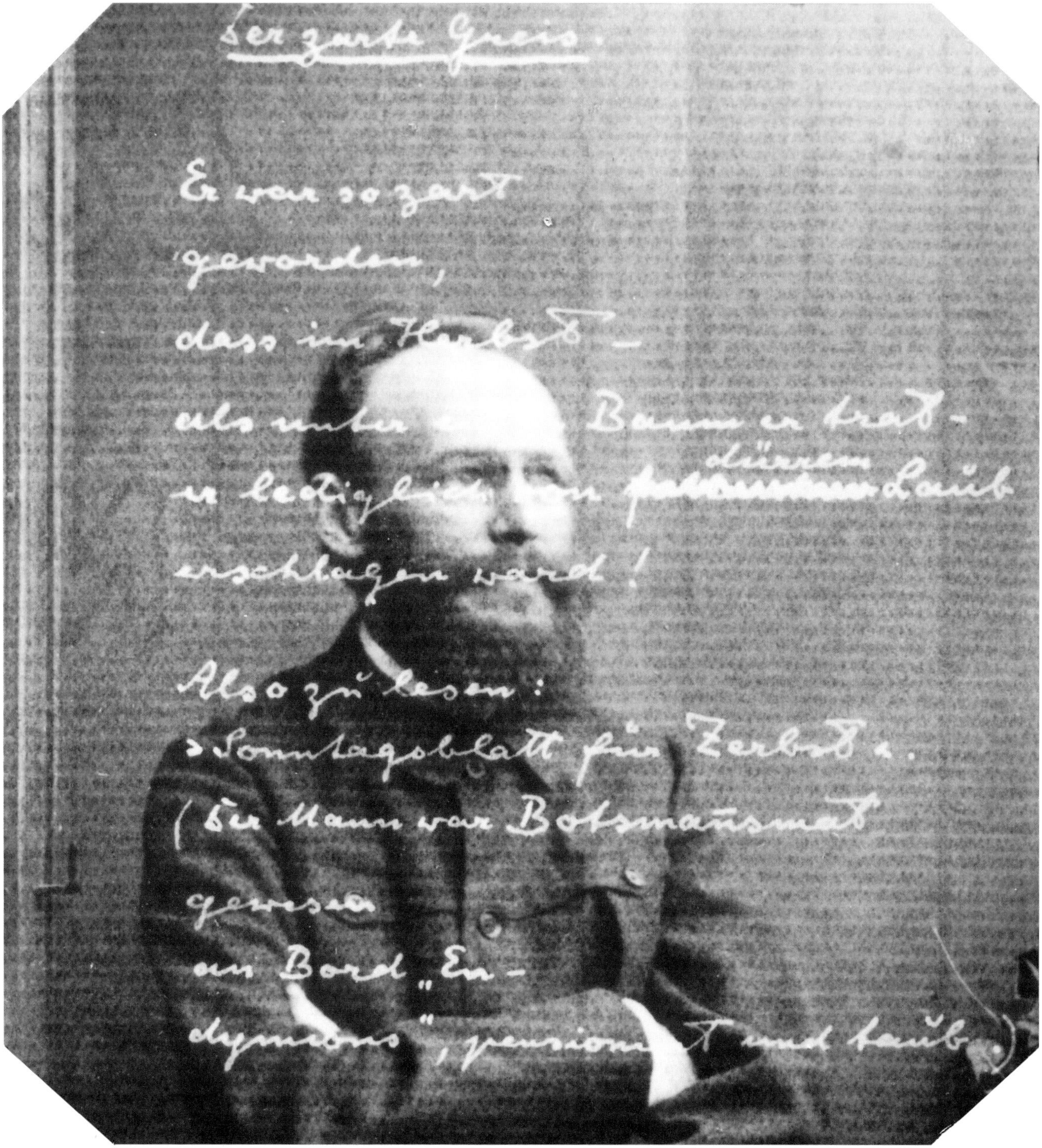

Christian Morgenstern, wahrscheinlich 1906

An Kaysslers

Ludwigshöhe bei München, 2. Juli 1906

Meine Lieben,
seid mir des länglichen Schweigens halber nicht böse,
sondern bedenkt, daß es einem einfach einmal unmög-
lich werden kann, über gesundheitliche Dinge immer
und immer wieder zu berichten: und gerade das hätte ich
müssen, um Euch meine Aufenthaltsdauer hier zu erklä-
ren, – und muß es noch. Also kurz, ich bin noch hier,
weil ich bisher noch nicht weiter konnte, hoffe es aber
Freitag oder Sonnabend zu können. Im Grunde war das
alles ja schon in Birkenwerder ... nichts weiter. Und
damit Schluß davon.

An Fega Frisch

Ludwigshöhe, 12. Juli 1906

Nach der See hatte ich anfangs direkt Heimweh. Ich
glaube, ich könnte mich der Nordsee verloben und dann
ganz ein Seitenstück zur Frau vom Meer werden.

Jetzt indessen ergreife ich mit Vergnügen das Nähe-
re und freue mich wie ein Kind auf die neuen Eindrücke.

München war mir diesmal besonders lieb, obwohl
ich nur etwa dreimal dort war. Es tut einem so wohl nach
Berlin mit seinen malerischen Straßen, seinen niedrige-
ren proportionierteren Häusern; jeden Augenblick
erfreut einen irgend etwas, was entweder durchs Alter
schön geworden oder vom hier immer wachen natürli-
chen Kunstsinn zeugt: gerade jetzt dekorieren sie hier
zum Schützenfest in einer vorbildlichen Weise. Jede
Straße hat ihren eigenen Künstler und die ganze Stadt ist
schaffend und gaffend mit am Werk. Es ist sehr schade,
daß unser Kreis nicht nach München übersiedeln kann:
dieser dumme preußische Ernst, so nützlich auch im
einzelnen, läßt sich leicht mal auf eine Zeit lang entbeh-
ren [...]

Mir kommt soeben ein Einfall: Man müßte einmal
versuchen, sein Urteil über eine Reihe großer Schriftstel-
ler in Form von kunstvoll gebrauten Likören niederzule-
gen. »Sie wollen mein Urteil über Maupassant? Bitte,
genehmigen Sie diesen Korn.« Usw. Vielleicht entwirfst
Du derweil in Bad Elster einige Rezepte.

An Fega Frisch

Tirol, 20. Juli 1906

Ich schicke Dir absichtlich diese konventionelle Karte,
da Du mich hier an einen Ort empfohlen hast, in dem ich
sofort zwischen eine mehrstündige Drehorgel und eine
Table d'hôte-Sängerin eingeklemmt worden bin. Es
leben die »einsamen Täler Tirols«. Morgen Längenfeld.

An Fega Frisch

Längenfeld, 24. Juli 1906

Die Ansichtskarte von Längenfeld soll beifolgen – ich
bin sie Dir sozusagen schuldig. Euer Längenfeld ist also
wirklich sehr, sehr hübsch, das Schönste daran wohl der
Blick auf die grüne Talbreite talabwärts. Da kann einem
das Herz aufgehen – wenn sichs vorher voll Groll über
das ewige Wirts- und Table d'hôtes-Gewinsel verschlos-
sen und verstockt hat. Heute will ichs noch anheimge-
ben, ob ich hier länger bleibe oder was ganz Unvermute-
tes aushecke.

Meine Reise war bisher voll von Erlebenswertem,
ob auch nicht gerade jenes »Wunderbaren«, als welches
ich allein eine wahrhaftige Liebe bezeichnen möchte.

Ganz besonders lieb war mir diesmal München, als
dessen Sohn ich mich nun einmal ganz fühle, – Ihr mögt
mir den Norddeutschen vorhalten, soviel Ihr wollt.

Längenfeld

Tag der Ankunft Giorno dell' arrivo *Day of the arrwal* Jour de l' arrivée 1.	Vor- und Zuname, Charakter oder Beschäftigung Nome e Cognome, Carattere *Name and Sur=name, Profession* Nome et prénom, Caractère 2.	Gewöhnlicher Wohnort Domicilio ordinario *Place residence of ordinary* Domicile ordinaire 3.
19. VII.	Christian Morgenstern	Berlin
20 – 22. 7.	Fr. v. Ammon nebst Frau und Tochter	Berlin
20. 7. 06	W. A. Deissy m. Frau	Brandenburg. London
21. 7. 06	Max Fraedrich	Lichtenberg / Berlin
	Aug. Brandt - Frau	Hamburg
21. 7. 06	Jos. Lamprecht	Fürth i. Bayr.
16. 7. -	G. Abius	

Gasthof Zum Hirschen, Längenfeld und Eintrag ins Gästebuch Zum Hirschen

Längenfeld

Junges Mädchen in den Bergen

Die Nebel hangen tief ins Tal herein ...
»Ich weiß nicht, was ich bin und was ich soll ...
Ich bin so jungen, drängenden Lebens voll ...
O Leben, komm, ich will dein eigen sein.

O Leben, Leben, laß mich nicht allein!
Dies Herz hier ist bereit zu jeder Last:
Gib mir das Schicksal, das du für mich hast!«
Die Nebel hangen tief ins Tal herein ...

Längenfeld, 25. Juli 1906; *Einkehr* (1910)

145

Das Kornfeld

Mit hunderttausend Ähren wogt das Feld.
Und wenn nun jede dieser Ähren – dächte,
wenn – Geist dies Feld sich zum Bewußtsein brächte,
so hättest du ein Bild der Menschenwelt.

Ergründe: Wenn es plötzlich denkend stände, –
beseelt nicht nur, begeistigt allzugleich,
kein dumpf Gefühlsreich nur, – ein Geisterreich!
Wenn Gott Sich selbst in diesem Felde fände!

Längenfeld, Juli 1906; *Mensch Wanderer* (1927)

Auf einem verfallenen Kirchhof

Was gehst du, armer bleicher Kopf, mich an –
Es ist kein Grund, um Lebensform zu trauern.
Den Gott wird über seine Tiefe schauern,
doch – reut ein Meer die Welle, die zerrann? …

Ich will dir eine kleine Krone malen,
mein Bruder Tor, um deine kahle Stirn:
Auch du in Lebensnot und Todesqualen
warst Gottes Aug', wie ich, und Gottes Hirn.

Längenfeld, Juli 1906; *Einkehr* (1910)

Obergurgl. Rechts neben der Kirche der Gasthof Edelweiß

An Friedrich Kayssler

Obergurgl, 10. August 1906

Ich bin seit 5. August in Obergurgl, 1927 m über dem Meere. Herrliche Luft, prächtige Landschaft, das Übrige so, daß man nicht unzufrieden zu sein braucht. In Längenfeld wurde mirs nachgerade zu heiß, auch war ich mit halb Innsbruck bekannt geworden und Du kannst Dir denken, wie ich bei meiner Hilflosigkeit dem Bürger zum Opfer fiel. Überhaupt der Mensch, sogar man selbst! Ist der Satz Nietzsches, daß er überwunden werden muß, wirklich so unverständlich? Du richtest also jetzt wohl ein und Lene – ist sie schon in Wien? Schreib mir doch ihre Adresse. Wenns einmal sehr gut geht, hol ich ihr vom Gaisbergferner Edelweiß oder vom Granatenkogel Granaten. Inzwischen bin ich fleißig über den Gespenstern.

An Friedrich Kayssler

Obergurgl, 26. August 1906

Mein Exil könnte härter sein in vieler Hinsicht. Und man ist schließlich immer im Exil. Im Exil und doch eins mit allem.

146

Der Schalfgletscher im Oetztal

Im Hochgebirge

Die Menschen klein, den Menschen groß
vom Felsen hoch zu sehn, so lieb' ich's mir:
Das sprießt und wimmelt aus der Erde Schoß –
und mächtig ringt das Ich sich aus dem Wir.

Obergurgl, 10./12. August 1906; *Einkehr* (1910)

Versuchung

Ich stand an einem Abgrund still
und sah hinab und sprach mich an: –
Hinab, Unsterblicher, wohlan!
Es kostet dich nur ein »Ich will«.

Gott schläft hier ein, Gott wacht dort auf,
so sprachst du selbst. Wohlan! schlaf ein!
Nicht einen Nu erlischt dein Sein,
denn Form nur gibst du in den Kauf …

– Mein Tagwerk ist noch nicht vollbracht.
Wer an der Schale sich vergreift,
bevor sie ihren Kern gereift, –
er schläft zu früh ein – und erwacht –
zu spät.

Oetztal, Juli/August 1906; *Einkehr* (1910)

147

Obergurgl

Mattenwanderung

Glaube mir, du kleine Blume,
die mein Fuß zertritt, –
deiner Holdheit Martertume
folg ich schmerzlich mit.

Könnt ich schreiten wie die Engel,
sollten alle Blütenstengel
meiner Sohlen Zärte preisen; –
doch aus solchem Schuh voll Eisen
will kein leichter Schritt.

Oetztal, 10./12. August 1906; *Mensch Wanderer* (1927)

Mittag

Tage gibt es, da des Mittags Bläue
übermild um braune Berge zittert
und in unaussprechlich linder Läue
sie wie Himmelsliebesrausch umwittert.

Ja, wie Liebe bricht es aus den Räumen,
und nur noch aus Frauenaugensternen
kannst du dies aus fast zu seligen Träumen
hergesunkene Gottesleuchten lernen.

Obergurgl, 14./28. August 1906; *Einkehr* (1910)

Meran 1906–1911

1907 Tenigerbad
1908 Bad Dreikirchen
1910/11 Sizilien

Anfang September 1906 fand Christian Morgenstern wieder ein Zuhause: Meran, Villa Kirchlechner, Elisabethstraße 129. Dort blieb er zunächst bis zum Mai 1907 und kehrte in den folgenden vier Jahren immer wieder dorthin zurück. »Bei all dem Herumzigeunern« suchte er doch »wenigstens *einen* festen Punkt«. Während der Weltkurort Meran im März 1907 den zehntausendsten Kurgast der Saison begrüßen konnte, waren Morgensterns Monate einsam. Außer mit dem Vetter seines Vaters, dem Maler Constantin Bauer, der im nahen Schloß Rundegg wohnte, und dem Lübecker Maler und Architekten Heinrich Fricke, den er in Meran kennenlernte, hatte er kaum Kontakt. Der Vergleich seines Zimmers mit einem »gemütlichen Vogelkäfig [...], in dem ich hause und singe«, paßte auch in dieser Hinsicht. Ausflüge mit Freunden, wie im April 1907 an den Gardasee (*San ***, S. 160), blieben die Ausnahme. In solcher Zurückgezogenheit verstärkte sich sein mystisches Empfinden bis hin zu einem »geistigen Schwindelgefühl«, in dem die Begriffe »oben« und »unten« ihm verlorengingen.

Ende Mai reiste Morgenstern in die Schweiz, wie schon 1901 zuerst an den Vierwaldstätter See nach Kastanienbaum, dann hoch ins Engelbergtal nach Wolfenschiessen; diesmal gemeinsam mit Karl Friedrich Freska, den er in San Vigilio am Gardasee kennengelernt hatte und mit dem er bis in den Juli hinein an der Übersetzung von Goldonis *La bottega del caffé/Das Kaffeehaus* arbeitete. Christian Morgenstern, der daneben für Reinhardt noch *Brand* überarbeitete, erwartete einen Erfolg des Stückes auf deutschen Bühnen und die damit verbundenen Übersetzer-Tantiemen, plante gar eine eigene deutsche Goldoni-Ausgabe mit »sechs bis zehn der wirksamsten Bühnenstücke«, doch schon bald wurden seine Erwartungen enttäuscht.

Ab Mitte Juli hielt Morgenstern sich dann allein und in schwermütiger »Einsiedlerstimmung« in Tenigerbad im Somvixtal auf (*Einsiedelwunsch*, S. 162). Auch hier erlebte er jenes sonderbare mystische *Raumschwindelgefühl* (S. 163). Nach einigen Tagen Aufenthalt in Zürich traf er im September wieder in Meran ein und verbrachte dort den Winter.

In den Meraner Wintermonaten nahm – nach eineinhalb Jahrzehnten des Schweigens – ganz unerwartet Carl Ernst Morgenstern Kontakt mit seinem Sohn auf, und es entwickelte sich ein mühseliger, für den letzteren zeitweise lähmenden Briefwechsel: »Das sind üble Tage«, schrieb er im Februar an Kayssler und im April dann: »Ja, denke Dir also, mit zuhause ist es nun vorderhand wieder aus.« Der Streitpunkt war nun durch Fragen der Erbregelung verschärft, im Grunde aber derselbe geblieben, und auch Christian Morgensterns Haltung dazu hatte sich nicht geändert: »Es wäre gänzlich unwürdig von mir, wenn ich in den Beziehungen zu meiner früheren Pflegemutter heute noch irgendwelche Änderungen eintreten lassen wollte.« Elisabeth Morgenstern, Carl Ernsts dritte Frau und Christians zweite Stiefmutter, reagierte in der Sache verbissen und zuweilen hysterisch, und im Laufe des Briefwechsels erfuhr Christian Morgenstern, daß diese Hysterie krankhaft war.

Mitte Mai machte er sich auf den Weg nach Schlesien zu seinem Vater und dessen Frau. Zum ersten Mal seit fast zwei Jahren kam er wieder nach Deutschland. Seine erste Station waren Landshoffs in München. Dort erreichte ihn nach einigen Tagen die Nachricht von einem schweren Anfall Elisabeths: »Mein Vater schreibt, ich solle hier in M. bleiben, aber ich habe nun keine Ruhe mehr, möchte mehr in seiner Nähe sein, komme daher morgen (Sonntag) mit dem Nachtzug nach Berlin (Ankunft Montag morgens).« In Berlin aber holte ihn die Krankheit ein. Ende Juni mußte er – wie schon 1900 – das Sanatorium Schlachtensee aufsuchen, das sich inzwischen durch einen Neubau hatte erweitern können. Morgenstern begann, die Lehren Buddhas zu studieren, und beschloß,

sein Leben geradezu mönchisch einzurichten, sich über »die äußere Technik zur Hervorbringung kontemplativer Zustände« zu unterrichten, und sich »private Ordensregeln« aufzustellen.

»Ich hatte mich im Hochgebirg verstiegen«, begann Morgenstern 1911 im Rückblick das Gedicht *An den Andern* (S. 194), um in der zweiten Strophe fortzufahren: »Da traf ich Dich, in ärgster Not, den Andern.« Diesen »Andern« traf er im August 1908: Nachdem er Schlachtensee hatte verlassen dürfen, wählte Morgenstern zur weiteren Kur ein Heilbad in Südtirol, im Eisacktal am Ostabhang des 2260 m hohen Rittner Horns gelegen, 1861 eröffnet, von drei Quellen gespeist und durch das Wahrzeichen dreier Kirchen ausgezeichnet: Bad Dreikirchen. Dort begegnete er der neunundzwanzigjährigen Margareta Gosebruch von Liechtenstern (1879–1968), die gemeinsam mit ihrer Freundin Leontine von Hippius einige Tage nach Morgenstern im Hotel Dreikirchen ankam. Einen Monat lang hatten sie Zeit, um sich kennenzulernen: Morgenstern ließ Papierdrachen steigen, Margareta Gosebruch spielte Klavier, sie zelebrierten zusammen Zigeuner-Picknicks im Wald, saßen abends über Schachpartien und sprachen über Goethe und Tolstoi. Ein Höhe- und Abschlußpunkt war der 31. August: Von Dreikirchen stiegen Morgenstern und die beiden Freundinnen zur Brennerbahnstation Waidbruck hinab, nahmen den Zug zur Mendel und stiegen am 31. August von dort aus hinauf auf den Penegal. Nachdem er in Bozen von den Damen Abschied genommen hatte, war Morgenstern am Abend wieder allein in Meran. Drei Gedichte verdanken ihr Entstehen den

Erinnerungen an dieses Erlebnis: *Ein einund-dreißigster August* (S. 172), *Die Dritte erzählt* (S. 178) und *Überetsch* (S. 179).

»Der alte, oft erprobte Fluch: Mein Typus Weib bleibt mir ewig verborgen« (1906), hatte in den Dreikirchener Wochen seine Wirkung verloren. Die dort gefundene Liebe führte in Meran zu einer Periode ungemeiner Schaffens-freude. Morgenstern, schon immer fleißiger Briefeschreiber, überschlug sich nun in seiner Korrespondenz mit Margareta und dichtete fast ohne Pause. »Vierzehn mal vierzehn Sonette« nahm er sich »unter anderem« vor und »Römi-sche Dithyramben – welthistorische Gesänge ganz großen Stils« –; er ließ seine alten und immer noch großen Romanpläne wiederaufle-ben und schrieb neben anderen Tiroler Natur- und Landschaftsgedichten nicht nur *Meraner Nachtliedchen* (S. 180), sondern auch – beid-händig aus dem Vollen schöpfend – Meraner Galgenlieder wie *Die Fledermaus* (S. 174) und *Der Schnupfen* (S. 175). Das alles geschah in nur sechs Wochen.

Mitte Oktober reiste Morgenstern über-stürzt nach Freiburg, denn Margareta lag dort im Krankenhaus. Der lungenkranke und mittel-lose, inzwischen siebenunddreißigjährige Dich-ter, dessen größter Erfolg seine ›unseriösen‹ *Galgenlieder* waren, die gerade 1908 ihre dritte Auflage erreicht hatten, traf in Freiburg auf einen Leutnant und auf eine Generalswitwe, Margaretas Bruder und ihre Mutter, die ihn nach wenigen Tagen zum Verlassen der Stadt veranlaßten. Morgenstern reiste weiter zum alten Freund und Galgenbruder Beblo nach Straßburg, um dort nicht allzu fern von Marga-reta erst einmal abzuwarten. In den beiden Wochen dort entstanden die ersten Entwürfe

für *Klaus Burrmann, der Tierweltphotograph*, ein Kinderbuch mit Gedichten Morgensterns und Illustrationen Beblos dazu (*Der Vogel Strauß*, S. 187). Dann fuhr Morgenstern weiter nach Berlin, in die Stadt Kayßlers und Cassi-rers, die Stadt, in die noch im November auch Margareta kam.

Im Berliner Januar 1909 fand nun auch die zweite der beiden Begegnungen statt, die sein Leben fortan entscheidend veränderten. Mor-genstern hörte im Architektenhaus-Saal einen Vortrag Rudolf Steiners (1861–1925) über Tol-stoi und Carnegie, den ersten von sieben Vor-trägen, die er dann alle besuchte. Als Steiner für den April einen Zyklus in Düsseldorf ankün-digte, der, anders als jener öffentliche in Berlin, nur Mitgliedern der *Theosophischen Gesell-schaft* vorbehalten sein sollte, bat Morgenstern ihn brieflich, auch als Nichtmitglied daran teil-nehmen zu dürfen. Steiner, von 1902 bis 1903 Generalsekretär der deutschen Sektion der *Theosophischen Gesellschaft* und nach seiner Trennung davon Begründer der *Anthroposophi-schen Gesellschaft*, stimmte zu, und so konnte Margareta, die schon Mitglied war, von ihrem Verlobten begleitet werden. Gemeinsam hörten sie: *Geistige Hierarchien und ihre Widerspiege-lung in der physischen Welt*. Nach diesem Zyklus trat auch Morgenstern bei und erhielt die Mitgliedsnummer 1314. Von Düsseldorf aus folgte er Steiner noch nach Koblenz und kehrte Ende April dann nach Berlin zurück.

Dem Wunsch, auch die folgenden Vor-tragszyklen zu besuchen, stand ein Hindernis entgegen, dessen Morgenstern sich schon in Düsseldorf bewußt geworden war: »Weiß nicht, ob pekuniär möglich.« Denn auf dem Programm des Jahres 1909 standen neben anderen die Vorträge in Kristiania und der Theosophenkongreß in Budapest. Bruno Cassirer half und richtete seinem Galgenliederdichter einen Reisefonds ein. Am 7. Mai konnte dieser von Berlin nach Kristiania zum Zyklus *Die Apokalypse des Johannes* aufbrechen, am 25. Mai war er zurück in Berlin, am 29. in Budapest zum internationalen Kongreß aller theosophischen Sektionen. Erst als ihm telegraphisch Geld angewiesen worden war, konnte Morgenstern am 16. Juni Budapest wieder verlassen, um direkt nach Kassel zu reisen, wo Steiner am 24. den Zyklus *Das Johannesevangelium* eröffnete.

Im Juli folgten dann einige Wochen der Ruhe. Morgenstern zog sich gemeinsam mit Margareta in den Schwarzwald nach Kniebis zurück. Im August konnte er endlich, nachdem ihn 1908 die Krankheit daran gehindert hatte, einer Einladung des Vaters folgen. In Wolfshau im Riesengebirge besuchte er ihn. Die zu befürchtenden Auseinandersetzungen vor allem mit der Stiefmutter blieben aus, erleichtert konnte Morgenstern berichten: »Hier ist bis jetzt alles sehr glücklich gegangen [...] Von allem Wichtigen nur erst flüchtig gesprochen. Vegetarismus acceptiert. Die Landschaft ist wundervoll.«

Ende August hörte er erneut Vorträge Steiners in München: *Der Orient im Lichte des Okzidents*, und am 10. September reisten beide, Margareta und Morgenstern, aus München ab: sie nach Basel zu weiteren Vorträgen Steiners, er mit schwerer Bronchitis auf direktem Wege nach Meran. In der Villa Kirchlechner blieb Morgenstern nun bis zum Mai 1910 zuhause und erlebte dort das Erscheinen der Sammlung *Einkehr*.

Obwohl Christian Morgenstern 1909 sehr viel gereist war, hatten diese Reisen als solche kaum einen literarischen Niederschlag gefunden. Keine Natur- oder Landschaftsgedichte waren mehr entstanden, keine Prosabilder besuchter Orte. In den Mittelpunkt auch des schöpferischen Interesses war der innere Weg in die Theosophie/Anthroposophie gerückt. Die Reisen und Ortswechsel, die bis zu seinem Tod 1914 sich abzulösen nicht aufhören sollten, lassen sich darum fast nur noch durch Briefe dokumentieren. Das »Wandern« war nun ganz Metapher, bezogen auf den metaphorischen »Pfad« der Anthroposophie (*Die zur Wahrheit wandern*, S. 192), und das »Ziel« galt es dort zu erreichen (*Wer vom Ziel nicht weiß*, S. 192). Auf diesem Pfad schloß Morgenstern sich vorbehaltlos dem »Menschheitsführer« Rudolf Steiner an: »Ad Steiner. Gleich in medias res. Ich war sozusagen bis vier Uhr morgens gegangen und glaubte kaum noch, daß es nun noch wesentlich heller für mich werden könnte. Ich sah überall das Licht Gottes hervordringen, aber ... Da zeigen Sie mir mit einem Male und gerade im rechten letzten Augenblick ein fünf Uhr, sechs Uhr, sieben Uhr – einen neuen Tag.« Drei Jahre später entwarf Morgenstern ein Schreiben an das Stockholmer Nobelpreiskomitee: »Der Mann, auf den ich in aller Bescheidenheit Ihren Sinn richten zu können wünsche, ist Dr. Rudolf Steiner, der Inaugurator der gegenwärtigen theosophischen-anthroposophischen Bewegung in Mitteleuropa. Für den, welcher diese Bewegung seit Jahren aus eigenster Erfahrung kennt, entspricht Dr. Rudolf Steiner in dreifacher Beziehung den Bedingungen der Nobelpreisstiftung: als Wissenschaftler, als Dichter und als Förderer des Friedens.« Beim Entwurf blieb es indes. Worunter Morgenstern litt, war die Erkenntnis, daß ihm auf dem anthroposophischen Pfad die alten Freunde nicht folgten. Gerade mit Kayssler, dem engsten unter ihnen, kam es zeitweise zu Spannungen, als dieser sich gegen das »Predigen« wehrte.

Am 7. März 1910 wurden in der Meraner Villa Kirchlechner Margareta Freiin Gosebruch von Liechtenstern und Christian Morgenstern kirchlich und standesamtlich getraut. Nicht nur Margaretas Mutter, sondern auch Morgensterns Vater, der schon die Heiratspläne 1909 mit den Worten »ich bedaure geradezu Deine Verirrung« kommentiert hatte, blieben der Trauung fern. An Kaysslers, die ebenfalls nicht hatten kommen können, schrieben sowohl Margareta als auch Christian Morgenstern einen Brief, in dem sie die Trauung beschrieben. Margareta fügte dem ihren hinzu: »Ausgewesen ist Christian noch immer nicht, nur auf dem Balkon ab und zu – aber es geht ihm sonst recht gut.« Das Zusammenleben des Paares entwickelte sich zu einer engen Zusammenarbeit. Sie studierten nicht nur gemeinsam anthroposophische Schriften, sondern Morgenstern ließ seine Frau auch an seiner literarischen Arbeit teilhaben, so in Meran 1910 an der Übersetzung von Knut Hamsums *Livet spil / Spiel des Lebens* für Langen in München, und 1911 in Arosa: Zum Erscheinen einer Auswahl aus den frühen Sammlungen *Auf vielen Wegen* (1897) und *Ich und die Welt* (1898) erklärte Morgenstern, daß »das neue ›Auf vielen Wegen‹ sein Bestes der weise und mit unfehlbarem Takt mitordnenden Hand Margaretchens« verdanke.

In der Meraner Zeit schon war Morgenstern ganz auf die Fürsorge seiner Frau angewiesen. An das wechselnde Auf und Ab seines Gesundheitszustandes war man gewöhnt, doch nun war er bedenklicher als sonst. Margareta wurde von ärztlicher Seite darauf vorbereitet, daß ihr Mann möglicherweise nur noch wenige Monate zu leben habe. Den Juni 1910 verbrachten sie zunächst einmal im Kurhaus Dr. von Guggenberg im nahen Brixen, wo Morgenstern wieder so weit auf die Beine kam, daß sie im Juli das 2800 m hoch gelegene Berghotel Dürrenstein in den Dolomiten aufsuchen konnten. Dort oben traf ihn ein schwerer Rückschlag. Erst Ende August war er in der Lage, das Hotel zu verlassen. Und doch waren Morgensterns im September wieder in Berlin und nahmen an einem Steiner-Zyklus teil, fuhren bald weiter nach München, besuchten Freunde und machten sich am 22. Oktober von dort aus auf den Weg nach Genua, um sich nach Sizilien einzuschiffen.

Am 31. Oktober trafen sie in Palermo ein. Margareta konnte nach Deutschland berichten: »Über Christian bin ich baß erstaunt. Er ist unglaublich unternehmungslustig und dabei ganz munter und fidel, sogar trotz des etwas erschlaffenden Scirocco.« Am 13. November erreichten sie dann ihr endgültiges Reiseziel, das an der Ostseite der Insel, nördlich des Ätna gelegene Taormina. Morgenstern war entschlossen, dort die Arbeit an seinem Roman endlich entscheidend voranzubringen, doch nach acht Tagen warf ihn die Krankheit um und fesselte ihn vier Monate lang ans Bett: »Ich beginne, Heine um seine Matratzengruft zu beneiden. Es ist grotesk, von einem schönen Ort zum andern zu fahren und sich an jedem nach 8 Tagen ins Bett zu legen, statt resolut einen zu wählen und dort ein für allemal im Bett zu bleiben.« An Stelle des Romans kamen sechs neue humoristisch-satirische Oden zustande, die in der dritten Auflage des *Horatius travesti-*

153

tus (1911) erscheinen sollten. Im März 1911 traten Morgensterns – »Hals über Kopf einen relativen Stillstand der Krankheit ausnutzend« – den Rückzug nach Norden an. Nach einem dreiwöchigen Zwischenaufenthalt im Krankenhaus der deutschen Botschaft in Rom erreichten sie schließlich das 1800 m über dem Meer liegende Arosa.

Neben der wichtigsten Briefempfängerin dieser Jahre, Margareta, erhielten auch die alten Freunde Friedrich und Helene Kayssler und Efraim und Fega Frisch Briefe von Morgenstern; ebenso schrieb er an seine Stiefmutter Amalie und an Rudolf Steiner.

Meran. In der Mitte mit dem weißen Giebel die Villa Kirchlechner

An Friedrich Kayssler

Obermais, 14. September 1906

... In diesem Häuschen bewohne ich nämlich die Giebelstube, ein sauberes kleines Zimmer mit rebenbewachsenem Balkon, Blick ins Grüne, auf ein paar Landhausdächer und bewaldete Berge. Lage ziemlich auf der Höhe von Obermais, was gute Luft verbürgt und leichten Verkehr mit Meran verstattet. Die Wirtsleute bescheiden, entgegenkommend, angenehm. Kurz, wie ich fast glaube, wieder einmal ein glücklicher Griff in rebus cameralibus. Vor allem aber ist mir Ort und Landschaft bereits sehr sympathisch geworden. Das Wetter scheint eine wundervolle Tendenz zu haben, sich nach jeder Trübung gleich wieder aufzuraffen und seinen heiteren Grundcharakter zu restituieren.

Mein Ofen

Mein Ofen ist ein weißer Bär
mit einem roten Rachen;
wir hören gern – er meine Mär
und ich sein Knisterlachen.

Er kennt mich gut, der schlaue Christ,
als seinen Philosophen;
er meint, daß mir die Sonne ist
auch nichts als wie ein Ofen.

Ein Ofen, der dem Wandelball
sein Dichterleben längert,
ein Eisbär, dessen Schlund das All
mit Feuerodem schwängert.

Meran, November 1907; *Mensch Wanderer* (1927)

155

Dieser Ofen könnte mich veranlassen, zu bleiben. Er ist aus länglichen Kacheln gebaut, die ein von allerzartestem Lila umrahmtes milchweißes Ornament zeigen, und von schönen Verhältnissen. Wenn die Menschen mehr bedächten, wieviel Glück von einem einfachen Gegenstand ausgehen kann, wenn sich nur ein reiner Geschmack in ihm ausdrückt, würden sie unter den einfachsten Bedingungen viel dankbarer gegen ihr Leben sein dürfen. Ich kann nicht sagen, wie mich die ersten Architekturen des Südens (in Bozen) wieder bewegten. Ich glaube, ich werde von hier unaufhaltsam nach Italien hinabsinken – und vielleicht bloß um seiner Bauwerke willen, die mir den Menschen erhöhn, wie der Mensch sich in ihnen erhöht hat.

Meran, 7. September 1906; *Stufen* (1918)

Es wäre vielleicht der richtige Augenblick, ein Tagebuch zu beginnen. Draußen regnet es ununterbrochen seit neun Stunden und bringt mir meine Einsamkeit erdrückend zum Bewußtsein. Heute nachmittag durchfuhr es mich: Wenn ich meine Gedanken und mein Schaffen nicht hätte, wie würde ich dann wohl solch ein Krankenleben ertragen können. Und ich bin krank, wenn ich es auch fortwährend wieder vergesse und mitten in meiner Krankheit Stunden, Tage, Wochen vollkommener Gesundheit durchlebe, Zeiten voll herrlichsten Blühens, in denen der Zerfall in mir gleichsam überblüht, hinweggesiegt wird von einem Frühling, der Herbst und Winter des Leibes nicht anerkennt, der die Ordnung der Natur vergewaltigt und als unüberwindliche, immer wieder auferstehende Lebenskraft mich über mich selbst hinwegretten zu wollen scheint. Aber dann kommt ein Spätnachmittag mit seiner gefährlichen Muße, dann kommt ein nasser, trübseliger Tag wie dieser, und mit dem Vergessen dessen, »was ist«, ist es vorbei. Ich sehe ihn vor mir, meinen treusten Begleiter und Verfolger, den seltsamsten Kauz der Welt.

Seine Beschäftigung besteht seit zehn, seit vierzehn Jahren darin, mich mit einer feinen Federpose in der Luftröhre zu reizen, gleich als wünschte er auf Erden nichts, als immer von neuem Stunde um Stunde, Tag um Tag, Jahr um Jahr meine Stimme zu hören, lediglich die

Stimme, unartikuliert, tierisch, ohne Form, ohne Inhalt, wie er denn wohl auch selbst nur ein tierischer Geist sein mag, ein Gespenst ohne Hirn, nichts als fixe Idee von oben bis unten und ich sein einziges Ziel, sein einziger Lebenszweck. Es berührt mich eigentümlich, wenn meine Freunde künftige Pläne vor mir ausbreiten. Die einen denken sich ein kleines Haus für mich aus in ihrer Nachbarschaft, die andern wollen mich weiß Gott wohin haben. Vielleicht, vielleicht. Aber ich gebe mir höchstens noch zehn Jahre. Und diese zehn Jahre haben ihre Bestimmung, und die ist kaum: Nachbar zu werden und Besuchsreisen zu machen. Am meisten schmerzt mich, was ich von dichterischen Möglichkeiten alles fallen lassen muß. Zum Drama werde ich nie gelangen, ich habe von Natur nicht das Zeug dazu, und mich aufs Drama hinzudisziplinieren, dazu fehlt, wie gesagt, Zeit und dann auch Energie. Mein Widerwille nämlich gegen richtiges, zusammenhängendes »Schreiben« ist allzu groß. Daran wird auch mein Roman scheitern. Ich bin Gelegenheitsdichter und nichts weiter.

Meran, 14. Oktober 1906; *Stufen* (1918)

*Den Kelch der Ewigkeit am Munde,
was sorgst du der verlornen Stunde!
Empfandest du nur ein einzig Mal: Ich Bin; –
so gibst du stumm wohl auch ein Leben hin.*

Meran, September/Oktober 1906; *Einkehr* (1910)

Das Perlhuhn

*Das Perlhuhn zählt: Eins, zwei, drei, vier ...
Was zählt es wohl, das gute Tier,
dort unter den dunklen Erlen?*

*Es zählt, von Wissensdrang gejückt:
(die es sowohl wie uns entzückt)
die Anzahl seiner Perlen.*

Meran, Oktober/November 1906; *Palmström* (1910)

Februarmorgen

Bleiche Morgenhelle,
drin der Vogel singt,
deren Frühlingswelle
Land der Nacht verschlingt –

Früh' um Frühe eher
weckt dein Lerchenschlag,
und der Spätaufsteher
tritt in lichten Tag.

Einkehr (1910)

Abenddämmerung

Wie lang nun schon die Dämmrung wieder
die großen Augen offen hält!
Ich fühle fast die schweren Lider,
die halber Schlummer schon befällt –
und doch, trotz allem Drosselschlag,
noch nicht zum Sinken bringen mag.

Du zagst, den Leuchter zu entzünden,
und wartest, großgeäugt, auch du,
und starrst, wie sie, den bleichen Gründen,
darin ein Weltall schlummert, zu,
darin Besonnte mit Besonnern
in noch verborgnem Taumel donnern.

Doch bald ergrünt ein Stern im Hellen,
und langsam lischt ihr Wachen hin ...
Und hunderttausend Früchte schwellen
zu Häupten einer Träumerin:
als hätte sie ihr Blick gereift –
die Fülle, die kein Maß begreift.

Meran, 14. Februar 1907; Einkehr (1910)

Einem Berge

Du, Berg, bist gut. Auf deinen Matten ruht
das Auge gern und gern auf deinem Wald;
du bist nicht hoch noch stattlich von Gestalt,
doch macht dein sanfter Reiz dem Träumer Mut.

Die Sonne liegt auf deiner breiten Brust
den langen Tag; du gibst sie uns zurück;
und über deinem gütevollen Glück
entläßt das Herz die letzte böse Lust.

Meran, September/Oktober 1906; Einkehr (1910)

An eine Landschaft

Verliere dein Geheimnis nicht vor mir,
ich bitte dich, verbirg mir deine Reize,
und wenn ich sehnlich nach Erkenntnis geize,
so schweige sphinxhaft meiner Wißbegier.

Erkennen heißt, ich hab' es längst erkannt,
die Welt in seine armen Grenzen pferchen;
du lehre mich aus deinen hundert Lerchen,
daß deine Schönheit kein Verstand umspannt.

Meran, März/April 1907; Einkehr (1910)

Siehe, auch ich – lebe

Also ihr lebt noch, alle, alle, ihr,
Am Bach ihr Weiden und am Hang ihr Birken,
und fangt von neuem an, euch auszuwirken,
und wart so lange nur Schlummernde, gleich – mir.

Siehe, du Blume hier, du Vogel dort,
sieh, wie auch ich von neuem mich erhebe ...
Voll innern Jubels treib' ich Wort auf Wort ...
Siehe, auch ich, ich schien nur tot. Ich lebe!

Meran, Mai 1907; Einkehr (1910)

An Friedrich Kayssler

Obermais, 19. März 1907

Also einen Brief willst Du wieder mal von mir haben. Ach, wenn nur nicht so viel Trägheit in mir wäre. Wenn ich nicht produktiv bin, bin ich gar nichts; man sollte denken, dann wäre die richtige Zeit zum Abschreiben oder auch zum Erledigen von Korrespondenz oder zum Studieren, aber nein, dann ist mir alles, was mit Lesen und Schreiben zusammenhängt, so zuwider, daß ich nur zuviel schöne Zeit einfach vertue und dazu noch das Unbehagen habe, diesem fortwährenden Verlust machtlos zusehen zu müssen. Für diese Stunden des Tages gehörte eben Gartenarbeit oder Reiten und am Abend nicht die Notwendigkeit aber die Möglichkeit geistigen Verkehrs. Das Schlimmste ist, daß ich den Vormittag nicht bis drei Uhr ausdehnen kann, aber wo bekommt man denn hier in öffentlichen Anstalten um drei Uhr noch Essen. Die Vormittage erhalten mich am Leben, alles andre außer der Nacht schenke ich her. Wir haben hier seit Wochen fast immer Wind, seit ein paar Tagen wenigstens mit Wärme gepaart. Ich fürchte, es wird plötzlich heiß werden, mit Wind, und dann wird der Staub, die Plage von Meran, mächtig.

Die Korfsche Uhr

*Korf erfindet eine Uhr,
die mit zwei Paar Zeigern kreist
und damit nach vorn nicht nur,
sondern auch nach rückwärts weist.*

*Zeigt sie zwei, – somit auch zehn;
zeigt sie drei, – somit auch neun;
und man braucht nur hinzusehn,
um die Zeit nicht mehr zu scheun.*

*Denn auf dieser Uhr von Korfen,
mit dem janushaften Lauf,
(dazu ward sie so entworfen):
hebt die Zeit sich selber auf.*

Wahrscheinlich München/Meran, September/Dezember 1909; *Palmström* (1910)

Palmströms Uhr

*Palmströms Uhr ist andrer Art,
reagiert mimosisch zart.*

*Wer sie bittet, wird empfangen.
Oft schon ist sie so gegangen,*

*wie man herzlich sie gebeten,
ist zurück- und vorgetreten,*

*eine Stunde, zwei, drei Stunden,
je nachdem sie mitempfunden.*

*Selbst als Uhr, mit ihren Zeiten,
will sie nicht Prinzipien reiten:*

*Zwar ein Werk, wie allerwärts,
doch zugleich ein Werk – mit Herz.*

Davos/Arosa, Oktober/Dezember 1912; *Palmström* (1913)

Christian Morgenstern in Meran, 1907

San Vigilio

An Efraim Frisch

Wolfenschiessen, 10. Juni 1907

... Von Reinhardt wirst Du erfahren haben, daß wir ihm ein italienisches Lustspiel einreichen wollen. Es ist ... ein Goldoni, den ich seit meinem römischen Aufenthalt suchte und den Freksa unabhängig von mir letzten Winter gefunden hat. Wir übersetzen zusammen und hoffen Ende Juni fertig zu sein. Es ist eine glänzende Charakterfarce und für die Kammerspiele um Neujahr oder Fastnacht und dann als »Jux« oder »Robert und Bertram« den Sommer durch vortrefflich zu gebrauchen...

[...] Mit Stuckens verlebte ich ein paar schöne Nachmittage in Meran, wir fuhren von dort nach San Vigilio. Stucken war wie verwandelt, selig wie ein Kind, und bereit, nun den Himmel selbst auf die Erde herabzudichten.

San ***

Dich nenn ich nicht, sonst kommt ein Menschenfreund
und baut dort seinen Hundertfremdenstall,
und Kripp an Krippe frißt dann Roß an Roß
den Lorbeer deiner Schönheit; nein, du Stätte
leisschreitenden Verfalls, ich stoße nicht
an deine Steine, heilige Steine mir,
so heilig wie die Grotten des Catull,
auf denen schon der Jüngling träumend lag
und blausten Wogen Mittagglockenklang
von kühlsten Munden nahm, den irgendwo
ums Kap Manerba Himmelsfreude schuf.
Dich nenn ich nicht. Doch heb ich dich empor,
samt deinem See und Wald und Hügelzug
in goldner Schale, daß die Götter und,
die Göttern ähnlich, liebreich auf dich schaun,
wie auf ein Wein und Brot der Erde, das sie gern
der Erde denken läßt, als eines guten Orts.

Meran, 12. Oktober 1908; *Mensch Wanderer* (1927)

Tenigerbad

An Friedrich Kayssler

Tenigerbad, August 1907

*Nun ladest Du Dir gar noch auch mich auf die Schultern!
Mich, den geborenen Vagabundeur, der ich zwar jeder-
stund die Möglichkeit haben möchte, mit Euch zusammen zu sein, dito die Möglichkeit, über Geld zu verfü-
gen, dem aber im übrigen alles über seine natürliche Diät
hinausgehende »Geld und Gut« vermutlich nur den
Charakter verderben würde. Freksa hat natürlich auch
solche Tollheiten für mich im Kopf. Aber das Beste
bleibt doch immer, wie Nietzsche es nannte, die kleine
Armut. Wer weiß zudem, was aus einem noch wird, was
man vielleicht noch alles wird tun und lassen müssen. Es
ist etwas sehr Schmerzliches, daß meine letzten Gedanken der Mitteilung bei meinen Lebzeiten widerstreben,
sei es an wen es sei. Wenigstens sollte es so sein und
versteht es sich vorläufig auch noch ganz von selbst für
mich. Oder – ich teile sie, wenn alles sich gehörig
gerundet hat, mit – und beschließe mein Leben irgendwo*

*unter Menschen, die mich nicht kennen. Das klingt
beinahe »schnurrig«, aber es ist es wohl nicht mehr und
nicht weniger, als es nun eben dieses sogenannte
»Leben« einmal ist. Es gäbe wohl einen Ausweg: sich
dieser seiner letzten Narrheiten in einem Kunstwerk zu
entäußern. Aber dazu müßte man schon mindestens
einen Baumeister Solness bauen können. – Wenn Dir
dies sonderbar oder töricht vorkommt, so verzeih mir
und vergiß es. Man verwandelt sich ja auch fortwährend.
Aber es war vielleicht doch richtig, irgendeinmal davon
zu reden. –*

*Hier haben wir bis jetzt schon manchen wunder-
vollen Tag gehabt; fast auf allen Bergen liegt dies Jahr
noch Schnee. Ein paar kleine Aufstiege lehrten mich
wieder, daß man das Alpenhotel durch die auf sechs
Wochen gemietete Sennhütte (so wie die Norweger es
machen) überwinden muß. Dort, auf den Matten, auf
halber Höhe zwischen dem Tal und den Bergen, fängt
der wahre Reiz des Gebirges erst an. Genau dasselbe
empfand ich voriges Jahr 150 m über Längenfeld vor*

einem einsamen Bauernhof, in dem sogar ein paar Zimmer zu haben wären. Aber man müßte erst zwei Leute hinaufschicken, einen Putzer und einen Schreiner, sie bewohnbar zu machen. Und dann die Essens- und Verproviantierungsfrage. – Letzten Endes beruht die scheinbare Unmöglichkeit so manche gesunde Idee zu realisieren, nicht so sehr auf Mangel an Mitteln, als vielmehr auf Mangel an Energie, für die einfache Praxis des Lebens. Und ich sehe, indem ich dies schreibe, ein großes »Weltinstitut« vor mir – eine erweiterte Messenger-boys-Gesellschaft –, die all dergleichen für einen in die Hand nimmt. Man zahlt der Filiale in Chur 1907 hundert Mark Gebühren und bekommt 1908 seine Sennhütte und alles, was dazugehört, gegen eine Monatspension von so und so viel. –

Grüße Du das Meer von mir, dessen Atem ich gern eine Woche lang trinken möchte; die Berge grüßen wieder. Schon freue ich mich wieder auf Obermais, wo ein herrliches Arbeiten losgehen soll, Ende September. Und beherzigt Ihr beiden das, was ich oben gesagt, – oder ist es denn so wolkenkuckucksch?

Seid alle drei von Herzen umarmt!

Dein (Du eifersüchtiger Mensch!)

ganz Deiniger Christian

PS: Ich schicke Dir einen Aufsatz Rilkes über Brügge... Liebste Lene, plaidiere doch mal ein bißchen für Italien. Wir könnten wirklich nächsten Frühling zusammen am Lido verleben!!! Parlo adesso come due Italiani. Goldoni fu un gran esercizio.

Das Somvixertal bei Tenigerbad

Einsiedelwunsch

Eine Hütte und ein Stück Wald
ganz für mich allein, –
und ich glaube, ich würde bald
unter den Menschen vergessen sein.
Eine Hütte und ein Stück Wald
ganz für mich allein.

Eine Hütte und ein Stück Tann
irgendwo am Berg, –
und dann würde vielleicht, ja, dann,
groß mir Leben und Werk.
Eine Hütte und ein Stück Tann
irgendwo am Berg...

Ein Stück Bergwaldeinsamkeit
und eine Hütte darin...
Da vergäß ich wohl bald der Zeit
über dem Sinken in Meinen Sinn...
Ein Stück Bergwaldeinsamkeit
und eine Hütte darin...

Tenigerbad, 12. August 1907; *Mensch Wanderer* (1927)

Teniger bath.

Tenigerbad

Raumschwindelgefühl

Euch engen Berge ein –
Mir zeigt ihr scharfer Saum
nur um so grausiger
den grenzenlosen Raum.

Wie einer Schleuder Kelch
den flugbereiten Stein,
so engt mich des Gebirgs
verwünschter Sattel ein.

Tenigerbad, August 1907; *Einkehr* (1910)

Notschrei

Laß mich, Berg, mich an dich klammern,
werde, Berg, mir nicht zum Hügel,
laß dich, Berg, mein Elend jammern!
Meines Geists entschwerte Flügel

reißen mich aus deinen Toren
in den Raum hinaus – – und zeigen
mir den Ball in grausem Schweigen
im Unendlichen verloren ...

Tenigerbad, August 1907; *Einkehr* (1910)

An Friedrich Kayssler

Tenigerbad, 28. August 1907

Es geht mir eigen mit Beendigungsterminen von Büchern. Soeben bin ich im Wald unten mit der »Geschichte des Materialismus« von Friedrich Albert Lange, einem prächtigen Zweibänder, fertig geworden – und da ich das Datum einschreiben will, ist es Goethes Geburtstag. Ich liebe solche kleinen Zufälle, nachdem ich einmal gemerkt habe, daß sie auch mich lieben.

Übrigens, wer weiß, ob ich nicht in Zürich bleibe um der Stadtbibliothek willen. Ich muß diesen Winter einiges vornehmen, was mir nur eine Bibliothek bieten kann. Und dann: Meran bleibt Österreich und Österreich bleibt Capua. Und ich brauche strenge geistige Luft. –

Morgen packe ich, und Samstag bin ich vermutlich schon in Zürich. Der Aufenthalt hier ist mir gut bekommen.

Die Brand-Bearbeitung liegt schon seit vierzehn Tagen bei Reinhardt, mit dem Goldoni sind wir vermutlich hereingefallen.

Scholastikerproblem

I

*Wieviel Engel sitzen können
auf der Spitze einer Nadel –
wolle dem dein Denken gönnen,
Leser sonder Furcht und Tadel!*

*»Alle!« wirds dein Hirn durchblitzen.
»Denn die Engel sind doch Geister!
Und ein ob auch noch so feister
Geist bedarf schier nichts zum Sitzen.«*

*Ich hingegen stell den Satz auf:
Keiner! – Denn die nie Erspähten
können einzig nehmen Platz auf
geistlichen Lokalitäten.*

Tenigerbad, August 1907; *Palma Kunkel* (1916)

II

*Kann ein Engel Berge steigen?
Nein. Er ist zu leicht dazu.
Menschenfuß und Menschenschuh
bleibt allein dies Können eigen.*

*Lockt ihn dennoch dieser Sport,
muß er wieder sich ver-erden
und ein Menschenfräulein werden
etwa namens Zuckertort.*

*Allerdings bemerkt man immer,
was darin steckt und von wo –
denn ein solches Frauenzimmer
schreitet anders als nur so.*

Meran, 6./8. September 1908; *Palma Kunkel* (1916)

Meran

Als Primaner versuchte ich zum ersten Male zu einer lebendigen Vorstellung dessen zu gelangen, was wir des Alls Unendlichkeit nennen. Ich legte mich nachts auf einen fast horizontal gestellten Klappsessel in den Garten, und bemühte mich, über das rein Bildmäßige des Sternenhimmels hinaus in seine Wirklichkeit einzudringen. Es gelang mir so wohl, daß ich empfand: Jetzt noch eine Sekunde solcher Erdabwesenheit, ein einziger kleiner Schritt weiter und mein Gehirn ist auf immer verloren. Und ich brach das schauerliche Experiment ab. Jetzt, etwa fünfzehn Jahre später, droht mir die gleiche Gefahr am lichten Tage. Es begann an einem stählern blauen Frühlingsabende in einer Gartenanlage in Obermais, mit dem Blick auf die dem Vinschgau vorgelager-ten Ketten. Die Berge formten sich ungefähr wie zu einem Maulwurfshügel zusammen, die Ortschaft, die Gegend um mich verloren ihre Wichtigkeit. Meine Mulde erschien mir nicht bedeutender als der Abdruck eines Daumenballens in einer Wachskugel, und mich trug der riesige doch kleine Planet wie ein Infusorium auf seinem Rücken rund durch den Raum. Ein leichtes geistiges Schwindelgefühl, ein Vorgefühl von Seekrank-heit des Geistes erfaßte mich. Die Begriffe oben und unten gingen in einem dritten unter. Ich saß da nur einfach von Luftdrucksgnaden.

Meran, vermutlich Oktober 1907; *Stufen* (1918)

165

An Kaysslers

Obermais, 30. Dezember 1907

*Lieber Fritz, liebe Lene, lieber Fritze,
habt innigsten Dank für Eure Wünsche und Gaben. Ich
habe natürlich nach Kinderart zuerst nun sechs Tage lang
auf dem Boden gesessen, und mit all den schönen
Spielsachen gespielt, eh ich mich endlich aufraffe, meine
Freude zu Papier zu bringen. Ja, an der Freude hättet Ihr
Euch mitfreuen sollen, als ich am ersten Feiertag morgens (das schadet doch gar nichts!) Eure Riesenschachtel
erhielt und auskramte. Die herrliche Tanne mußte mit
mir das Zimmer teilen, die Fichte den Balkon schmük-
ken. Mit den Reden Buddhas hast Du mal wieder einen
Kernschuß getan; auf die Sagen freu ich mich, so etwa
wie auf die ersten Märztage, hab zunächst nur mal die
Einleitungen gelesen. Den Lagarde hatte ich schon wieder vergessen gehabt, nun schrie ich fast vor Vergnügen!
Die Taschentücher konnten mir gar nicht willkommener
sein und nur die Socken sind um Daumesbreite zu groß!
Wenn das Ibsen hätte schreiben dürfen! Der hatte nämlich wirklich »kleine Füße« und soll zudem so stolz
darauf gewesen sein! Darf ich sie also wohl umtauschen?
Und das fabelhafte Halstuch!! Da muß ich mir extra
Schlittentouren ausdenken. – Ha, jetzt hab ichs: Es sei
zum Rang einer Fahne erhoben und unter dieser Fahne
wollen wir vier irgendeinmal eine Winterwoche im
Hochgebirge verleben, mit Schlittenfahrten und Kamin-
gesprächen! [...]
      Laßt uns alle dies 1908 zu einem festlichen Jahr
machen!*

Die erste Ausgabe des *Palmström* mit der Titelzeichnung Karl Walsers

Palmström

*Palmström steht an einem Teiche
und entfaltet groß ein rotes Taschentuch:
Auf dem Tuch ist eine Eiche
dargestellt, sowie ein Mensch mit einem Buch.*

*Palmström wagt nicht sich hineinzuschneuzen, –
er gehört zu jenen Käuzen,
die oft unvermittelt-nackt
Ehrfurcht vor dem Schönen packt.*

*Zärtlich faltet er zusammen,
was er eben erst entbreitet.
Und kein Fühlender wird ihn verdammen,
weil er ungeschneuzt entschreitet.*

Birkenwerder, Januar/Februar 1906; *Galgenlieder* (1908)

166

Christian Morgenstern im Mai 1908 in Meran, portraitiert von Hermann Völckering

An Fega Frisch

Obermais, 9. Februar 1908

... Ihr müßt mich unglückseligen Briefschreiber nicht noch mehr ins Unrecht setzen, als ich es so wie so schon bin. Ihr Schlimmen! Euch gegenüber darf ich wirklich ein gutes Gewissen haben, in Korrespondenzdingen überhaupt. Im übrigen, ich glaube fast, es wird einmal eine Zeit kommen, da wird sich unsere gegenseitige Liebe und Freundschaft völlig schweigend erproben und erwahren müssen. Ich halte diese Art Reden und Schreiben nicht mehr lange aus. Ich meine damit nicht etwa mit Dir, sondern mit allen Freunden und Fremden. Schreibt der Baum vor meinem Fenster Briefe? Erklärt er seine Blüten noch außerdem? Nein, er folgt nur schweigend seiner innersten Natur und gibt uns gerade so und nur so Glück, Frieden, Beruhigung. Hätte ich nie einen Brief geschrieben, könnte ich mich ganz anders sehen, ungleich einheitlicher. Jetzt sehe ich eine ungeheure Ver-

Zetteltheit um einen festen Kern. Und dies ist auch nur wieder solch ein Zettel. Warum muß mich die Convention noch soweit beherrschen, daß ich nicht einfach mich begnügen konnte zu sagen: Ich habe Euch lieb und: Wir werden herrliche Stunden in Bozen verleben?

An Efraim Frisch
(Nach Florenz)

Obermais, 14. April 1908

Lieber Freund,
hab nochmals Dank für die frohen Tage! Das ist schön, daß Du so gut gelandet bist. Ich kenne das Viertel nicht, aber es dürfte sehr glücklich gewählt sein ...

Ja, »Leute – Leute –« Woher nehmen, Lieber? Ich kenne keinen Hund in Florenz, nur Gemaltes, Gemeißeltes, Geister und Gespenster. Mit Savonarola wirst Du kaum verkehren wollen – aber vielleicht lebt Bruder Heinrich noch. Oder Dein Freund Andrea. Ich selbst? Ich Raffael ohne Arme, nein, vielmehr Hermes ohne Flügelschuhe! – Grüße mir die lieben geliebten Stätten. Küsse irgendwo den Boden für mich.

Und bedecke in Deiner Kammer schöne weiße Papiere mit noch schöneren schwarzen Runen für Dich und Deine Freunde und nicht zuletzt

Deinen getreuen
Chr. M.

Das Sanatorium Berlin-Schlachtensee, in dem Morgenstern den Juni/Juli 1908 verbrachte

An Friedrich Kayssler

Schlachtensee, 14. Juli 1908

Ich suche mir jetzt möglichst Klarheit über den Buddhismus zu verschaffen und lese zu dem Zwecke, nachdem ich die herrlichen Reden Deines Bandes beendigt, das Werk »Buddha etc.« von Hermann Oldenberg; ein in seiner Art klassisches Buch, wohl die beste neuere Monographie über ihn. Du mußt es Dir auch einmal zulegen. Ich unterbrach jetzt um seinetwillen die neueste (aber sicherlich nicht beste) Darstellung der gnostischen Ideen, die Heinrich Schmitt bei Diederichs in zwei umfangreichen Bänden gibt. Immerhin, Du kannst nach den Inhaltsangaben vorgehen und wirst auf eine Fülle von anregenden und unerwarteten Mitteilungen und Zitaten stoßen. Nur trägt eben kein Gelehrter vor, sondern ein Apostel.

Dir werden, wenn Du das gelesen, gewisse meiner Sprüche und Verse, die Dir später zu Gesicht kommen werden, nicht mehr so fremd sein, wie sie es sonst vielleicht sein würden, und mir selbst ist es wie eine Erlösung, mich augenscheinlich (denn ich überblicke noch längst nicht alles, so daß ich zunächst nur von Wahrscheinlichkeit reden kann) im gewissen Sinne hier geschichtlich einordnen zu dürfen. Es nimmt mir dieses Buch auch ab, Dir meine Auffassung Christi darzulegen: etwas, worüber ich nie wirklich reden konnte noch wollte, ja selbst dessen schriftliche und dichterische Fixierung ich mir bei meinen Lebzeiten nicht gut mitgeteilt denken kann. Ach, Lieber, wer seinem Schicksal gewachsen wäre!

Aha! Eben sehe ich durchs Fenster, daß wieder Südwind weht! Kann man diesem Nervenjäger nirgends entfliehen! Aber wenn nicht diesen, so soll es nächsten Winter sicher wieder ins Hochgebirge gehen, in Schnee und Kälte und so viel Wintersport, wie mir nur noch möglich. Vorläufig will ich mir mal ein im Oldenberg oft zitiertes Wort vorschreiben, das über die Praktiken und Techniken der braven Inder Aufschluß gibt: vielleicht wissen sie selbst für moderne Nerven Rat.

168

Bad Dreikirchen

An Friedrich Kayssler

Waidbruck, 31. Juli 1908

Habe vorläufig in Dreikirchen am Ritten, Südtirol, Fuß gefaßt. Dauernd schönes Wetter, reizvolle Lage, hoch am Abhang des Eisack-Tales, gute Pension. Anfänglicher Widerwille gegen Pensionstafel im Weichen. Nur ca. vierundzwanzig Personen. Hoffe langsam wieder hochzukommen, hatte mich recht verloren. Danke Dir täglich neu für Dein Eckermann-Exemplar. Da liegt unser Bestes und nirgends anders. Da lebt und webt unser Erhabener.

Hochsommernacht

Es ist schon etwas, so zu liegen,
im Aug der Allnacht buntem Plan,
so durch den Weltraum hinzufliegen
auf seiner Erde dunklem Kahn!

Die Grillen eifern mit den Quellen,
die murmelnd durch die Matten ziehn;
und droben wandern die Gesellen
in unerhörten Harmonien.

Und neben sich ein Kind zu spüren,
das sich an deine Schulter drängt,
und ihr im Kuß das Haar zu rühren,
das über hundert Sterne hängt ...

Es ist schon etwas, so zu reisen
im Angesicht der Ewigkeit,
auf seinem Wandler hinzukreisen,
so unaussprechlich Eins zu Zweit ...

Bad Dreikirchen, 19. August 1908; *Ich und Du* (1911)

Es ist Nacht,
und mein Herz kommt zu dir,
hält's nicht aus,
hält's nicht aus mehr bei mir.

Legt sich dir auf die Brust,
wie ein Stein,
sinkt hinein,
zu dem deinen hinein.

Dort erst,
dort erst kommt es zur Ruh,
liegt am Grund
seines ewigen Du.

Bad Dreikirchen, 26. August 1908; *Ich und Du* (1911)

Der Morgen war von Dir erfüllt ...
Dein Bild, von Tränen oft verhüllt,
umfloß mich wie ein lichter Schein;
Du warst mein Morgenlicht allein.
Die Sonne schien mir ins Gesicht,
ich sah vor Dir die Sonne nicht,
erblindet lag der Augen Au
von Dir, als meinem Himmelstau.

Bad Dreikirchen, 26. August/3. September 1908; *Ich und Du* (1911)

An Margareta Gosebruch von Liechtenstern
Obermais, 31. August 1908

Geliebtes, geliebtestes Herz,
ich sitze in einem Wirtsgarten am Brunnenplatz als einziger Gast und denke denke denke an Dich und muß Dir das schreiben; denn wenn diese letzten acht oder vierzehn Tage auch nicht die Folge haben werden, die sich die Welt gemeinhin vorstellt, so habe ich Dich doch in diesen Tagen geliebt und fühle Dich seitdem als ein Unentbehrliches und Unausscheidbares mit in mein Leben verwoben. Ich muß Dir das schreiben und ich gebe mir auch selbst die Erlaubnis dazu, denn ich weiß, daß ich trotz alle und alledem kein Leidbringer bin. Ich weiß, daß ich mit meinem Geständnis – das Du doch schon vorher so oftmals in meinen Blicken gelesen (ach, ich fürchtete immer, meine Augen zu sehr in die Deinen zu verlieren, so wie Du es bei den Deinigen fürchtetest) – daß ich eine Verantwortung auf mich lade, – und doch weiß ich zugleich, Du wirst heil und stark aus diesem Wunderlichen hervorgehen, Du wirst nicht Schaden nehmen, an nichts, nicht an Deinem lieben jungen Leibe noch an Deiner lieben jungen Seele, die sich so herb und kühl zu verbergen versteht, und doch einem Menschen wie mir ihre Süßigkeit und Erregbarkeit nicht verhelen kann. Ja, – denn dies hat mich am meisten an Dir gerührt – diese wandellose Güte, mit der Du mir von Anfang an begegnet bist, dieses Verzichten auf alles, womit Frauen sonst quälen können, und womit auch Du, wie ich fühle, quälen kannst. Nicht mir mußt Du von solcher Güte reden: ich habe Deine Liebe manchmal mißbraucht, ich habe Dir manchmal weh getan, nicht aus bösem Willen, aber weil ich nicht so fein, nicht so ganz fühlte wie Du. Glaubst Du, ich hätte es nie gespürt? Ich habe es und bitte Dich um Absolution ...

Muß ich jetzt nach Hause gehen, weil es kühl wird und Deine Fürsorge mich inständig bittet? ...

Darf ich, zu Hause, noch einen Augenblick plaudern? Und sei's nur zum Beweise, daß die heutige Tour mir doch noch etwas Spannkraft gelassen hat?

Eine Weile nach Bozen ergriff mich plötzlich Reue, daß ich nicht in Bozen geblieben war. Meran erschien mir mit einem Male fremd und ohne Beziehung zu Dir. Ich wollte umkehren, um in Bozen zu übernachten.

Der Brunnenplatz in Obermais

Schließlich siegte aber doch Trägheit, Vernunft und dergleichen und nun hätte ich Dich allerdings herbeigewünscht, mit Dir im frischen Abend zu dem unverwüstlich anmutigen Ort emporzufahren ...

Nachts übern Markt

Die Luft ist schwarz und kalt.
Der Löwe pfeilt
den starren Maulstrahl in den finstern Born.

Der Zeder Spalt
durchsticht ein Sternendorn.

Weh dem, der weilt ...

»Obermaiser Brunnenplatz«, »am 29. August 1908 abgeschrieben für Margareta Gosebruch von Liechtenstern als eine Erinnerung an ihren früheren Aufenthalt in Meran und an den in Dreikirchen«; *Einkehr* (1910)

An Friedrich Kayssler

Wundere Dich, bitte, jetzt nicht über eventuelle Brief-faulheit. Ich denke Dein und Euer mehr denn je. Aber ich kann Dir auf Deinen lieben langen Brief noch nicht richtig und ausführlich antworten. Gestern, den letzten Augusttag 1908 war ich auf dem Penegal oberhalb des Mendel-Hotels und sandte Euch von dort eine Karte, die noch von zwei Damen mitgezeichnet war, die ich in Dreikirchen kennen gelernt. Die Welt ist seltsam und tragisch. Aber bei einer Kurmusik, zumal wie der, bei der ich eben sitze, vergißt sich sogar dieser schmerzliche Gemeinplatz halb. Liebt mich nie genug, es ist die einzige Rettung meiner Existenz. – Du glaubst nicht, wie oft und mit welchen Gefühlen ich gerade diesen Sommer in Deinen Gedichten lese.

Euer

M. G. v. L. Ch.

Ein einunddreißigster August

Das war der letzte leuchtende August:
Der Sommer gipfelte in diesem Tage.
Und Glück erklang wie eine Seegrundsage
in den Vinetatiefen unsrer Brust.

Ein leises fernes Läuten kam gegangen –
und welche wollten selbst die Türme sehn,
in denen unsres Glückes Glocken schwangen:
so klar ließ Flut und Himmel sie verstehn.

Der Tag versank. Mit ihm Vinetas Stunde.
Septembrisch ward die Welt, das Herz, das Glück.
Ein Rausch nur wie von Tönen blieb zurück
und schwärmt noch über dem verschwiegnen Grunde.

Meran, 4. September 1909; *Ich und Du* (1911)

An Margareta

(In den vorhergehenden Brief an sie eingelegt)

Endlich bin ich mit den Kleinlichkeiten und der Unord-nung des ersten Tages so weit fertig, daß ich dazu komme, worauf ich mich den ganzen Tag gefreut habe. Aber freilich, als ich erwachte, hatte ich die Hände voll Blumen für Dich: jetzt, gegen halb sieben Uhr abends, mag wieder jener Ausdruck über mir liegen, der Dich gestern bewogen hat, mir schon den Fünf-Uhr-Zug anzuraten: wenn er das einzige war, was Dich dazu bewogen hat. Aber es war nicht das einzige. Viel unwäg-barere Dinge waren dabei noch mit im Spiele, und ich hätte folgen sollen, ohne auch nur zu fragen. Wie fein wird oft in solchen Lagen das Leben, und mit welcher ungewollten Grobheit zerstört dann oft der mißverste-hende Partner ein Gewebe, das nur von Fingerspitzen für Fingerspitzen bestimmt war. Es kamen denn auch später einige Momente, die Dein sicheres Gefühl wider das Quälende allen verzögerten Abschiednehmens nur zu sehr rechtfertigten. Eine gewisse Verlegenheit und Förmlichkeit überfiel Dich noch mehr als mich; und redeten Menschenkinder nur durch Worte, so wären wir wirklich vielleicht nur mit »regem Interesse« für einan-der geschieden. Wirst Du dies alles auch entziffern können? Und mir diese Zettelchen verzeihen, in denen Du Dich daheim fühlen sollst, so lange die Hauslosigkeit währt, die nun über Dich kommt? So daß, wenn sie endet und Dich wieder ein Heim, vielleicht dann Dein eigenes, empfängt, Du meinen kannst, inzwischen irgendwo im Wald gewesen zu sein, im Reich irgend eines einsiedlerischen Waldfürsten, der Dich die Worte seiner Quelle verstehen lehrt und das Singen seiner Vögel und den Tanz seiner Sterne. Vor dem Du schon einmal Dein Haar gelöst hast und nun auch noch Dein Herz lösen sollst, wie als sprächst Du kaum zu einem Men-schen. Oder wirst Du ihn dessen nicht würdigen? Oder aus irgend einer Befangenheit heraus, die unter Dir liegen muß, wenn Du das große Vertrauen zu mir hast, an das ich wie ein Kind zu glauben wage, – nicht würdigen wollen? Du erscheinst mir im Augenblick als der einzige Mensch, der mein Gemüt so weit lockern kann, daß es unmittelbar produktiv für ihn wird, nicht erst auf dem Umwege durch Verse, durch Bücher, durch die Kunst ...

Ich war zwei Stunden unten auf der Kurhausterrasse und ließ mich von der Musik tragen. Wohin? dürfte einer gewissen Abwesenden im Allgemeinen bekannt sein. Ich will Dir gelegentlich erzählen, was so eine Stunde alles in mir auszulösen vermag, wenn das Glück gut ist. Das Glück! Die mir gemäße Art von Glück wollen wir strenger sagen. »Trachte ich denn nach Glück« sagt Nietzsche einmal – »ich trachte nach meinem Werke.« Mein Glück wird unter anderem auch sein, Dich einst glücklich zu sehen, zu wissen und mir selbst vielleicht zuschreiben zu dürfen, in dies Dein Glück einen Unterton gebracht zu haben, der ohne mich ungeweckt geblieben wäre.

Der Heimweg verlängerte sich mir dann noch durch einige Bank-Siestas an der gletscherkühlen Passer, die mir einige Vierzeiler eintrugen ... Will meiner Dreikirchener Tischnachbarin ungeduldige Antipodin sie haben? Ich will ihr zunächst die ersten zwei hinschreiben:

Gemischt aus Freudigkeit und Herzeleid,
so zieh mir hin, Septembertag, Septembernacht,
und webe mir ein wunderherbstlich Kleid
aus Gold und Rot, aus Tod- und Lebenspracht.

und: Wir dachten beide: schreiben,
es sei viel leichter als sprechen.
Nun da wir uns fern sind und bleiben,
möchte das Herz uns brechen. –

2. September

Heute hält mich der Westwind wieder einmal am Kragen. Und so sicher ich gestern und vorgestern war, dies abschicken zu dürfen, so unsicher bin ich heute. Dazu quält mich, nicht zu wissen, wo Sie sich befinden mögen, ob noch in Seis oder schon am Brenner oder gar schon in München. Ginge es lediglich nach meinem kindischen Herzen, so lägen schon längst Blumen an beiden Stationen.

Chérie, mir fehlt bereits Ihr Bild unendlich ... (ich will heute – und vielleicht auch im Allgemeinen in der

Folge – beim »Sie« bleiben, aber Sie wissen, Sie allein, es ist nicht das gewöhnliche Sie. Es ist Sie gesagt, aber Du gefühlt; es ist jenes unsäglich zarte Sie, das in den letzten Tagen dann und wann zwischen uns schwebte, wenn unsere Seelen sich sehr nahe waren).

3. September

Ich sah heute alte Notizbücher durch und fand manches darin, was mich selbst überraschte. Wollen Sie mich ein wenig ermuntern, Abschriften daraus zu machen? Es verkommt sonst manches in vollkommener Undeutlichkeit und gerade schwierige und seltene Gedankengänge gehen so am liebsten verloren, weil es mich langweilt, sie noch einmal durchzuspintisieren und abzuschreiben. Ich bin meinen Expectorationen gegenüber schrecklich pflichtvergessen: höchstens Versen gegenüber nicht, denn die sind immer so schön kurz und prägnant.

Als ich hinunterging, habe ich ein kleines Lied für Sie gemacht. Es fängt an --- der Abend wird usw. Ich werde Ihnen oft nur die Anfänge schreiben, Sie werden dann später, im kalten Später doch wissen, was Ihnen gehört.

An Margareta

Obermais, 4. September 1908, abends

Nun beginnen wieder die Schmerzlichkeiten der Ein-samkeit, ohne die gleichwohl nichts an die Oberfläche stiege, was mein Leben zu einem Wert macht. Ich muß es hart und schier unerträglich haben – so nur trage ich Frucht. – Zwischen sieben Uhr und neun Uhr pflege ich jetzt die gutbesetzte wohlerleuchtete Kurhausterrasse aufzusuchen, wie ein Falter, der die Bogenlampen sucht. Ein oder zwei Kellner sind mir noch vom Vorjahr her wohlgesinnt, weil ich nicht zu den üblichen pedanti-schen »Deutschen« gehöre, und erfreuen mich durch taktvolle Bedienung. Nach acht Uhr setzt die noch sehr sommerliche Blechmusik ein. – Sie werden heut wohl in den Meistersingern sein [...]

Das ist freilich wahr: meine Phantasie arbeitet jetzt stark. Zumal des Morgens, wenn ich mich überwinde, nicht gleich aufzustehen, kann ich sicher sein, wunder-lich beschenkt zu werden. Dann fällt die kleinste Anre-gung auf fruchtbaren Boden und geht mir selber zum Staunen auf. So heute früh Fragmentarisches vom vori-gen Sommer, so heute mittag ein Blick auf den wolkenlo-sen tiefblauen Himmel über der Hohen Muth, so nach-mittag eine Dreikirchener Erinnerung. Gewiß, es sind immer nur ein paar Strophen, aber Sie sollten nur sehen, was oft für ein Kunsteifer in mir steckt. Vieles entsteht fertig im Kopfe, Zeile auf Zeile, und bleibt dann, wie es ist. Andres scheint gleichfalls fertig zu sein, aber es betrügt mich nicht lange; ich merke, es ist noch nicht, was es sein könnte, es ist noch nichts Gesättigtes, Notwendiges. Dies gilt besonders von Naturgedichten, die überflüssig sind, wenn sie sich nicht durch eine unerhörte Prägnanz rechtfertigen. Ich will Ihnen später Beispiele für beide Arten geben.

Die Fledermaus
Kurhauskonzertbierterrassenereignis

Die Fledermaus
hört »sich« von Strauß.

Der Bogen-Mond
wirkt ungewohnt.

Es rührt ihr Flügel
die Milchglaskugel.

Der Damen Schar:
»Mein Hut! Mein Haar!«

Sie stürzt, wirr – worr – –
'nem Gast ins Pschorr.

Der Pikkolo
entfernt sie: – so – : ...

Die »Fledermaus«
ist grade aus.

Meran, September/Oktober 1908; *Palma Kunkel* (1916)

An Margareta

Obermais, 5. September 1908

Ich möchte so gern noch ein bißchen bei Ihnen bleiben, aber ich bin heut nachmittag fürs Erzählen verloren. Wie heiter und lebendig würde mein Beschreibsel werden, wenn nicht das Beste immer auf den vielen Wegen von Meran und Obermais verloren ginge. Denn nie fühle ich mich mehr in meinem Element, nie habe ich glücklichere Momente als so in der kühlen herrlichen Luft und dieser gnadenreichen Natur dahinschreitend. Ja, ich glaube, so kennst Du mich, so kennen Sie mich noch gar nicht.

Sehen Sie, das ist das ganze Geheimnis: Die Wirk-lichkeit dann und wann wie einen Traum sehen zu können. Menschen und Dinge, und sei es auch nur auf Minuten, Sekunden – gleichsam auflösen zu können (entmaterialisieren, vergeistigen).

Meran, Konzert auf der Kurhausterrasse

An Friedrich Kayssler

Obermais, 6. September 1908

Heute morgen fiel mir mitten in lauter Subtilitäten folgendes Galgenlied aus der linken Schläfe:

Der Schnupfen

Ein Schnupfen hockt auf der Terrasse:
auf daß er sich ein Opfer fasse
– und stürzt alsbald mit großem Grimm
auf einen Menschen namens Schrimm.
Paul Schrimm erwidert prompt: Pitschü!
und hat ihn drauf bis Montag früh.

Dies ist nun so meine Art, Menschen in die Literatur zu schmuggeln: Palmström, Paul Schrimm, – nächstens formiere ich Dünzelhof.

Der vergessene Donner

Ein Gewitter, im Vergehn,
ließ einst einen Donner stehn.

Schwarz in einer Felsenscharte
stand der Donner da und harrte –

scharrte dumpf mit Hals und Hufe,
daß man ihn nach Hause rufe.

Doch das dunkle Donnerfohlen –
niemand kams nach Hause holen.

Sein Gewölk, im Arm des Windes,
dachte nimmer seines Kindes –

flog dahin zum Erdensaum
und verschwand dort wie ein Traum.

175

Grollend und ins Herz getroffen
läßt der Donner Wunsch und Hoffen,

richtet sich im Felsgestein,
wie ein Bergzentaure ein.

Als die nächste Frühe blaut,
ist sein pechschwarz Fell ergraut.

Traurig sieht er sich im See
fahl, wie alten Gletscherschnee.

Stumm verkriecht er sich, verhärmt:
nur wenn Menschheit kommt und lärmt,

äfft er schaurig ihren Schall,
bringt Geröll und Schutt zu Fall ...

Mancher Hirt und mancher Hund
schläft zu Füßen ihm im Schrund.

Meran, 8. September 1908; *Auf vielen Wegen* (1911)

An Margareta

8. September 1908

*Soeben habe ich ein merkwürdiges Gedicht geschrieben:
Der vergessene Donner ... Es sollte eine Groteske
werden und ist ein Naturspuk geworden, dessen
unheimlicher Zauber noch auf mich nachwirkt. Ich
schicke ihn der Schaubühne ... diesen – Penegal-Einfall.
Denn vom Penegal-Weg gelegentlich des Blicks in die
eine, riesige Felsschlucht hinunter stammt er. Die Szene-
rie des Gedichtes selbst mischt sich freilich aus wildeeren
Bergerinnerungen, aus Oetztal und Norwegen, Norwegen vor allem. Soweit man vom Wachstum einer solchen
Wunderlichkeit überhaupt Data geben kann.*

Meran

An Margareta

9. September

*[...] Ich möchte Ihnen hier gern ein Gedicht herschrei-
ben, das unterm 17. August im Taschenbuch steht, aber
ich tu es nicht. Denn »wir Dichter« schalten und walten
mit allem in solcher Unverantwortlichkeit. Wir finden
irgend etwas vor und blassen es ab oder übersteigern es,
je nach der Gewalt des Augenblicks. Wenn es nur
innerlich, in sich und in jenem Augenblicke wahr ist, was
wir dahinwerfen, – das ist alles. Übrigens ist es mit jedem
Gedicht anders, man kann da gar nichts Erschöpfendes
sagen. Nehmen Sie hier statt dessen ein anderes, in das
Sie nicht nur einbezogen sind, wie dort, sondern das
Ihnen von der ersten bis zur letzten Zeile gehört.*

Septembermorgen von meinem Balkon aus

Der Morgen war von übersanftem Schmelz,
der harte Berg war nicht mehr Stein und Krume.
der Wald wie pupurbrauner Falter Pelz,
und drüber quoll des Weltraums Blaue Blume
aus ewigem Kelch ihr tiefstes Ja und Amen.
Und vor dem allen stand im jungen Strahl
ein Mensch und nahm dies heilige Morgenmahl
Dir zum Gedächtnis und in Deinem Namen.

176

Historische Bildung oder
Die verfolgte Weltgeschichte

Es sitzt ein Fräulein auf dem Altan
und liest eine Nachricht aus Ispahan.

Sie liest von einer Rebellion.
Bewegt, so hebt sich und senkt sich ihr Ton.

Drauf liest sie eine aus Engelland;
die andre Dame horcht gespannt.

Dann liest die andere Dame vor.
Die erste lauscht jetzt, völlig Ohr.

So lesen Tante sich und Nichte
abwechselnd vor die Weltgeschichte.

Und husten dazu mit strengem Blick,
und äußern Beifall und Kritik.

Und legen dann das Tagblatt fort,
verzeihen hier und richten dort.

Die »Weltgeschichte« tritt voll Pein
vom einen Bein aufs andere Bein.

Der liebe Gott im Morgenschuh
hört väterlich von oben zu.

Meran, 9. September 1908; *Böhmischer Jahrmarkt* (1938)

An Margareta

9./10. September, ein Uhr nachts

Die letzten zwei Stunden, ein, wie mir scheint, großes Gedicht geschrieben. Dazwischen (nicht darin) ein ganz eigentümlicher Moment: ein flüchtiges Nahekommen der Schönheit Gottes. Wie, als ob man an gar nicht genug Schönheit glauben könne. Daß ich – Dir so etwas einmal mündlich nahebringen könnte! ... Was sind das hier für Nächte jetzt! Ich will dieser Landschaft aber auch ihre Ehre geben. Du wirst sie oft in meinen Versen wiederfinden. Und die kleine »Warte« (Kanzel wohl, oder Känzli genannt) sähe ich gern nach Jahr und Tag einmal Christiansruh getauft, oder sollte sie lieber Margaretas Ruh heißen? Die Ritornelle, deren Zahl sich auch wie die der Sonette beständig vermehrt, will ich in summa »Meraner Ritornelle« nennen. Und dieses Buch, das immer wieder zu Dir zurückkehrt ... ich kann es mir eigentlich gar nicht publiziert denken, und doch, es steht zu viel Notwendiges für den heutigen und morgigen Tag darin – werde ich nun wohl einfach so nennen: »Sonette, Ritornelle, Lieder.« Und jetzt abermals (möcht ich es immer sagen dürfen) Gute Nacht!

Ich hätte noch so viel zu schreiben, aber immer nur fünf Stunden Schlaf, das ist nichts. Lieber Kamerad.

An Margareta

Meran, 10. September 1908

Ich habe mich heute gar nicht mit Ihnen unterhalten können. Morgens habe ich wieder eine Menge produziert – dieser ganze Septemberfrühling gehört Ihnen, dankt Ihnen sein Leben. Wie lieb, mir aus Wald und Zug so gute Dinge zu schreiben! Wie sind Sie gut, wie danke ich Ihnen! Wie möcht ich Ihnen immer mit etwas Liebem nah sein [...]

Auf dem Rückweg von Meran herauf, da ist immer eine Bank, die mich noch festhält. Nur wenig Menschen kommen vorbei, aber es ist eine gute Bank, die mir allabendlich etwas schenkt. Gestern eine kleine gereimte Groteske – wie werden Sie mich von dieser Seite finden! – heute etwas anderes, sehr anderes. Ich bin manchmal kaum mehr von »dieser Welt«. Aber nicht davon wollte ich Ihnen noch diese paar Spätabendworte reden, son-

dern davon, daß ich Ihnen nie sagen werde, was ich
Ihnen manchmal sagen könnte und möchte. Das sollen
Sie nur wissen, damit Sie die Trockenheit mancher
Briefseite nicht verstimmt. Ich will sie, diese Trocken-
heit! Sie verstehen mich, geliebtes Herz! Sie billigen
mich, Sie helfen mir! Sie wollen sie mit. Ich schweige wie
ein Bach, der nicht rauschen darf, – aber ich schweige.
Ich kann nicht schließen, – aber ich – schließe.

Christian

An Margareta

10. September, abends

*Wir werden uns gewöhnen müssen – wir werden uns der
lieblichen Dreikirchener Gewohnheit entwöhnen müssen, uns täglich zu sehen, zu hören. Aber noch lassen Sie
michs ein wenig fortsetzen. Noch lassen Sie mich allabendlich wenigstens auf ein paar Minuten ins Konversa-
tionszimmer oder auf die Veranda kommen. Nun sind
Sie wieder ein Stück weiter und Ihre edle Freundin – die
ich heute nachmittag in einem Gedichte in unser zartes
Abenteuer verwoben – es heißt: »Die Dritte erzählt« –
hat sich von Ihnen getrennt.*

*Wie mögen Sie meinen zweiten Brief aufgenommen
haben? Stoßen Sie sich nicht an der Ungleichheit meiner
Briefe! Ich schreibe jetzt und jetzt eine Seite, und oft sind
es nur Einfälle, Bemerkungen, die ich Ihnen sende, statt
sie in meinem Taschenbuch zu fixieren.*

*Diese Taschenbücher, mir graut vor ihnen. Verste-
hen Sie, zum Produzieren bin ich nie zu faul, aber mich
um das Geschriebene dann noch zu kümmern, wie ein
Sekretär, das übersteigt fast mein Interesse daran. Sie
wundern sich, daß ich öfters darauf zurückkomme, aber
mein ganzes Lebenswerk leidet unter dieser unbesiegba-
ren Unordentlichkeit. Sie ist überhaupt meine Gefahr –
aber wer weiß, ob ich ohne sie etwas zustande brächte.
Ich kann mich zu keinen wirklich festen Gewohnheiten,
Arbeitszeiten usw. entschließen. Überfällt mich der
Geist, so ist mir wohl und ich denke an kein morgen; läßt
er mich, so weiß ich vor Unbehagen nicht wohin. Eine
andere Natur würde sich nun zu betäuben suchen, aber
mir fehlt die Derbheit dazu, oft auch nur einfach die
Gesundheit, z.B. zum Rauchen, dem großen Beruhi-
gungs- und Trostmittel allzureger Gehirne.*

Die Dritte erzählt

*Ich trennte euch, saß zwischen ihr und dir –
entsinnst du dich? Es war noch damals, als
kein Wort noch zwischen euch gefallen war;
wir warteten im abenddunklen Tal
am kleinen Bahnhof auf den Brenner-Zug ...
Ein Irgend etwas hatte zwischen euch
ein Schweigen voll von Traurigkeit gelegt,
ich fühlte es, nein, nein, ich spürte es –
ein Strom von Lieb und Leid und Sehnsucht ging
durch mich, die Trennende, hinüber und
herüber ... niemand sprach ... Ihr saht euch nicht ...
ich schied euch allzugut durch meinen Leib.
(O lieber Leib, o zarter Mensch und Freund!)
Verzeiht mir, daß ich damals blieb und nicht
mich zwischen euch herauszog – wie ein Wehr
aus zwei Gewässern, die zusammenwollen;
verzeiht mir, daß ich blieb und es ertrug,
wie ihr durch mich euch suchtet und umfingt
und hieltet und schwermütig küßtet – o – –
die braunen schweren Südwind-Abendwolken,
sie zogen hoch im Blassen längs dem Saum
der eben erst von uns verlaßnen Berge
wie zweite, geisterhafte Berge hin, –
ein schmerzlich Schicksal, doch ein großes auch ...
ja, ja, in ihnen wohnte die Gebärde
der großen namenlosen Schmerzlichkeit,
die Leben heißt ... o Abend jenes Tags ...
Entsinnst du dich – entsinnt ihr euch noch, wie
ich damals euer »trübes Mittel« war –
Ihr – Licht – – –!*

Meran, 10. September 1908; *Mensch Wanderer* (1927)

Die Meran-Bozener Bahn

An Margareta

Bozen, 20. September 1908

Ich fuhr heute morgen mit meinem Vetter und meiner Cousine, die nach dem Gardasee weitergepilgert sind, noch bis Siegmundskron. Sie wissen doch noch? Siegmundskron, die mit Überetsch korrespondierende Station der Meran-Bozener Bahn ... Auf der Brücke nun schrieb oder empfing ich wenigstens die Verse, die ich vielleicht beilege. Der Mittag war ganz aus sanftem Gold und Blau – ein Tag, zu schön, um davon zu reden. Singen, wie ein Vogel, hätte man müssen.

Überetsch

Ich schaue von der Brücke aus das Gleis
den Berg erklimmen, den wir jüngst besucht.
* Mit leisem Plätschern zieht der Fluß ...*

Ein Pfiff. Ein Dröhnen. Und von oben rollt
ein Zug in unbeholfnem Trott herab.
* Mit leisem Plätschern zieht der Fluß ...*

Ja, dort, in solchem Zug auch, fuhren wir
unlängst – und unsrer Trennung Stunde zu.
* Mit leisem Plätschern zieht der Fluß ...*

Ich sehe dich im engen Wagenraum
mir gegenübersitzen, fast verstummt ...
* Mit leisem Plätschern zieht der Fluß ...*

Nun ist er fort, der kleine Zug, auch er –
Ich stehe auf der Brücke, sinne noch ...
* Mit leisem Plätschern zieht der Fluß ...*

So rollt vorüber Zeit und Los und Liebe –
Nein – Liebe nicht! Sie nicht! Oh Herz! Sie nicht! ...
* Mit leisem Plätschern zieht der Fluß ...*

Bozen, 20. September 1908; *Ich und Du* (1911)

Die Bank

Die Nacht ist lind und lockt mich auf die Warte
auf halber Höhe über meinem Flecken;
ich schau ihn sich den Bach hinauf erstrecken,
und diesen selber durch der Mauer Scharte.

Durchs Laubwerk mir zu Häupten spielt das harte
Geblink der Sternenschar mit mir Verstecken;
indes von unten mich Laternen necken,
wie Blitzer einer transparenten Karte.

Vor allem aber ist die Bank da droben
mir wert. Denn meine Freundin kommt, die ferne,
so oft ich dort, mein nächtlich Säumen teilen.

Gemeinsam hören wir die Wasser toben.
Gemeinsam schaun wir Häuser, Lichter, Sterne ...
Und wünschen nichts als ewig so zu weilen.

Meran, 24. September 1908; *Ich und Du* (1911)

179

Der Abend ruft:

Komm heraus auf die Altane:
Sieh des Mondes Sichel grünen
und der Berge blaue Bühnen,
deren Nachtstück freudig ahne!

Bald aus blassem Hintergrunde
kommt der erste Stern getreten;
denn schon naht des Schauspiels Stunde,
rüsten Sonnen und Planeten.

Komm heraus auf die Altane!
Sieh, aus bleichem Weltengrunde
ruf ich überall die Meinen.

Bald nun schlägt des Schauspiels Stunde,
werden Dir und Margareten,
horch! die Mütter groß erscheinen.

Meran, 30. September 1908; *Ich und Du* (1911)

Meraner Nachtliedchen

Darf sich die Bank heut noch ein Liedchen loben, –
sie, die »mir wert«? ... Gewaltig gehn die Wasser
des Passer-Bachs ... Was tost sie so, die Passer?
Der Bergstrom tobt so, weil die Gletscher droben,

daher er kommt, der Südwind heut umschnoben,
so daß ihr Eisgefüge, naß und nasser,
dem es Umfasser und dann rasch Verlasser
sich doppelt willig ins Gefäll geschoben.

Der Süd. Du kennst ihn. Der Verwirrung bringet
in Mensch und Tier und Fels und selbst in Gletscher –
und heut auch mich so süß zu dir beschwinget ---

Daß ich hier träum, ein echter Ober-Etscher,
das heißt ein Mensch, der voll von Sonn und Weine,
sehr fern von Eurem »Jedem hübsch das Seine«.

Meran, 3. Oktober 1908; *Mensch Wanderer* (1927)

An Margareta

Obermais, 6. Oktober 1908

Daß mein ganzes weiteres Leben in dieser schönen Eintönigkeit verfließen könnte! Morgens zu ein paar guten und starken Gedanken in Vers oder Prosa aufzuwachen, dann das vom vorigen Tag mit der kleinen Maschine säuberlich ins »Reine zu schreiben«, dann am Nachmittag mich ein wenig an Sie zu wenden, dann wieder »fleißig zu sein«, bis mir schließlich am Abend auf der Terrasse noch allerhand Federchen und Blättchen ins Notizbuch fallen, dann noch bei warmem Wetter jene Bank »die mir wert«, deren rechtsseitiger Lehne zu ich immer einen schmalen Raum lasse, gerade für einen Menschen, gerade für Einen Menschen, nicht mehr, nicht weniger, ihr »Nachtliedchen« oder dergleichen empfängt, – bis ich auf dem Rest des Nachhauseweges noch einen Expreßbrief-Radler abfange und, die Hand in der Überrockstasche um die endlich eingetroffene Epistel wie um den Griff eines sanft arbeitenden Elektrisierapparates geschlossen, wieder daheim anlange ... Ja, es scheint fast, als ob dies das Beste für alle fernere Zeit wäre. Und ist doch vielleicht schon morgen anders – wenn zufällig alles »anders kommt« – oder doch vermutlich schon in ein paar Tagen, wenn ich wieder im Leben draußen sein werde, dem gefährlichen großen Weltleben. – »Doch hart im Raume stoßen sich die Sachen.« Wahrhaftig, das Dreidimensionale kann noch nicht das Letzte sein. Es wäre ein zu grober Abschluß für ein so feines Kunstwerk wie die Welt. – Ihre Pyramide. Die Lichtpyramide. Mit Dir per aeternum.

Meran

Abends hinunter

Dunkle Laubengänge
empfangen mich und der milchig bleiche
Mond und das taubenweiche
Hochgebirg und verflogne Violenklänge

von dem Stadtpark drunten, wo bunt Gedränge
auf und ab wandelt, das immer gleiche, –
ich aber, eh ich den Lärm und Schwarm erreiche,
wandle erst noch durch orphische Traubengehänge,

wandre hügelabwärts, gehalten stürmend,
unter Zedern, Platanen, durch Tulpenrabatten,
im Gemüt demiurgische Quadern türmend:

Baustoff, vom Sternodem der Nacht durchgeistert,
und gemarmort von den silbernen Schatten
deiner Liebe, die mich noch immer meistert.

Meran, 8. Oktober 1908; *Ich und Du* (1911)

181

Meran

Das Tal von Meran

O nirgends, nirgends bist du so geborgen
wie hier im Tal, in das die Nacht
voraus die dämmerblauen Schleier warf!
die Gipfelkämme dämmern düster-scharf
des Himmels letzten, todesblassen Morgen:
sie fühlen sich mit jedem neuen Glühen,
das hier und dort in ihrem Schoß erwacht,
ein eigen heimlich Abendreich erblühen.

Die Stangen mit den Drähten summen laut.
Du bleibst an einer stehen, lange, lange
und drückst das Ohr an ihre braune Wange
und fast den Mund – so treu und tiefvertraut
besänftigt ihr Gesang dein schmerzlich Sinnen.
Der Wind, die Seelen, die im Winde sind,
sie singen dich in Schlummer wie ein Kind;
und ein Gefaßter wanderst du von hinnen.

Die lieben Häuser – wie sie schützend stehn,
von Berg und Dämmer selber schutzumgeben!
Die liebe Stadt – voll Anmut hingebreitet!
Du fühlst: wie furchtbar auch das Leben schreitet,
das große Leben und der große Gott,
sie werden dies geheime Tal umgehn;
und fern der Weltgeschichte Kriegestrott
wird Friede hier sein schönes Haupt erheben.

Wahrscheinlich 1908; *Mensch Wanderer* (1927)

182

Mondnacht über Meran

Die Geisterstadt ... Als wie ein Teppichbild,
daran ein Träumer jahrelang gewebt,
so steht sie da im Mondenduft und lebt,
ein ganz zu Traum verflüchtigt Erdgefild.

Und drüber seidet Allblau dämmermild,
von Sternen-Kinderaugen scheu durchstrebt.
Und jetzo! Mitternacht! Der Äther bebt,
als rührte Geistergruß an einen Schild.

Ein Traumbild, – leichtlich tausenden gesellt
auf einer Göttin Brünnenüberhang,
die schimmernd steht auf Speer und Schild gelehnt ...

Und eben war's, daß dieser zwölfmal klang:
Gott grüßt im Traume seine Göttin Welt,
die sich nach Ihm, wie er nach Ihr sich, sehnt.

Meran, 8. Oktober 1908; *Ich und Du* (1911)

An Margareta

Obermais, 15. Oktober 1908

Geliebte, Du bist krank! Du verheimlichst mir, daß Dich irgend etwas betroffen hat! Liebe Seele, die Du mein Einziges bist und sein sollst für alle Zeit! Jetzt im Augenblick bin ich noch nicht recht bei mir, ich war den halben Tag unten, habe ein kohlensaures Bad genommen usw. Aber ich weiß, die Unruhe wird mich packen, und dann werde ich nicht wissen, was ich tun soll. Schon kürzlich machtest Du Andeutungen. Du mußt mir die Wahrheit schreiben, irgendwie wird es gehen; schicke mir Bulletins über Lonny oder über irgend eine andere Adresse oder aber rufe mich. Nichts soll mich abhalten zu kommen. Die Deinen werden uns begreifen.

An Margareta

20. Oktober 1908

Heute früh kam der feste Entschluß über mich, meine Reise nun endlich anzutreten und zwar nach – Freiburg. Du weißt, daß ich sowieso über Lindau wollte, ja, daß

ich schon mit einem Monat Basel fest gerechnet hatte. Du brauchst Dir also, Liebe, nicht den Schatten eines Vorwurfs zu machen, als ob Du etwa irgendwelche wichtigeren Dinge durchkreuzt hättest. Du mußt mir das einfach glauben, nicht wahr! Augenblicklich nämlich ist mir das Wichtigste, die Entscheidung Deines Zustandes und Deiner Ärzte abzuwarten und zwar in Deiner Nähe, in Freiburg, wohin ich ja sowieso seit Jahr und Tag wollte, oder, wenn Du mich wieder wegschickst (der Gründe können ja viele sein und Du mußt mit der ganzen Festigkeit Deines Wesens das Richtige, und nicht nur das mir etwa Liebe, bestimmen), in Basel, später können wir vielleicht drüber lächeln, jetzt aber habe ich keine Neigung, mit den Augen meines lieben Leichtsinns zu schauen ... – Oh, diese Zeit! Ich muß wie der Wind nach dem Bahnhof. Also bald besser als so.

An Margareta

Freiburg, 21. Oktober 1908, abends

Meine liebste Freundin,
vor dreiviertel Stunden bin ich in bestem Wohlbefinden hier angekommen und habe Deinen Brief vom 19. hier bereits nachgeschickt vorgefunden. Ich hab ihn aber noch nicht einmal mit Muße ganz gelesen, sondern bin erst einmal nach dem Vinzentius-Haus gegangen, um nach Deinem Ergehen zu fragen, da ich durch Ausbleiben weiterer Nachricht sehr beunruhigt bin. Es war aber alles schon finster und geschlossen, und so umging ich nur einmal den ganzen Komplex ... Ich werde nun morgen etwa um halbzehn Uhr nachfragen, wie es Dir geht und ob ich Dich sprechen darf. Zwar würde ich lieber ein Wort von Dir abwarten, aber Du kannst es ja so einrichten, daß Du mir ein paar Zeilen herunterschickst oder mir eine andere Stunde sagen läßt ... Um mich brauchst Du Dir auch nicht den Schatten einer Sorge zu machen, mich hat die Reise nicht einmal ermüdet; wäre ich doch nur schon zwei Stunden früher gekommen. Aber ich wartete in Basel noch die sechs Uhr-Post ab, machte einige Kommissionen und kam nun hierher zu spät ... Nun, ich bleibe jetzt hier, bis Dich die Ärzte wirklich freisprechen und werde schon einen Modus finden, Dir öfter Gesellschaft zu leisten.

Margareta Gosebruch von Liechtenstern

An Margareta

Freiburg, 25. Oktober 1908

... Wir wollen uns nie so ganz zu besitzen glauben, daß wir uns nicht noch nach einander sehnen müßten.

Fromm in der Liebe sein ist alles. Dann kann sie nicht auslöschen.

Du weißt, ich bin weder kirchlich noch widerkirchlich. Aber zweierlei möchte ich mit Dir zusammen unserm lieben Dreikirchen antun, wenn wirs einmal vermögen: Die Decke des dritten (ältesten) Kirchleins so stützen lassen, daß sie für die Kirchbesucher keine Gefahr mehr bedeutet, und dann dem ersten (Deinem) Kirchlein eine besonders schöne Glocke schenken mit unseren Initialen und einem Spruch von mir. Ja?

Und der Frau, die uns unten begegnete, wollen wir eine Freude machen.

Von heute früh:

*Als die Münster-Uhr
sieben Uhr morgens schlug
hab ich »Du« gesagt bei jedem Schlag.*

*Und so sei denn mein
alle, alle Zeit.
Und dann komme, was da kommen mag.*

Dein *Christian*

26. Oktober 1908

Nein, kein Rausch, nicht wahr! Tiefer, viel tiefer noch. Du und ich wie Ein Baum aus zwei Wurzeln. Und, »Mitleid mit leidenden und verhüllten Göttern«.

184

Morgenstern bei Beblos in Straßburg 1908

Fritz Beblo während Morgensterns Besuch in seinem Haus 1908

An Friedrich und Helene Kayssler

Straßburg, 28. Oktober 1908

Meine geliebten Freunde,
habt innigen Dank für Eure lieben Depeschen – und
Briefzeilen. Aber nun laßt äußerlich alles wieder so sein,
wie es war und vergeßt nie, daß Euer Christian ein
Schlafwandler ist, den zu sehr anzurufen immer, nach wie
vor, eine große Gefahr bedeutet. Mehr denn je muß ich
jetzt den halben Traumcharakter meines Lebens festhal-
ten, denn jetzt gilt es Bestehen oder Erliegen Zweier. Die
Verantwortung, die ich mit diesem Schritte (ach, welch
grobes Wort) auf mich nehme, ist nur mir allein verständ-
lich. Sie grenzt nahe an den Frevel, an die ὕβρις, aber ich
bete mit Dir, mein Junge: »Aber die Liebe ... macht alles
gut.« Dies lediglich vom Inneren. Was das Äußere
anbetrifft, so liegt auch keineswegs alles so hell, wie meine
paar Jubelakkordgriffe vermuten ließen. Ich bin kurzer-
hand nach Freiburg gereist, weil Margareta beinahe vor
einer Operation stand. Ich suchte sie im Krankenhaus auf.
Dieser Besuch brachte mich zunächst in Konflikt mit
ihrer Mutter, der Generalswitwe von Liechtenstern und
ihrem Bruder, Leutnant, den ich zunächst durch meine

Übersiedlung nach Straßburg gütlich löste und zugleich
die Mutter, eine sehr stolze, dem gesellschaftlichen
Codex streng ergebene Dame, um ihre Einwilligung bat,
die uns aber vermutlich versagt werden wird. Dies ist
einerseits erklärlich, andrerseits wird es zu allem Mögli-
chen führen können und müssen.

Wahrscheinlich werde ich zunächst nach Berlin
fahren. Wie gern ich außen in Schlachtensee wohnen und
überhaupt ein Fest aus dem allem machen würde, kann
niemand besser beurteilen als Du und Lene. Aber mit
derselben Energie werde ich am absoluten Gegenteil
festhalten: Mich führt in diesem Augenblick vor allem
bitterernste Pflicht nach dem mir im übrigen jetzt keines-
wegs zuträglichen Berlin. Leicht möglich, daß ich mich
vollkommen in einem Zimmer einschließe, ähnlich wie
jenen Winter 1893 in Breslau. Ihr müßt mir in alledem
helfen und nicht entgegenstreben; wir wollen dann auch
schon seinerzeit fröhlich und guter Dinge sein, wenn-
gleich mein Weg in immer größere Stille sich durch
Margareta nicht verändern sondern nur verschärfen und
vertiefen wird. Wir werden es vermutlich in Bozen oder
Meran versuchen und die zwei Fremdenzimmer sollen
unsere Festzimmer sein.

Illustration Beblos zum Gedicht *Der Vogel Strauß* aus dem Originalmanuskript von *Klaus Burrmann, der Tierweltphotograph*

Der Vogel Strauß

Der Vogel Strauß steckt, wie bekannt,
den Kopf gern in den Wüstensand.
Zumal, wenn ihm Freund Burrmann naht
mit seinem Knipsknaps-Apparat.
Doch Klaus, gewitzigt und gewandt,
erbaut sich unterm Wüstensand
ein Zimmer, ganz mit Glas gedeckt,
worin er sich voll List versteckt.
Auf dessen Decke türmt er drauf
aus Sand ein künstlich Berglein auf
und höhlt es innen aus, daß man
von unten her hineinschaun kann.
Gerannt kommt nun der Straußenvogel
und sieht von fern den Diener Mogel,
den er für Burrmann selber hält.
»Ha!« denkt der Strauß, »du wirst geprellt!«
Und macht sich unsichtbar wie immer –
grad über Onkel Burrmanns Zimmer.
Doch eh er sich noch sagt: »Wie dumm!« –
da blitzt schon das Magnesium.
Er sperrt nur noch den Schnabel weit ...
da ist er auch schon konterfeit.
Klaus Burrmann und sein Diener Mogel,
sie haben nun den ganzen Vogel.
Den Kopf im Sande hat der eine,
der andere hat Hals, Rumpf und Beine.

Klaus Burrmann, der Tierweltphotograph (1941)

*

Das Haus der Beblos in Straßburg. Aquarell von Fritz Beblo

cher Marter hatte. »Mit Meinem Ernst auf Ewigkeit allein«, die Zeile aus einem Epigramm von mir fiel mir wieder einmal ein ... Nur Du sollst an meinem Halse hängen und mit mir fliegen – nur um Dich kann ich, darf ich den Arm legen in dieser grenzenlosen Einsamkeit. Aber ach, könnten wir so »nur fliegen«. Nie hab ich Erde und Erdendinge als solchen Ballast empfunden! –

Berlin, denke Dir, heimelt mich an. Um so mehr, da ich in der Gegend wohne, die mir die liebste ist. Der Leipziger Platz war mir immer etwas Besonderes, hier gipfelt sich eigentlich das Weihnachtstreiben, das schon jetzt leicht sich ankündigt. Dazu zeigt die Stadt nirgends so ihr Leben, wie auf und um den Potsdamer Platz; es ist eine Freude, diese tätige kräftige Menge. Heute war ein »großer« Tag. Bülow beim Kaiser ...

An Margareta

Berlin, 17. November 1908

Nein, es ist mir nur möglich, »auf Halbdampf« des Denkens zu leben, das hab ich erst gestern abend wieder gefühlt, wie ich mit Fritz in ein Gespräch über religiöse Dinge geriet, das für uns beide nur den Erfolg unsagli-

An Amalie Morgenstern

Berlin, Februar 1909

Meine Liebe, Gute,
Du hast mir wieder so warme Worte geschrieben auf die Mitteilung meiner Verlobung hin, und ich habe wieder Monate vergehen lassen, ohne zu antworten.

187

Ich glaubte nämlich bis vor kurzem im April selbst (mit meiner lieben Braut) nach München zu kommen, und da hätte ich denn natürlich Dich aufgesucht.

Unsere Pläne haben sich indessen weitliniger gestaltet. Wir trennen uns zunächst noch für den Sommer. Margareta reist fürs erste zu ihrer Mama nach dem Süden, um die Sommermonate dann vielleicht nach England zu gehen, – ich denke irgend eine nördliche Meeresküste zu finden und dort, in möglichster Abgeschiedenheit (denn ich habe wieder viel Neues; Entscheidendes vor) zum soundsovielten Male den Kampf gegen die Reizbarkeit meiner Bronchien und die Trägheit meiner übrigen Physis aufzunehmen.

Der vorgeschlafene Heilschlaf

Palmström schläft vor zwölf Experten
den berühmten »Schlaf vor Mitternacht«,
seine Heilkraft zu erhärten.

Als er, da es zwölf, erwacht,
sind die zwölf Experten sämtlich müde.
Er allein ist frisch wie eine junge Rüde!

Berlin, Februar 1909; *Palmström* (1910)

Rudolf Steiner

An Dr. Rudolf Steiner

Berlin, 6. April 1909

Sehr verehrter Herr Doktor,
seit Mitte des Winters etwa folge ich Ihren Vorträgen im Architektenhaus und bitte Sie, auch Ihrem Vortragszyklus in Düsseldorf beiwohnen zu dürfen. Ja, vielleicht sogar schon den beiden Mitgliedervorträgen in Köln.

Es ist mir leider all das zu spät bekannt geworden, so daß meiner Teilnahme an diesen zwei Abenden Folgendes im Wege zu stehen scheint: Erstens habe ich Rücksichten auf eine Dame (seit einigen Tagen Mitglied) zu nehmen, deren Abreise bereits am Sonnabend noch nicht ganz gesichert ist.

Zweitens bin ich noch nicht Mitglied (wiewohl bereit, es zu werden, wenn sich die nötigen Bürgen so

rasch finden) und drittens möchte ich (sowohl wie sie) nichts vorwegnehmen.

Ich brauche diesem letzten Punkte Ihnen gegenüber nichts hinzuzufügen, als höchstens dies, daß ich ein sehr zurückgezogen lebender Mensch bin, dem lediglich Ihr Wort und die Sache am Herzen liegen.

Wie stark ich mich Ihnen selbst, verehrter Herr Doktor, verbunden fühle, dafür mag Ihnen das beigelegte Sonettenpaar aus meinem jüngsten, noch ungedruckten Buche wie ein froher dankbarer Ostergruß sein.

Ihr Ihnen aufrichtig ergebener
Christian Morgenstern

An Margareta
(Nach Florenz)

Heute bin ich höchst besorgt um Dich. Denke Dir, nichts seit Florenz, als das Telegramm, das ja gar keine Einzelheiten gibt ...

Heute also, nachdem ich an der Post vergeblich gefragt hatte, beschloß ich, den aufzusuchen, dem ich meine ganze einstige Norwegerzeit und noch weit mehr verdanke. Ich fuhr nach dem Friedhof von Vor Frelsers Kirke. Eine wundervolle Ruhestätte hat der Alte dort, ich erinnere mich nirgends einer ähnlichen. Ein edles quadratisches Eisengitter, darinnen ein mächtiger Obelisk, schwarzgrün, mit einem eingeschnittenen Grubenhammer darauf (»Hammerschlag um Hammerschlag« ... sieh einmal unter den Gedichten nach). Vor dem Obelisken eine große Platte aus demselben Stein und nur sein Name darauf. Am Gittertürchen dann noch sein fast mystisches Namenszeichen, das auch auf meiner Medaille ist:

Ich stand eine Weile davor und legte eine Handvoll Anemonen nieder und fühlte Euch beide, Dich und Fritz, lebendig an meiner Seite.

Dann saß ich noch eine Stunde wohl oberhalb auf einer Bank, vor mir den Obelisken mit vierzehn herrlichen Birken hinter sich – denn das ist das schönste: Und die werden nun in vierzehn Tagen einen grünen Chor um ihn bilden.

Liebste, hilf mir wünschen, daß diese Tage richtig vorübergehen. Ich werde hin- und hergeworfen. Das Äußerliche der Bewegung macht mir arg zu schaffen. Überall halt, wo Menschen sich zusammenscharen, fängt auch Narretei an zu blühen, wie ein Unkraut, auch in dem schönsten Garten. Man muß sich nur sagen, daß Narretei innerhalb der Theosophie immer noch zehnmal besser ist als außerhalb ihrer. Im übrigen sind sie alle wirklich gut, diese Menschen, auch wenn sie manchmal »mit Entsetzen Scherz treiben«. –

Steiner bin ich noch nicht wesentlich näher gekommen. Er zeichnet mich zwar leicht aus, aber ich fühle immer noch nicht Vertrauen. Und so entfernt er mich auch immer wieder innerlich von sich. Ich möchte mit ihm frei und rücksichtslos über hundert Dinge reden, aber er hält mich im Konventionellen zurück.

Norwegen übt vorläufig, das heißt die Menschen, noch eine fast aufreizende Wirkung auf mich. Dasselbe, was mich damals vertrieben, weht mich wieder an: die Seele eines kleinen, für sein Land zu kleinen Stammes, der sich trotzig und stotzig isoliert und sich damit selbst den Wuchs in Breite und Höhe verkümmert, ja verwehrt. Ein unselig Exempel germanischer Eigenbrödelei. Heute, wie damals, fühl ichs: hier oben im Norden muß etwas Elementares eintreten ... eher kommt kein neues Leben in diese halberstarrten Glieder ...

An Margareta

Wie man mir sagt, ist Frl. ... stark durch Spiritismus hindurchgegangen, ein Gebiet, auf das ihr nicht zu folgen ich Dich inständig bitte. Meine late Freundin Dagny, Frau des Schauspielers L. ist im Laufe der Jahre so schwerhörig geworden, daß sie mit großer Mühe andere verstehen kann. Da nun ihr Schwager und ihre Schwägerin die Vorträge hören, ist sie doppelt unglücklich über ihr Leiden. Was lag näher, als ihr den Rat zu geben, sich an Dr. Steiner zu wenden. Ich übernahm also die Vermittelung und er wird sie demnächst empfangen.

Er ist jetzt immer von größter Güte zu mir und bittet mich fast jeden Abend, mich noch bis zu den letzten Tagen zu gedulden. Gestern (den 15.) sprach er besonders hinreißend. Es handelte von unserer Kulturepoche, der folgenden (in der Apokalypse als Gemeinde von Philadelphia – Bruderliebe – bezeichnet), und der nächstfolgenden. Er ist wirklich ein großer Führer, und es ist keine Schande, sich ihm anzuschließen. Eine unendliche reine Geistigkeit und geistige Reinheit geht von ihm aus.

An Friedrich Kayssler

Kristiania, 18. Mai 1909

Schreibe oder schicke mir, bitte, nichts mehr hierher. Ich komme voraussichtlich auf ein paar Tage zurück (werde in Berlin wohnen), um dann nach – Budapest zum Kongreß und nächstfolgendem Vortragszyklus zu fahren.

Vita nuova. Endlich.

Alles Weitere hoffentlich mündlich. Mein größter Schmerz bleibt nach wie vor, diesen ganzen neuen Weg ohne Euch beginnen zu müssen.

An Margareta

Budapest, 1. Juni 1909

Mein liebster Kamerad,
verliere mir nur, bitte, Du nicht auch noch den Kopf und sieh Gespenster, weil ich ein paar Bahnfahrten mehr als gewöhnlich gemacht habe (im Schlafwagen, soweit ichs ermöglichen kann) und statt in der Kalckreuth- oder Derfflingerstraße schlecht und wenig zu essen, in dem und jenem Restaurant zwar auch nur wenig aber dabei gewiß nicht schlechter esse. Ist das alles wirklich etwas so Besonderes? Nein. Aber daß der Zweck dieser Fahrten der ist – nicht etwa jedesmal der Première eines Stückes von mir beizuwohnen (nehmen wir den Fall an), oder im Auftrage Cassirers mit einem berühmten Autor zu verhandeln oder dergleichen – jedesmal eine Reihe instruktiver Vorträge zu hören, das raubt Euch völlig die Ruhe: denn nun muß natürlich Leidenschaft, Rausch, Fanatismus und weiß Gott was noch im Spiele sein – »Okkulter Einfluß« – Verwirrung durch hysterische Frauen usw.

Ich kann dazu vorläufig nur still sein und denken, daß es ja nur Liebe ist, die Euch so bewegt. So wie es ja auch meinerseits nur Schuld der Liebe war, wenn ich, die ganzen Impulse von Kristiania noch in den Gliedern, Fritz vielleicht ein wenig zu sehr zugesetzt habe. Er meint, ich wolle »predigen«. Aber ich hätte eine unnatürliche Zurückhaltung haben müssen, hätte ich nach einer solchen Tour nicht wenigstens ein paar Worte sagen sollen.

An Friedrich Kayssler

Budapest, 3. Juni 1909

Warum schreibst Du keine Zeile?
Ich tauche erst heute wieder aus der Inanspruchnahme durch den Kongreß ein wenig auf. Er bot viel Fesselndes und Belehrendes, aber natürlich – Kongreß bleibt Kongreß, d. h. eine Ansammlung vieler sehr verschiedenartiger und fremder Menschen, also letzten Endes eine unharmonische Angelegenheit. Dazu kommt, daß Ungarn zwar ein »guter Boden« sein mag, aber noch wenig Ersprießliches trägt. Was hier herrscht, ist viel mehr spiritistischer als spiritualistischer Geist.

… Diese ganze Tournée ist gewiß sehr phantastisch und doch ist sie – der kürzeste (und damit vielleicht auch noch obendrein trotz allem der billigste) Weg in die Sache, ihre Führer und ihre Träger hinein. Und ich habe – mit Margareta – das große Glück gehabt, gleich am Anfang mitten ins offene Meer geworfen zu werden.

An Margareta

Budapest, 6. Juni 1909

Einen schönen Gruß aus einem verlassenen Sonntag. Ich bin hier sehr allein und nicht gern hier. Die Vorträge sind das Einzige, um derentwillen ich hier viel verlorene Tage verbringe: denn mein Zimmer ist eigentlich zu nichts geeignet, nicht einmal zum Schlafen, da vor drei, vier Uhr nachts keine Ruhe im Hotel wird. Es fehlt mir vor allem irgend ein sympathisches männliches Wesen zum vernünftigen und ruhigen Durchsprechen von so Vielem. Mit all diesen fremden Frauen kennt man sich ja so schwer aus. Übrigens habe ich selbst jetzt meine unglücklichste Zeit, die Junizeit. Da bin ich immer nur mein Schatten. Laß Dirs nicht weiter nah gehen …

An Margareta

Budapest, 7. Juni 1909

Suche Fritz, wenn Du Kaysslers aufsuchen willst, doch davon zu überzeugen, daß mein Redenwollen von dem, was wir jetzt lernen, doch kein »Predigen« wollen (!) ist,

190

Friedrich und Helene Kayssler (Bühnenphoto)

sondern einfach das natürliche Überfließen einer Seele, die gute Dinge mitteilen möchte und am liebsten und ersten doch ihren nächsten Freunden. Und daß man über sie ganz ruhig reden kann und darf, unbeschadet ihrer Zartheit und Größe. Es ist doch nur ein Ausschnitt von dem, wovon man nicht redet. Das heißt sprich auch ebensogut nicht davon, ich überlasse das ganz Deinem Feingefühl.

An Margareta

Budapest, 15. Juni 1909

Reise morgen je nach dem Wetter mit Eilzug oder mit Schiff nach Wien, letzteres ist fast billiger aber dauert

länger. Vielleicht auch noch auf dem Schiff bis Passau. »Gegen den Strom.« Es ist immer dasselbe.

An Friedrich Kayssler

Kassel, 28. Juni 1909
(In einem Café geschrieben)

Mein Alter,

ich bitte Dich nun wirklich bei unserer alten Freundschaft, dieser Periode einer uns ganz und gar ungemäßen Befangenheit ein resolutes Ende zu machen.
Ich fühle zu Dir und Lene so unverändert wie je und weiß nicht, warum Du mich immerfort noch so schlecht behandelst.
Alles ist schön und gut verlaufen; das bißchen äußeres Ungemach ist vergessen und erledigt, nur Dein Verhalten will nach wie vor als dunkle Wolke am Himmel hängen.

Bona fide

Palmström geht durch eine fremde Stadt ...
Lieber Gott, so denkt er, welch ein Regen!
Und er spannt den Schirm auf, den er hat.

Doch am Himmel tut sich nichts bewegen,
und kein Windhauch rührt ein Blatt.
Gleichwohl darf man jenen Argwohn hegen.

Denn das Pflaster, über das er wandelt,
ist vom Magistrat voll List – gesprenkelt.
Bona fide hat der Gast gehandelt.

Kassel, Juni 1909; *Palmström* (1912)

191

schafft, sein selbst Durchchrister,
Neugottesgrund –
und ihn grüßt Geschwister
Ewiger Bund.

Wahrscheinlich München, August/September 1909;
Wir fanden einen Pfad (1914)

Wer vom Ziel nicht weiß,
kann den Weg nicht haben,
wird im selben Kreis
all sein Leben traben;
kommt am Ende hin,
wo er hergerückt,
hat der Menge Sinn
nur noch mehr zerstückt.

Wer vom Ziel nichts kennt,
kann's doch heut erfahren;
wenn es ihn nur brennt
nach dem Göttlich-Wahren;
wenn in Eitelkeit
er nicht ganz versunken
und vom Wein der Zeit
nicht bis oben trunken.

Denn zu fragen ist
nach den stillen Dingen,
und zu wagen ist,
will man Licht erringen;
wer nicht suchen kann,
wie nur je ein Freier,
bleibt im Trugesbann
siebenfacher Schleier.

Arosa, Oktober/November 1911; *Wir fanden einen Pfad* (1914)

Christian Morgenstern im März 1910 in Meran

Die zur Wahrheit wandern,
wandern allein,
keiner kann dem andern
Wegbruder sein.

Eine Spanne gehn wir,
scheint es, im Chor ...
bis zuletzt sich, sehn wir,
jeder verlor.

Selbst der Liebste ringet
irgendwo fern;
doch wer's ganz vollbringet,
siegt sich zum Stern,

An Friedrich Kayssler

Obermais, 13. September 1909

Die erste Zeile in Obermais sei an Dich und Lene, um Euch meine Grüße aus dem alten kleinen Heim zu bringen, das Ihr fast von allen Freunden als einzige leider noch immer nicht kennt. Meine gute Margareta ist, hoff ich, inzwischen wohlbehalten in Basel eingetroffen, wir fuhren denselben Vormittag von München ab. Ich hätte sie unendlich gern begleitet, aber es ist besser so, aus Gründen der Gesundheit und des Schaffens.

Wir treffen uns dann im Oktober wieder, und zwar, wie vorläufig geplant, hier. Es wurde mir nämlich von dem schon einmal erwähnten Kasseler Arzt Dr. N. sehr geraten, den Winter hier zu verbringen. Was mir freilich anfangs schwer in den Sinn wollte ...

Was dann mit respektive von uns beiden geschieht, hängt von den Umständen ab. Ist es infolge der Verwandtschaft und der Schwierigkeit der Lebensverhältnisse nicht anders möglich, so wollen wir uns in aller Stille standesamtlich trauen lassen: in Meran oder, wenn es in Österreich nicht geht, in München.

An Kaysslers

Obermais, 11. März 1910

Alles war so harmonisch, wie wir es uns nur wünschen konnten, und auch aus der Ferne waren, mit geringen Ausnahmen, unsere Lieben alle dabei. Mama Liechtenstern, Schlesien, Starnberg, Oskars, Frischs ... Ich hatte es nur ganz wenigen schriftlich mitgeteilt, die Anzeigen gehen erst in acht bis vierzehn Tagen hinaus. Cassirers schickten einen sehr lieben Brief, und für Margareta eine hübsche Publikation.

Unsere kleine Wohnung, die schon die mannigfaltigsten Wandlungen durchgemacht hat, zeigt nun schon ihr neues Gesicht. Das Schlafzimmer ist urgemütlich mit seinen zwei Fenstern nach O und S, wovon das eine ein Walsersches Mansardenfenster ist. Es zerfällt übrigens ganz natürlich in zwei Stuben, getrennt durch ein Stück Wand, den Ofen, Portière und Schrank. Mein Balkonzimmer ist ebenfalls geteilt durch einen grünen Paravent, in Schreib- und Wohn(Eß)-raum. Hinter mir, wie ich

Morgenstern vor dem Hochzeitsaltar in der Obermaiser Wohnung

gerade sitze, da findet sich noch, was Freund Fricke uns mit so viel Liebe und Geschmack aufgebaut hat, der kleine Altar. Dazu Eure strahlenden Blumen, das Rosenmonument und anderer lieber Blumenflor. Eure Bilder, mit denen Ihr uns eine unendliche Freude gemacht alle Drei, hängen im – Wohn-Zimmer, ich habe heut bereits Glas und Rahmen dafür gefunden. Auch die leblosen Dinge sind nämlich in diesem Häuschen von rührendem Entgegenkommen.

... Der gute Fricke verehrte uns zu allem noch einen siebenarmigen Leuchter aus Messing und eine ergreifende kleine Malerei, zu der ihn Margareta (sie war speziell für mich) inspiriert hatte. Die möcht ich Euch vor allem gern zeigen ...

... Wir sind im August hoffentlich vierzehn Tage in München. Könnten wir uns da oder vor- oder nachher nicht zusammenfinden? --- Nun, nun, zu allererst heißt es für mich jetzt erst einmal wieder den Anschluß an die freie Luft zu gewinnen.

Seid von Herzen umarmt und nochmals mit aller Liebe bedankt von

Eurem (glücklichen)
Chr.

An den Andern

Ich hatte mich im Hochgebirg verstiegen.
Die Felsenwelt um mich, sie war wohl schön;
doch konnt ich keinen Ausgang mir ersiegen,
noch einen Aufgang nach den lichten Höhn.

Da traf ich Dich, in ärgster Not: den Andern!
Mit Dir vereint, gewann ich frischen Mut.
Von neuem hob ich an, mit Dir, zu wandern.
und siehe da: Das Schicksal war uns gut.

Wir fanden einen Pfad, der klar und einsam
empor sich zog, bis, wo ein Tempel stand.
Der Steig war steil, doch wagten wir's gemeinsam …
Und heut noch helfen wir uns, Hand in Hand.

Mag sein, wir stehn an unsres Lebens Ende
noch unterm Ziel, – genug, der Weg ist klar!
Daß wir uns trafen, war die große Wende.
Aus zwei Verirrten ward ein wissend Paar.

Wahrscheinlich Arosa, August 1911; *Wir fanden einen Pfad* (1914)

Nun wollen wir uns still die Hände geben
und vorwärts gehen, fromm, fast ohne Zagen,
und dieses größte Lebenswagnis wagen:
Zwei miteinander ganz verschlungne Leben.

Und wollen unermüdlich weiterweben
an den für uns nun völlig neuen Tagen
und jeden Abend, jeden Morgen fragen,
ob wir auch ganz Ein Ringen und Ein Streben.

Auch ganz Ein unersättlich Langen, Dürsten,
im Maß des Körperlichen, das uns eigen,
uns immer geistiger emporzufürsten:

Daß wir wie Eines Pfeiles Schaft am Schlusse,
ineinsverflochten und in Einem Schusse,
ein neues Reich höher Geburt ersteigen.

Ich und Du (1911)

Margareta und Christian Morgenstern

Die Eheringe

Zwei goldne Ringe hängen
an seidnen Frauenhaaren
in einem Tempelchen.

Am Abend, wann der Engel
das Heiligtumchen heimsucht,
berühren sich die Ringe –

berühren sich – und läuten,
ein Lied der süßen Eintracht,
im kleinen Tempelchen.

Meran, 13. März 1910; *Mensch Wanderer* (1927)

194

An Friedrich Kayssler

Obermais, 26. Mai 1910

Lieber Alter,
packen fortwährend seit drei Wochen, unglaublich,
schreiben unmöglich, fahren morgen oder übermorgen
Brixen, packen unmöglich, schreiben seit drei Wochen,
fahren fortwährend nach Brixen, schreiben unglaublich,
fahren unmöglich, packen morgen oder übermorgen
Brixen, lieber Alter, tausend Grüße.

Hochlandschweigen

Stille, Stille ... nur des Baches
fernes Rauschen in der Kluft
und des Abendwindes schwaches
Flügeln durch die helle Luft.

Wettertanne ruht und feiert.
Gipfelgold vergeistert sacht.
Und ein zart Gewölk entschleiert
Zögernd das Gestirn der Nacht ...

Tirol, Juni/Juli 1910; *Mensch Wanderer* (1927)

Mit-Erwacht ...

Dein Wunsch war immer – fliegen!
Nun naht dir die Erfüllung.

Du wirst den Raum besiegen,
nach jener Weltenthüllung,
die uns zu Freien machte
vom Schlaf der blinden Runden.

Nun hast du, Mit-Erwachte,
dein Schwingenkleid gefunden!

Tirol, Juni/Juli 1910; *Wir fanden einen Pfad* (1914)

KURANSTALT
DR. VON GUGGENBERG
physikal.-diätet. Heilmethode.
BRIXEN a. Eisak, Südtirol [560 m ü. M.]
Ganzjährig geöffnet
Auch im Winter im vollen Betriebe

ÉTABLISSEMENT
physiothérapique et diététique
DR. VON GUGGENBERG
BRIXEN s/E. [altitude m 560]
Tirol méridional
Ouvert toute l'année

Morgensterns Aufenthaltsort im Juni 1910

Die *Berlin*, mit der die Morgensterns im Oktober 1910 von Genua nach Palermo fuhren, vor Messina

Die Windhosen

Beim Windhosenschneider Amorf
erstehen sich Palmström und Korf
zwei Windbeinkleider aus best-
empfohlenem Nordnordwest.

So angetan wirbeln sie quer
und kreuz über Festland und Meer
und fassen die Schurken beim Schopf
und lassen die Guten beim Topf.

Der Wetterwart schaut sie und stutzt:
zum erstenmal sieht er verdutzt,
was sonst rein phänomenal,
im Dienst einer klaren Moral.

Tirol, Juni/Juli 1910; *Palma Kunkel* (1916)

Die Windsbraut

Bei diesem Wirbel über Land und See
hat Korf zum ersten Mal das Weib erschaut,
nach dem er oft gespäht in Luv und Lee
als wie nach einer sehr erwünschten Braut.

Doch ach, sie war die Braut bereits des Winds, –
die »Windsbraut« wars, die seine Ruh gestört,
er hat es aus dem Mund des schönen Kinds,
daß sie des Winds Gespiel sei, selbst gehört.

v. Korf begibt sich stumm nach seinem Giebel.
Er ist des Götterspielens schmerzlich müde
und widmet seine Wind-Inexpressibles
dem Freund und sich erneuter Solitüde.

Tirol, Juni/Juli 1910; *Böhmischer Jahrmarkt* (1938)

196

An Kaysslers

Ihr wißt wohl gar nicht, wo wir herumsteuern, nun also: Samstag nachts fuhren wir von München nach Verona, d.h. Margareta machte noch einen Abstecher nach Meran dazwischen. Montag dann über Mailand nach Genua. Hier überlegten wir verschiedene Schiffe, bis wir endlich die »Berlin« vom Norddeutschen Lloyd wählten, ein großes Schiff, das in ca. zweieinhalb Tagen über Livorno und Neapel nach Palermo fährt (dann weiter nach New York). Es ist die denkbar beste Verbindung zur Zeit mit Sizilien. Ein Glücksfall. Italien übt seinen alten Zauber und Einfluß auf mich aus. Und was erwartet uns erst da unten! 2500 Jahre Kultur und mehr!

An Efraim Frisch

Am Freitag fuhren wir von Genua ab, lagen anderthalb Tage vor Neapel in Quarantäne (es gab einige Cholerafälle unter den Passagieren) und trafen Montag früh vor Palermo ein. Eine prächtige ruhige Fahrt, aber es war gut, daß wir von Bord kamen ... Hier zunächst gelinder Hineinfall in einer am Meer gelegenen, aber ganz verwahrlosten »deutschen Pension«, dann treffliches Unterkommen im Hotel Panormus, Piazza Florio, unweit Teatro Massimo. Jeder Tag barg bisher irgendeine besondere Köstlichkeit, von den Mosaiken an bis zu wundervollen Droschkenfahrten kreuz und quer für wenig Geld, so daß ich schon ein gewisses grobes Bild der Stadt und einiger Umgebungen habe. Trotz erdrückenden Sciroccos, der sich erst heute in Regen auflöste – der Wind würgte einen stellenweise geradezu – sind wir wohlauf und aufnahmefähig. Wollen im Lauf dieser Woche nach Taormina, fürchten freilich noch manches Abenteuer, denn die »malattia« glimmt hier noch betrüblich fort, so daß ein Zurückkommen im Frühling nicht leicht werden wird.

Christian Morgenstern 1910 in Taormina

An Friedrich Kayssler

Wir sind gestern hier eingetroffen, nach zwölf reichen Tagen in Palermo ... wählten die Strecke durchs Innere des Landes (Palermo – Catania) und bereuen es nicht. Centaurenlandschaften ... Taormina liegt ungewöhnlich schön, wir haben weit das Mare Greco vor uns, die Küste von Calabrien (Italien) links drüben und hinter uns den Ätna mit schwachen weißen Wölkchen. Die Villa liegt 200 Meter über dem Strand.

197

Schweiz und Tirol 1911–1914

1913 Adria
1913/14 München

Am 8. April 1911 war in den *Aroser Fremden-blättern* zu lesen, daß Christian Morgenstern, Schriftsteller aus Berlin, und seine Frau Marga-reta sich im Waldsanatorium eingemietet hatten, einem Haus, das erst im Oktober 1910 eröffnet worden war und die Zahl der Aroser Sanatorien damit auf sieben erhöht hatte. Im April erschien Morgensterns Gedichtsammlung *Ich und Du.* Seine weitere Arbeit? »Ich lese viel, diktiere Briefliches und Niederschriften aus älteren Notizbüchern, stelle alte und neue Bücher zusammen und dergl.« An den Vorträgen Stei-ners, die Margareta von Arosa und 1912 dann auch von Davos aus besuchte, nahm Morgen-stern, wenn auch ans Bett gebunden, intensiv teil. Anfang September zog das Paar in die Villa Silesia um, in der sie fast ein Jahr lang wohnen blieben. Zum Jahreswechsel 1911/12 blickte Christian Morgenstern auf mehr als 12 Monate Bettlägrigkeit zurück.

Das neue Jahr brachte eine Überraschung der *Schillerstiftung:* »Ja also: ›Ehrengabe von 1000 Mark. Auf Anregung des Schillerverban-des Deutscher Frauen‹ (das freut mich daran besonders) ›und auf einmütigen Beschluß des Vorstandes‹ usw. Vorort Weimar. Ich war auf-richtig überrascht und erfreut, denn so oft ich im Lauf schwerer Jahre gedacht hatte, ob ich für die ›Nation‹ als solche denn so gar nicht existierte, – gegenwärtig dachte ich an nichts weniger.« Und es brachte ein Wiedersehen mit dem »alten Arzte und Freunde Dr. Turban«. Im August verzeichnete die Fremdenliste der *Davoser Blät-ter* den Aufenthalt von Christian Morgenstern aus Arosa. Als Grund für die Reise nach Davos gab Morgenstern an: »Es veranlaßt mich dazu eine an sich ganz unwesentliche Schwächung der Stimmbänder, die mich seit einem halben Jahr zum Flüsterton verurteilt und durch eine solche episodische Luftveränderung vielleicht am wirkungsvollsten zu beeinflussen ist.« Und er ergänzte: »Zudem siedeln wir ja nach Inner-Arosa über und der Umzug warf seine Schatten voraus. Weiter wollte ich, daß Margareta freie Hand hat, nach München zu fahren, und das hätte sie nicht getan, wußte sie mich nicht sicher aufgehoben. So löste sich alles am besten, indem ich hierher ging … Die Reise war natürlich ein kleines Risiko, da ich ja in Arosa die ganze Zeit nicht ausgegangen war.« Morgensterns literarische Arbeit in Davos: »Gestern machte ich mich unter anderm über einige der Mappen her [...] Immer wieder steigt mir vor manchen älteren Versen und Aufzeichnungen auf, ein Entwicklungsbuch zu formen, einfach aus den Dokumenten, die sich im Laufe von 20 Jahren fast abgelagert haben und ablagern. Denn nichts anderes kann der ›Roman‹ sein: Der Weg eines Suchenden aus Dunkelheiten und Dämmerungen in Morgengrauen und Morgenrot hinein.«

Nachdem Margareta an den Münchener Vorträgen teilgenommen hatte und Christian Morgenstern in Davos wieder zu Kräften gekommen war, fand im November der angekündigte Umzug in das neuerbaute Chalet Sonnenberg statt. Dort blieben sie den Winter über, der für Margareta von Reisen zu Steiner-Vorträgen unterbrochen wurde.

Der Wunsch, die Zeit der Schneeschmelze zu meiden, veranlaßte Morgensterns letzte große Reise. Sie führte ihn im April 1913 in das südlich von Triest gelegene Portorose – heute jugoslawische Adria – und ließ ihn zum letzten Mal das Entstehen einer tiefen Freundschaft erleben. Mit Michael Bauer, der später sein Biograph werden sollte, verbrachte er dort Wochen, die beide als große Bereicherung empfanden. Bauer (1871–1929) war nicht nur der ältere Anthroposoph, sondern auch ein Kenner der Vogelwelt, für die er Morgenstern den Blick öffnete. So entstanden in Portorose bezeichnenderweise das religiöse *Im Baum, du liebes Vöglein dort* und *Palmström an eine Nachtigall, die ihn nicht schlafen ließ* (S. 213). Und noch einmal holten Übersetzungsaufträge ihn ein: Aus dem Französischen übersetzte er für die Werkaus-

gabe Friedrichs des Großen einige Gedichte, aus dem Norwegischen *Savitri* von Doris Rein.

Die letzten Lebensmonate Morgensterns nach seiner Abreise aus Portorose verliefen in dem Hin-und-Her und Auf-und-Ab, das sein ganzes Leben bestimmte. Den Juli verbrachte er mit Margareta in Bad Reichenhall und erlebte dabei »friedliche, glückliche Stunden« mit Kaysslers. Im August unterzog er sich der Behandlung eines anthroposophischen Arztes in München, im September suchte er ein Sanatorium in Eppan bei Bozen auf, kehrte im Oktober zu seinem Arzt nach München zurück, besuchte im November einen Steiner-Zyklus in Stuttgart und im Dezember 1913/Januar 1914 – nicht mehr des Sprechens und kaum mehr des Gehens fähig – einen weiteren, den letzten, in Leipzig. Dort trafen er und Friedrich Kayssler zum letzten Mal zusammen. Am Silvestertag rezitierte Marie von Sivers zum ersten Mal Gedichte aus der noch unveröffentlichten Sammlung *Wir fanden einen Pfad*, zu denen Steiner eine Einleitung vortrug. Nur für ein paar Tage nach München zurückgekehrt, reisten die Morgensterns am 14. Januar nach Arco in Südtirol, wo sie vom Hotel des Palmes aus vergeblich ein Sanatorium suchten, das bereit war, den Kranken aufzunehmen. Das Paar reiste darum am 18. weiter nach Gries bei Bozen, wo sich nach zähen Verhandlungen der Leiter der dortigen Heilanstalt für *leicht* Lungenkranke bereiterklärte, Morgenstern aufzunehmen. Ende Februar war auch dort kein Bleiben mehr möglich. Zum letzten Mal mußte er weiter und fand Unterkunft in Meran-Untermais in der Villa Helioburg. »Ich bin nun hier und muß mich infolge einer eben ausklingenden Nierenkolik vollkommen ruhig verhalten.« Er begann, die

Druckbögen von *Wir fanden einen Pfad* zu korrigieren und wählte das Titelblatt aus. Aus seiner letzten Nacht ist der Satz »der Husten ist vierdimensional« überliefert. Am 31. März 1914 starb Christian Morgenstern.

Zu den letzten Briefempfängern zählten neben Margareta, den Freunden Fritz Beblo, Marie Goettling, Friedrich und Helene Kayssler und Morgensterns Stiefmutter Amalie der Freund Michael Bauer, später Mitautor von *Christian Morgensterns Leben und Werk* (1933), und Walther Lindental, ein Freund Efraim und Fega Frischs, den Morgenstern in Arosa kennengelernt hatte. Weiterhin schrieb Morgenstern an Curt Wüest, den Herausgeber der *Aroser Fremdenblätter,* die Morgenstern als »weißen Raben unter den Fremdenblättern« bezeichnete, und an seine Verleger Bruno Cassirer und Reinhard Piper, in dessen Verlag 1910 Morgensterns Gedichtsammlung *Einkehr* erschien, 1911 dann *Ich und Du* und 1914 *Wir fanden einen Pfad.*

Arosa, Waldsanatorium

An Friedrich Kayssler

Arosa, April 1911

*Ja, was sagt Ihr zu Arosa? Es sind nun gerade 10 Jahre,
daß ich zum ersten Male hier oben war. Besser ist alles
jetzt und schöner, obwohl ich damals auf Rodelschlitten
fuhr ... Wunderbare Glücks»zufälle« spielen in allem
hier mit. Seit Taormina stießen wir uns, sozusagen, an
keinem Stein. Alles half uns (nicht zuletzt Landshoffs in
Rom), jedes Coupé war leer, jeder Reisetag schön. Jetzt,
da wir geborgen und im bequemen Wagen (ohne Wechsel auf Schlitten) heraufgekommen sind, fängt es wieder
an zu schneien.*

Der Kranke:

*»Oft zu sterben wünsch ich mir ...
Und wie dankbar bin ich doch,
daß ich leb und leide noch
im gesetzten Nun und Hier.*

*Bleibt mir doch damit noch Zeit,
abzubauen manch Gebrest,
komm ich nimmer auch zum Rest,
werd ich besser doch bereit.*

*Wenn ich jetzt nicht wirken kann,
helf ich also doch dem Mir,
das dereinst nach Nun und Hier
wirken wird im Dort und Dann.«*

Arosa, 14. August 1911; *Wir fanden einen Pfad* (1914)

201

Waldsanatorium Arosa

1830 Meter über Meer
Heilanstalt für Lungenkranke
Eröffnung 10. Oktober 1910

Leitender Arzt: Sanitätsrat Dr. W. Römisch.

Sehr sonnige, geschützte, absolut staubfreie Lage über dem Orte Arosa, mit unmittelbar anschließenden, ebenen Waldwegen

Neu erbautes, höchst komfortables Haus mit modernsten hygienischen Einrichtungen.

•••• Zwei Aerzte und geschultes Pflegepersonal im Hause. •••• Winter- und Sommerkuren. ••••

Preise: Pension (inklusive ärztlicher Behandlung, Abreibung, Bäder, Douchen, Bedienung, Heizung, elektr. Licht etc. etc.) Fr. 11.—
Zimmer von **Fr. 2.—** an
Zimmer mit eigenem Südbalkon von **Fr. 4.—** an
Dieselben mit eigenem Bad, sowie kleine abgeschlossene Apartements mit eigenem Bad und Toilette nach Anfrage.

Anmeldungen nehmen entgegen und Auskunft erteilen die Direktion und der leitende Arzt. — Ein ausführlicher Prospekt erschein
Mitte September.

|111

Direktion: **Ing. R. Richter.**   Wirtschaftliche Leitung: **Frau B. Kläusli-Wild.**

Werbeanzeige des Waldsanatoriums aus dem Jahr 1910

Der Weltkurort

Palmström gründet einen Weltkurort.
Mitten auf der schönsten Bergeskrone
schafft er eine windgefeite Zone
für die Kur sowohl wie für den Sport.

Nämlich eine Riesenzentrifuge,
innerhalb von welcher das Hotel,
schlägt den stärksten Sturmwind ab im Fluge
und zurück zu seinem Ursprungsquell.

Unerreicht vom bitterbösen Nord,
unerreicht vom bitterbösen Föhne,
blüht der neue Platz in stiller Schöne,
und zumal im Winter ist man dort.

Davos/Arosa, Oktober/November 1912; *Alle Galgenlieder* (1932)

An Margareta Morgenstern
(Nach München)

Arosa, 15. August 1911
(Waldsanatorium)

Vorhin kamen Deine lieben lieben Zeilen! Hoffentlich
hat Dich das Reisen nicht zu sehr ermüdet, möchtest Du
wenigstens haben schlafen können. Wie gestern, so hab
ich Dich auch heute herzlich begleitet, stand zu spät mit
Dir auf, kam mit der Droschke erst knapp vor zehn (es
fing aber erst um halb elf Uhr an), wurde zwischen ein
und zwei Uhr mit Dir müde, und jetzt, halb vier Uhr, –
ja, von jetzt an kann ich nur noch Vermutungen
haben…

Ich versuchte, der Aufführung durch Stichproben
zu folgen und glaube, sie muß bis jetzt ungefähr gedauert
haben. Dabei empfand ich wieder, daß Lektüre hier nur
den zehnten Teil geben kann, daß das Mysterium gelesen
fast wie ein Text ohne Musik ist. Und dann die vielen
verwandt Gerichteten, alle aufs Geistige, Geistigste Ein-
gestellten.

Von hier ist nicht viel zu melden … Es wird alles
gut besorgt … Ich las inzwischen Schwester Gerdas
Tagebuch (!) (Du mußt es auch lesen) und die ersten
Stuttgarter Vorträge (»Vor dem Tore der Theoso-
phie«)… Mein geliebtes Herz, wie lange willst Du noch
fortbleiben? Ich zähle die Tage, jetzt sind es noch
dreizehn. Du Liebes, Gutes! Wie freue ich mich auf
unsere Wohnung! Wie schön wollen wirs dann zusam-
men haben! In treuer Liebe

Dein Chr.

An Marie Goettling

Arosa, 30. August 1911

Margareta kommt dieser Tage aus München zurück, wo
sie für sich und mich wieder einmal, nach langer Pause,
einem Zyklus usw. beigewohnt hat. Wir wollen nun
vorläufig hier oben bleiben, haben eine kleine möblierte
Wohnung gemietet – von April bis jetzt hausten wir im
hiesigen »Waldsanatorium«; vorher vier Wochen im
Ospedale tedesco zu Rom, vorher in Taormina, überall
auf ein Zimmer angewiesen. Aber mein gutes Herz ist
gesund und froh und so ist alles gut.

Die Villa Silesia in Arosa, in der die Morgensterns vom September 1911 bis zum September 1912 wohnten

Heilung

Palmström geht herum mit einem Kasten
und verteilt Pastillen gegen Husten, –
doch dieselben sind nicht einzunehmen.

Sondern, ehe man beginnt zu prusten
muß man eine der verhaßten Paßten
in die Hand zu nehmen sich bequemen.

Zwischen Daumen dann und Zeigefinger
hält man sie als permanente Drohung –
und der Reiz im Halse wird geringer.

Denn es brächte ungleich mindre Frohung
wenn die bittere Pille würd' verspiesen.
Und so wird der Kitzel heimgewiesen.

Arosa, Juni/November 1911; *Gesammelte Werke* (1965)

203

Aroser Fremdenblatt

❧ OFFIZIELLES ORGAN DES KUR- UND VERKEHRSVEREINS AROSA ❧

No 40. ⊶ Erscheint jeden Samstag. ⊷ 3. Februar 1912

Preis der Nummer: 20 Centimes. **Annoncen:** Die einspaltige Zeile 20 Centimes; bei Saisonaufträgen
Abonnement: Pro Jahr 8 Fr.; pro Saison 5 Fr.; pro Monat 1 Fr.; 50 %, bei Jahresaufträgen 60 % Rabatt.
fürs Ausland mit Portozuschlag. **Annoncen-Verwaltung: Offizielles Verkehrsbureau Arosa.**

Welch ein Schweigen...

```
Welch ein Schweigen, welch ein Frieden       Von den Wiesen strömt ein Düften.
In dem stillen Alpentale,                     Aus den Wäldern lugt das Dunkel.
Laute Welt ruht abgeschieden.                 Brausend aus geheimen Klüften
Silbern schwankt des Mondes Schale.           Bricht der Bäche fahl Gefunkel.

              Ueberm Saum der letzten Bäume
              Weisse Wände stehn und steigen
              In die blauen Sternenräume.
              Welch ein Frieden, welch ein Schweigen!
```

Christian Morgenstern.

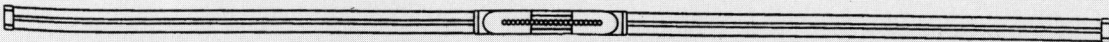

Doch lockt die blaue Ferne...

Kein Zweifel, wir führen ein wackres Leben in unsern Bergen. Wir haben eine Vertrautheit mit unserm Winter und mit unserm Schnee, wie sie kaum nur die Kinder, die Schlüsselblumen pflücken, zum Frühling kennen, wir mögen ihn erst recht, wenn er ordentlich an die Nasen und Ohren beisst, und wenn er uns in der geschützten Mulde zu zahm wird, klettern wir auf die höchsten Gräte, seinen wahren Atem zu fühlen, und wenn wir mit recht schmetterndem Sturz über die schlanken Bretter kopfüber in die harte Kruste sausen, dass Stirn und Wangen beim Durchbrechen zerkratzt und zerschunden werden und Hände, Gesicht und Haare und die halbe Brust in dem tollen frischen eiskalten Elemente baden: dann fühlen wir so recht eigentlich unser tolles Hochland- und Bergwinterglück, auf trübe Tage folgen auch wieder klare mit jenen wundervollen blauweissen Silhouetten, wo über den hohen runden Hügelwellen der königliche Winterhimmel ansetzt.

Kein Zweifel, wir führen ein wackres Leben, wer wüsste es anders? Und doch lockt die blaue Ferne...

Welch ein Schweigen... wurde zuerst in der Sammlung *Und aber ründet sich ein Kranz* (1902) veröffentlicht

204

An Curt Wüest

Lieber!

... Es handelt sich, aller Voraussicht nach, nur um einen kürzeren Sommer-Herbst-Aufenthalt bei meinem alten Arzte und Freunde Dr. Turban, der mich schon anno 1900 in seinen Meisterhänden gehabt hat. Wenn irgend möglich – und es läßt sich hier alles so gut an, daß ich fast damit rechne – kehren wir beide Anfang Oktober wieder in unser altes schönes Arosa und wie Sie wissen sogar in das Herz von Arosa – nach Inner-Arosa zurück.

Und dann hoffen wir, werden Sie unversehens dann und wann wieder bei uns einkehren. Denn vielleicht sollten Sie doch noch nicht fortwollen – obzwar hier natürlich kein Dritter mitzusprechen hat. Vielleicht braucht Sie auch Arosa noch recht sehr. Da ist zum Beispiel die Krankenhaus-Sache, die mir und uns ganz besonders am Herzen liegt, so daß ich ihrer langweiligen Entwickelung am liebsten durch irgend einen kleinen resoluten Schritt zu Hilfe kommen möchte. Was meinen Sie, wenn wir sie mit einem Schlage in den Vordergrund rückten, etwa so: Es wollen einige Einheimische und Kurgäste diesem Zustand nicht länger geduldig zusehen und haben deshalb beschlossen, einen Fonds zu gründen (in den die Desinfektions-Gelder usw. mit einfließen können), lediglich zum Zwecke baldigster Erstellung eines Gemeindekrankenhauses. Ich bin jederzeit bereit, einen solchen Fonds mit dem (allerdings nur bescheidenen) Beitrag von hundert francs ins Leben zu rufen. Aber wir würden schon dies und jenes veranstalten und ausfindig machen, ihnen größere Summen zuzuführen. Es kann ja mit nur ein paar Zimmern angefangen werden – nur angefangen werden muß endlich damit. Oder rede und plane ich zu sehr als Außenstehender? Es wäre möglich; denn ich kenne die Aroser Verhältnisse ja wenig mehr als vom Hörensagen. Wird durch die Bahn am Ende Wandel zu schaffen sein? Daß man dann etwa einen Kranken-Waggon statt eines Kranken-Hauses schafft und durch ihn direkten Anschluß vermittelt? Auch dergleichen wäre vielleicht zu erwägen. Tun Sie es mit mir, denn ich glaube, auch Ihnen liegt dieser schlichteste Anspruch derer, die auf uns angewiesen sind, am Herzen.

So, nun hätte ich nicht nur bis zum Mittagessen, sondern noch zwischen dem notgedrungenen französischen Menü hindurch und schließlich noch übers Obst hinweggeschrieben, bald den Teller, bald die Briefunterlage an die Brust gestemmt, und habe nun ebenso notgedrungen mein Pensum Nachmittagsruhe zu erledigen.

An Margareta
(Nach Arosa)

Heute morgen wurde ich mit zwei Briefen und dem Paketlein bedacht. Jetzt nichts mehr von Spärlichkeit, Du Allerbestes!

... Du fragtest kürzlich, wie ich mich denn so allein fühlte. Nun siehst Du, mein Herz, ohne Dich würde ich mich wohl bloß noch aufs künftige Leben, auf das nächste Dasein und was dazwischen liegt, richten. Du bist das Band, das mich mit der Gegenwart verbindet, das mich wieder zurückgezogen hat und freundlich, liebreich und hoffentlich zu all unser Segen festhält. Du allein, ganz groß und in diesem Sinne gesehen, machst mir dies Leben noch so schön, daß ich es gerne mit Dir noch lange, lange treiben und fruchtbar zu machen trachten will.

Was machen da kurze Trennungen aus! Ja, was wird einst die große Trennung ausmachen, da wir uns ja innerlich nicht verlassen und uns äußerlich so oder so wieder zusammenfinden werden. Zu unaufhörlichem Weiter-Zusammenschaffen. Eine mehr und mehr wachsende kleine Gruppe gemeinsam gerichteter Individualitäten. – Heimat, die man im so übergroßen Kosmos mit sich trägt, eine kleine Welt für sich und zugleich doch auch mehr und mehr für alle ...

An Margareta

... Auch heut war ich wieder bei bestem Wetter und Wohlsein auf der Terrasse. Dr. Baer meint, ich werde jeden Tag »ein Jahr jünger«. Auf der Terrasse las ich Deine gestrige Nachschrift wieder und war so auch ein wenig bei Euch ...

Davos, Promenade vor dem Kurhaus

Laß uns nur zusehen, daß meine Bemühungen, dann und wann ein Tüttelchen Fruchtbares festzuhalten, zu formulieren, etwas ergeben, was gerade solchen Seelen, die das Karma nicht unmittelbar zu den Quellen führt, frommen kann. Ich möchte da so vieles geben, aus den Seelen so vieler heraus: daß sie sich darin wiedererkennen. Ich möchte ein Herausholer ihres halb Uneingestandenen werden ... Es wird mir von Zyklus zu Zyklus schwerer, Fritz von alledem ausgeschlossen zu wissen.

Im Winterkurort

Um das Frösteln der Spatzen abzuschaffen,
gründet Palmström eine Mäntelfabrik.
Diese liefert den p. p. Spatzen Waffen

wider den Frost in Form von Ulstern, Pelzen
usw. Man sieht sie zur Kurmusik
auf der Promenade behäbig stelzen.

Davos/Arosa, September/Dezember 1912; *Der Gingganz* (1919)

W. J. Urquhart: *Davos Doings: Liegekur*

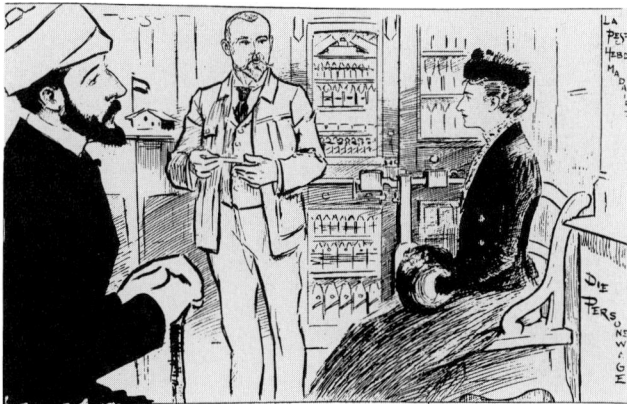

W. J. Urquhart: *Davos Doings: Die Personenwaage.* In der Mitte wahrscheinlich Dr. Turban

W. J. Urquhart: *Davos Doings: Une Soirée*

Venus-Palmström-Anadyomene

*Palmström wünscht sich manchmal aufzulösen,
wie ein Salz in einem Glase Wasser,
so nach Sonnenuntergang besonders.*

*Möchte ruhen so bis Sonnenaufgang
und dann wieder aus dem Wasser steigen –
Venus-Palmström-Anadyomene ...*

Davos/Arosa, Oktober/Dezember 1912; *Palma Kunkel* (1916)

Die Waage

*Korfen glückt die Konstruierung einer
musikalischen Personenwaage,
Pfund um Pfund mit Glockenspielansage.*

*Jeder Leib wird durch sein Lied bestimmt:
selbst der kleinste Mensch, anitzt geboren,
silberglöckig seine Last vernimmt.*

*Nur v. Korf entsendet keine Weise,
als (man weiß) nichtexistent im Sinn
abwägbarer bürgerlicher Kreise.*

Arosa, wahrscheinlich Februar 1912; *Der Gingganz* (1919)

Lärmschutz

*Palmström liebt sich in Geräusch zu wickeln,
teils zur Abwehr wider fremde Lärme,
teils um sich vor drittem Ohr zu schirmen.*

*Und so läßt er sich um seine Zimmer
Wasserröhren legen, welche brausen.
Und ergeht sich, so behütet, oft in*

*stundenlangen Monologen, stunden-
langen Monologen, gleich dem Redner
von Athen, der in die Brandung brüllte,*

gleich Demosthenes am Strand des Meeres.

Davos/Arosa, Oktober/Dezember 1912; *Palmström* (1913)

Davos

Im Mutterschoß Im Gottesschoß,
im Mutterschoß im Gottesschoß
zu ruhn,   zu ruhn,
nach all der Hast nach so viel Streit
im Mutterschoß – im Gottesschoß –
o selig Los,   o Trost, so groß,
das kaum ein Herz umfaßt! daß alles Schöpfungsleid
Im Mutterschoß ein Seufzer bloß
nach so viel Last und Hast. vor deiner Ewigkeit!

Arosa/Davos, Juni/September 1912;
Mensch Wanderer (1927)

An Kaysslers

Ihr lieben, lieben Menschen,
nun wißt Ihr schon aus dem Stempel des Kuverts, daß
wir wieder in Arosa sind, und da alles gut abgegangen ist,
so wollen wir alle vertrauen, daß es doch so am besten
war und daß nun ein recht gesunder, fruchtbarer Winter
anheben kann ...

Hab Dank, mein Alterchen, daß Du mich wieder
vorgelesen: Wie gern hätte ich in der Tarnkappe Deiner
lieben Stimme und Seele gelauscht. Wie sehr wünschte
ich gleich gestern, als ich zum ersten Male die neuen
Stübchen betrat, Euch hier zu haben und mit in diese
Stille und Ruhe zu bergen.

Für mich ist diese kleine Wohnung etwas ganz
Neues, nämlich zum ersten Mal etwas, was diesem
Namen entspricht. Die Zimmer sind verhältnismäßig
klein und gar nicht hoch, aber aus allem spricht ein guter,
begabter Geist, es ist alles mit Liebe und Verständnis
erdacht und gemacht, man fühlt sich nicht fremd und mit
Vorbehalt darin, sondern vertrauend und dankbar. Und
noch ist alles so sauber und aus erster Hand, noch hat
nichts »Astralisches« darin gehaust. Wie ganz anders war
das vorige Logis ... und könnte ich Euch eine Vorstel-
lung von der Nervosität geben, die mein Sanatoriums-
Zimmerchen von früh auf um- und durch-zitterte! Um
sechs begann der Bademeister schon den Korridor zu
beleben, bis er endlich (ich war der letzte) oft fast wie ein
trabendes Pferd auf meine Türe (ich hatte zwar ein
Eckzimmer, aber keine Doppeltüre) zugestürmt kam.
Dann kam in verwandtem Tempo gegen acht das Zim-
mermädchen mit dem Frühstück. Das arme Wesen
mußte bis halb zehn Uhr sämtliche Zimmer aufgeräumt
haben. In welchem Tempo, läßt sich denken. Man mußte
einfach »mitfliegen« und so ging es weiter. Dazwischen
spielten Grammophone »Lustige Witwe« (meist die
betreffenden Perlen zweimal hintereinander) und
Caruso oder das mechanische Klavier »Mignon«,
Sachen, die man nicht mehr los wurde, in täglicher
Wiederholung und im Sturmtempo. – Gleichwohl, ich
war gern da, sah liebe Menschen wieder, lernte neue
kennen. Nur war es gut, daß es Episode war; hoffentlich
die endgültig letzte dieser Art. –

Morgenstern in Arosa 1912

Übrigens, wir kleben, als Nebenbeschäftigung,
jetzt mit Eifer Bilderbücher für kleine und große Men-
schen.

Das Grammophon

Der Teufel kam hinauf zu Gott
und brachte ihm sein Grammophon
und sprach zu ihm, nicht ohne Spott:
»Hier bring ich dir der Sphären Ton.«

Der Herr behorchte das Gequiek
und schien im Augenblick erbaut:
Es ward fürwahr die Welt-Musik
vor seinem Ohr gespenstisch laut.

Doch kaum er dreimal sie gehört
da war sie ihm zum Ekel schon, –
und höllwärts warf er, tief empört,
den Satan samt dem Grammophon.

Meran, April 1908; *Palma Kunkel* (1916)

Arosa

Föhn

Es tönt in uns so sonderbar,
die Saiten sind so straff gespannt,
so reif zum Platzen wie ein Haar.

Wir gehn und stehn wie leichtgebannt
von irgend einer fremden Macht,
noch unbewußt, noch unbekannt.

Es geht der Tag, es geht die Nacht,
am Morgen weint ein leis Gestöhn
ums Haus ... Wildkatzensammetsacht

beschleicht das Tal der Feind, der Föhn.

Arosa, 24. November 1912; *Mensch Wanderer* (1927)

Schneeschmelze

Im stillen Mittagstal der Donner rollt ...
Wer schoß den Blitz aus wolkenlosem Blau?
Ein Schneesee brach zu Tal.

Die Sonne schoß den Blitz, nicht einen bloß,
Legionen Strahlen auf den keuschen Schnee:
Da schmolz sein Frost zu Tau.

Da war's um seinen weichen Flaum getan,
dort in der Wächte, vor des Berges Brust:
Da ward sein Flaum zu Flut.

Ein Trichter Wassers wuchs und wuchs, bis daß
des Wassers Wucht des Trichters Wall zerriß,
wild mit zur Tiefe riß ...

Im stillen Mittagstal ein Donner grollt,
ein Strom hängt vom Gebirg sekundenlang.
Ein Schneesee schießt zu Tal.

Arosa, Dezember 1912; *Mensch Wanderer* (1927)

Schneeland. Wehland ...
Ja, ihr seid rein, ihr Berge,
ihr seid ganz Opfer,
ganz untergeben
uns und unserm Leben;
doch tief tief in euch liegt,
nur stillstem Geisterohr vernehmbar,
ein Seufzen unter Schmerzen
der Erlösung harrend,
der Annahme, durch Gott, an Kindes Stelle
harrend ...
doch eure Reinheit nicht
noch nicht das Opfer
wird erkannt.
Schneeland. Wehland.
Opfer-Gebirge Schauendem,
Berge der Liebe Schauerndem!
Weltschöpferopfer-Gottesabgrundtiefe ...

Arosa, Dezember 1912; *Mensch Wanderer* (1927)

An Kaysslers

Inner-Arosa, 29. Dezember 1912

Ihr lieben guten Menschen, wie habt Ihr uns wieder beschenkt und beschämt, und dabei wußten wir nicht einmal gewiß, ob unsere Kleinigkeiten und die beiden Briefe endlich in Eure Hände gelangt sein mochten. Doch, Dank für alles Liebe, Gedrucktes und Geschriebenes!! wie Getriebenes – oder wie man die reizende Teebüchse nennen soll, die so schön für unsere paar Teesiebensachen paßt. Cakes-Büchse, nicht Teebüchse, natürlich. Das hat mir aber nicht Margaretchen über die Schulter eingeholfen, sondern nur ihr lieber Geist; denn selbst ist sie nach großen Beschwörungen und Versicherungen meinerseits und den peinlichsten Anordnungen und Hausordnungen ihrerseits auf ein paar Tage nach Köln a. Rh. verreist. Ich bin so glücklich und dankbar, daß sie sich manchmal zu einem solchen Aus-Flug entschließt; empfinden wir auch die Einsamkeit nicht, so tut es doch not, dann und wann wieder einen solchen Atemzug zu tun; wir wollen es auch so einzurichten suchen, daß es später leichter wird ... Mir ist mein Fernbleiben dadurch erleichtert, daß ich von jeher von Büchern mit großer Lebendigkeit beeindruckt werden konnte. Und ein stattlicher Teil des Vorgetragenen gelangt in Reproduktionen zu uns, so daß nun schon eine Reihe umfänglicher Mappen in unsern Regalen stehen (von Vorträgen Rudolf Steiners). Da stehen nun Eure gewaltigen Buddha-Reden herrlich daneben und die Deußenschen Upanishads.

211

Die Villa Berry, in der die Morgensterns in Portorose wohnten

An Fritz Beblo

Portorose, Mai 1913

Mein lieber Alter,
viel kann ich so im Gartenstuhl, weißt Du, nicht schrei-
ben. Deshalb ließ ich das Telegramm vorausgehen mit
der gleichzeitigen Mitteilung des betreffenden Vortrags,
einer Eingebung folgend. Steiner war gerade in Straß-
burg und acht Tage vorher hatte ich Deinen lieben Brief
in Händen, wo Du darüber schreibst, daß Du trotzdem
noch lieber Deinen Kindern Vorlagen zeichnen würdest
usw. Nun ja, das ist natürlich nicht wörtlich zu nehmen
aber in dem Unterton vereinigen sich heute wohl viele
edlere Naturen. Neben Deinem Brief lag z.B. einer von

Oskar Anwand ... und da klang das Gleiche. Ach, Ihr
lieben Freunde, meint Ihr nicht, ich könnte mit meiner
Krankheit, Beruflosigkeit und Wanderschaft so etwas
wie eine Taube für Euch gewesen sein, die einen Ölzweig
für Euch finden durfte, während Ihr draußen im Leben
schafftet und schufet? Fritz Kayssler sagte mir einmal so
etwas Ähnliches und wie Ihr mich alle um mein freizügi-
ges Leben gleichsam beneidet. Aber ach, in dem Augen-
blick, da diesem Leben eine unverhoffte, unverdiente
Krönung wurde, war er der erste, der mich in gewissem
Sinne verließ und an der endlichen kostbaren Frucht
dieses Lebens nicht teilhaben wollte. Und so stehe ich in
dem Augenblicke, wo ich zum ersten Mal Freund nicht
nur dem Worte und dem Gefühl nach sein könnte, wo

212

ich zum ersten Male etwas für Euch heimgebracht, erobert habe, mit gebundenen Händen vor Euch und habe Euer Vertrauen gewissermaßen verloren. Daß mir dies manchmal das Herz zerreißen könnte, kannst Du mir glauben. –

Wir haben es hier herrlich in einem mächtig erblühenden Garten, und ein lieber wertvoller Mensch, ein Herr Michael Bauer aus Nürnberg, Lehrer von Beruf, und einer unserer ältesten Theosophen, verschönt uns den Aufenthalt noch besonders.

Kannst Du nicht im Juli auf ein paar Tage herüber kommen? Es wäre auch architektonisch lohnend. Man ist ja in zehn Stunden von München hier am Meer, es ist die nächste Küste von dort. Und eine, die ihre ganz eigenen herben Reize hat. Du hättest die Tauernbahn, könntest über Venedig zurück ...

An Amalie Morgenstern

Portorose, Mai 1913

... Hier fanden wir es ganz herrlich, alles schon im Beginn der Blüte. Das Haus, das Margaretas vorbereitende Sorgfalt ausfindig gemacht, ländlich nett und geräumig, für sich in einem prächtigen kleinen Garten gelegen. Wir bekommen noch einen Pensionär und das Nebenhaus mieten vermutlich zwei uns befreundete Damen. Heute war schon ein wahrer Sommertag – und eben geht ein erfrischender Regen nieder [...]

Laß mich für heute abbrechen; wir haben richtige Reisetage hinter uns, obwohl ja alles so sorglich wie möglich arrangiert war und so glatt wie nur zu wünschen vonstatten ging ... – Der Umzug war für Margareta eine unglaubliche Mühe, wir meinten kaum durchzukommen. Zwei Jahre Haushalt, und dann die Bücher! Das Mädchen nahmen wir mit. (Ein Kätzchen mit drei Kleinen mußten wir bei den Kindern eines dortigen Hoteliers lassen.)

Palmström an eine Nachtigall die ihn nicht schlafen ließ

»Möchtest du dich nicht in einen Fisch verwandeln
und gesanglich dementsprechend handeln?
da es sonst unmöglich ist,
daß mir unternachts des Schlafes Labe
blüht, die ich nun doch notwendig habe!
    Tu es, wenn du edel bist!

Deine Frau im Nest wird dich auch so bewundern,
wenn du gänzlich in der Art der Flundern
auftrittst und im Wipfel wohlig ruhst
oder, eine fliegende Makrele,
sie umflatterst, holde Philomele
    (– die du mir gewiß die Liebe tust!).«

Portorose, wahrscheinlich Juni 1913; *Der Gingganz* (1919)

Im Baum, du liebes Vöglein dort,
was ist dein Lied, dein Lied im Grund?
Dein kleines Lied ist Gotteswort,
dein kleiner Kehlkopf Gottes Mund.

»Ich singe« singt noch nicht aus dir,
es tönt die ewige Schöpfermacht
noch ungetrübt in reiner Pracht
in dir, du kleine süße Zier.

Portorose, 21. Mai 1913; *Wir fanden einen Pfad* (1914)

Christian Morgenstern 1913

Ein Publikum in Oberbayern

Ein Publikum in Oberbayern,
nachdem es lang geblieben stumm,
befand sich, als die Zeit erschienen,
als »palmström-reifes« Publikum.

Womit gemeint war, daß ein jeder,
zumal betreffs Philosophei,
im ganzen Oder und Entweder
der Sache wie zu Hause sei.

Als Palms Erzeuger es vernommen,
hat er dies Wort anheimgestellt:
»Lasset die Kindlein zu ihm kommen;
denn ihrer ist auch diese Welt.«

Bad Reichenhall/München, Juli/August 1913; *Die Schallmühle* (1928)

An Michael Bauer

München, 11. August 1913

Wir haben es hier ungemein gut und behaglich und richten uns wieder einmal wie für eine Ewigkeit ein. Après nous – le bagage!

Heute hatte B. (kennen Sie ihn? ich habe so gerade ein paar erste Eindrücke von ihm und für solche Menschen besonders viel übrig) die Freundlichkeit, mich im Englischen Garten spazieren zu fahren. Wäre dergleichen in Portorose möglich gewesen, so hätte vieles vermieden und gewonnen werden können. Als B. mich wieder heimgebracht hatte und eine Weile, während er den Tragstuhl holte, nur durch seinen Hut – einen genialischen durch und durchgelebten Malerhut – neben mir vertreten war, kam mir der Gedanke, ob an dem Mann nicht ein Künstler vielleicht verloren sei, und wie man so manchmal dialogisch denkt, antwortete es aus mir: nun, so ist er wenigstens Anthroposoph geworden ...

Unterdies erscheint Lina, die Essens-Göttin, und beendigt diesen kleinen Gruß mit sanfter, wenn auch widerstrebend ertragener Gewalt.

Und so denn alles Liebe und Dankbare!

Von Ihrem getreuen Christian Morgenstern

An Amalie Morgenstern

Bad Reichenhall, Juli 1913

... Wir sind von Portorose, wo es allmählich zu heiß wurde, nach Reichenhall gefahren und finden es hier trotz des Regens recht erträglich. Die Zeit in Portorose war im Ganzen sehr schön, zumal auch dadurch, daß wir fünf gleichgestimmte Personen zusammen waren und Haus und Garten ganz für uns hatten. Margaretachen inmitten als unser aller guter Geist, unermüdlich und fast mehr als genug in Anspruch genommen ...

An Friedrich Kayssler

München, 10. Januar 1914

In meiner nächtlichen Phantasie, in der ich Euch Freunde in Leipzig alle vereinigen wollte – Du weißt, ich wollte ja auch noch Fega, Lindenthal und Fricke telegraphieren (Fega kam übrigens noch den letzten Tag allein) hatte ich sogar einen noch unmöglicheren Gedanken. Dabei war allerdings vorgesehen, daß Du zwei volle Tage bei uns hättest bleiben können. Ich dachte, am Ende stellt sich der Fritze am Sonntag Nachmittag aufs Podium und liest aus Faust I und II (zugunsten unseres Dornacher Baus). Du wirst mich wohl für einen halben Narren halten, aber das ist nun einmal mein Narrentum. Meine innerste Leidenschaft ist darauf gerichtet, Menschen aus dem Gewohnten heraus das Ungewohnte, Unerwartete entwickeln zu sehen, den – saltus, von dem der Satz gesagt ist, der zehnmal richtig und zehnmal falsch ist: natura non facit saltum [...]

Übrigens haben diese Leipziger Tage merkwürdige Nebenwirkungen gehabt. Meine Temperaturen, die sonst beharrlich um 38° kulminierten, haben schon dort angefangen zu sinken, so daß ich mich endlich fieberfrei fühle. Ebenso merkwürdig ging es mit dem Husten. Vor der Leipziger Reise war der Hustenreiz oft so hartnäckig, daß ich mir sagte: es wird ja ganz unmöglich sein, auch nur einem einzigen Vortrag beizuwohnen, ohne entweder fortwährende Störung zu verursachen oder zu stärksten Codeïndosen zu greifen. In Wirklichkeit wurde es dann so, daß ich nicht nur niemanden störte, sondern auch im Laufe der Abende von meinen – Malzbonbons! fast keinen Gebrauch mehr zu machen brauchte, – kurz, daß mir von dieser gefürchteten physischen Seite her überhaupt keine Schwierigkeiten mehr erwuchsen.

Hätte ich nun meinem Schwachmut und dem ganzen traditionellen Begriffswesen vorher nachgegeben, hätte ich mir gesagt: nein, es wird nicht gehen, es wird schädlich sein, kurz, hätte ich mich der Zaghaftigkeit statt dem Mute überliefert, so hätte ich denn auch den Lohn der Zaghaftigkeit dahin gehabt. Ich hätte hier unfrohe Tage weitergehustet, weitergefiebert – statt daß ich dort – um nur eines (vielleicht das geringste) herauszugreifen, den höchsten Ehrentag meines Lebens erleben

durfte: denn das war es, als in der Silvesternacht 1913 solche Worte über mich gesprochen wurden, wie sie gesprochen worden sind und damals meine Strophen einer solchen Versammlung ans Herz greifen durften und – griffen.

An Bruno Cassirer

Arco, 16. Januar 1914

Lieber Freund,
wie Sie aus dem Couvert ersehen, bin ich in – Arco. Aber wir wissen noch nicht, ob wir hier bleiben; es ist zu schwer, eine wirklich geeignete Unterkunft zu finden. Dazu liegt selbst dieser warme Kurort im Schnee.

Das kam so: mein Münchener Arzt, in dessen Haus wir wohnten, ist selbst krank geworden und muß sich im Süden erholen. Es hatte also keinen Zweck, in München zu bleiben, denn als Luftkurort kommt es wirklich nicht in Frage ...

Sobald ich eine feste Adresse habe, teile ich sie dem Verlag mit. Es wird wohl spätestens in drei Tagen sein und sie wird vielleicht Gries heißen.

An ein junges Mädchen

z. Z. Sanatorium Gries bei Bozen,
22. Januar 1914

Sehr Verehrte,
Sie werden mich durch gütige Zusendung der für Sie illustrierten Bücher aufrichtig erfreuen, nur entschlagen Sie sich, bitte, gänzlich des Gedankens, daß Sie selbige einem »Kranken« senden. Mein lieber Freksa hat mich Jahre lang nicht mehr gesehen und mag es für sein Teil verantworten, von mir als »krankem Mann« zu fabulieren.

Gewiß, ich bin seit zwanzig Jahren leidend, wie sich ja nun neuerdings in einem öffentlichen Almanach nachlesen läßt, aber so paradox es klingen mag, es sträubt sich alles in mir, von irgend jemandem als – krank empfunden zu werden. Denn ein Gefühl wirklichen Krankseins ist bisher meiner noch nicht Herr geworden, trotz allem, und natürliche Depressionen abgerechnet, und wird es hoffentlich auch nie werden.

215

»Leiden« kann man an allem, aber um »krank« zu sein, muß einen ein fremdes Etwas besitzen, muß man der Sklave seiner Krankheit geworden sein.

Ich möchte den Satz aufstellen: kein wahrhaft freier Mensch kann krank sein. Und was mich betrifft, so mögens meine Werke von der ersten bis zur letzten Zeile bezeugen. Sie werden vielleicht lächeln, aber es wäre schade, wenn Sie etwa als Wortklauberei empfänden, was tiefster Wahrheitsernst ist. Oder als Schönfärberei, Schönrednerei und dergleichen.

(Ich erinnere mich jugendlicher Überschwangzeiten, wo mir, umgekehrt, die ganze Welt krank schien; wenn ich sie damals an Nietzsche, an Lagarde, an irgend einem entscheidenden Geiste maß. Nun bin ich milder geworden, mitleidender, aber nicht mit-krank. Im Innersten mit-leidend, aber wahrhaftig nicht mit-krank.)

Ich habe noch nie solche Zeilen geschrieben, wie ich denn überhaupt meinem Persönlichen nie über Gebühr nachhänge; nun sind Sie gutherzige Geberin ihr schuldloses Opfer geworden. Aber vielleicht haben auch Sie für innere Gesundheit etwas übrig, für jene höhere Gesundheit, die ich meine.

Mit ergebenster Begrüßung
Christian Morgenstern

Christian Morgenstern, gezeichnet von Benedikt Fred Dolbin

An einen Freund

Sanatorium Gries bei Bozen,
22. Januar 1914

Gestern brach die Tragstange unseres Kleiderschrankes und der ganze Plunder fiel zu Boden, ein »Zusammenbruch«, eine »Katastrophe«. Und ich nahms als Bild gerne hin, denn unaufhörlich fühle ich: das Beste für die Besten ist heute der Zusammenbruch, die »Katastrophe«. Diese Stange, die von drei elenden Schräubchen gehalten sein sollte und in dem modernen Möbel einen schönen Schein mehr vortäuschte – wie gut, daß sie fiel. Jetzt bekommt sie neue starke Schrauben, jetzt kann vielleicht wirklich noch etwas aus ihr werden. Lieber, gelt, Du errätst schon, was ich und wie ich es meine.

An Walther Lindental

Gries, Februar 1914

Jaja, man glaubt, wir lebten so in beschaulichem Müßiggang in schönen Gegenden … aber was es oft für ein Leidensleben ist … dieses unablässige von Ort zu Ort, von Hotel- oder Miet- zu Hotel- oder Mietzimmer, dem wird kein Gewicht beigelegt …

216

SANATORIUM GRIES BEI BOZEN
SÜDTIROL

HAUSORDNUNG

1. Das Frühstück wird von 7 Uhr bis **spätestens** 9 Uhr entweder im Speisesaale oder auf den Zimmern serviert.
2. Das Mittagmahl um 1 Uhr und das Abendessen **um 7 Uhr** wird an gemeinschaftlicher Tafel eingenommen. Es wird ersucht, sich **pünktlich** nach dem Glockenzeichen einzufinden, da nicht nachserviert wird. Die Anstaltsleitung behält sich vor, die Sitzreihe bei Tische zu bestimmen. **Das Sprechen während des Herausnehmens der Speisen ist aus sanitären Gründen entschieden zu vermeiden.**
3. Getränke, Medikamente und selbständig verlangte Speisen werden separat berechnet und dürfen nur aus der Anstalt bezogen werden.
4. Auf den Zimmern wird mittags und abends erst nach den gemeinsamen Mahlzeiten serviert. Geschieht dies ohne ärztliche Anordnung, so werden für jede Person 50 Heller berechnet.

5. *Nach beendigtem Mittagmahl haben sich die Gäste bis 4 Uhr unbedingt ruhig zu verhalten.*
6. Das Verweilen in den Gesellschaftsräumen darf abends **nicht über** $^1/_4$10 Uhr ausgedehnt werden.
7. Der Umtausch der Bücher aus der Bibliothek findet nur vorm. von 10—11 Uhr statt.
8. Ohne dringenden Bedarf soll nach $^1/_2$10 Uhr abends nicht mehr geläutet werden. **Ebenso ist es unstatthaft, Lärm durch Zuschlagen der Türen, lautes Sprechen, Lachen u. s. w. zu machen.**
9. Das Klavierspielen nach dem Mittagmahle bis 4 Uhr sowie das elementare Üben ist nicht erlaubt.
10. **Gespräche über Krankheiten sind bei Tische und im sonstigen Verkehr im allgemeinen Interesse zu vermeiden.**
11. Die Ventilation der Räume (ausgenommen der Wohnzimmer) besorgt das Hauspersonal über ärztliche Anordnung.
12. Der Austritt ist 8 Tage früher der Anstaltsleitung anzuzeigen.
13. **Das Ausspucken im Garten, auf den Boden oder ins Taschentuch ist strenge verboten.** (Spuckflaschen und -schalen sind im Hause erhältlich.)
14. Wünsche und Beschwerden sollen direkt an die Anstaltsleitung, nie aber an das Dienstpersonal gerichtet werden.
15. Kochen von Speisen, Reinigung der Wäsche und Kleider in den Zimmern ist verboten, ebenso das Aufhängen von Wäschestücken an den Fenstern oder Balkonen.

16. *Patienten, denen Zimmeraufenthalt verordnet ist, dürfen Besuch nur mit ärztlicher Erlaubnis empfangen.*
17. Ausfahrten und Spaziergänge sollen nur mit ärztlicher Erlaubnis unternommen werden.
18. Das Rauchen ist im ganzen Hause strengstens verboten.
19. Größeres Reisegepäck (z. B. Koffer, Reisekörbe etc.) dürfen nicht in den Zimmern, sondern nur am Gange aus- oder eingepackt werden.
20. Beschädigungen an der Einrichtung oder den Wänden sind zu ersetzen.
21. Die Damen werden ersucht, fußfreie Kleider zu tragen und beim Abwärtsgehen über die Treppen dieselben nicht nachschleppen zu lassen.
22. Hazardspiele und überhaupt Spiele um Geld sind untersagt.
23. Der Garten der Anstalt wird dem Schutze der P. T. Gäste bestens empfohlen. Abreißen von Blumen oder Pflanzen ist nicht gestattet.
24. Die ärztlichen Vorschriften und die Hausordnung sind strenge einzuhalten und verpflichtet sich hiezu jeder Gast durch seinen Eintritt in die Anstalt.
25. Die Anstaltsleitung behält sich das Recht vor, Gästen, welche dem § 24 nicht Folge leisten, zu kündigen.

Gewohnheitsmäßige Tadler und Unfriedenstifter werden, wenn sie auf die anderen Gäste ungünstig einwirken, ohne 8 tägige Kündigung zum Verlassen der Anstalt verhalten.

Dr. V. M. Malfèr
Leitender Arzt.

Hausordnung des Sanatorium Gries

1) Kein schwarzes Fleisch. –auch nicht Schweinefleisch (Räucherwaren)– mit Ausnahme von Wild.

2) Nichts von Alkohol, auch nicht in den Speisen (Weinsaucen etc.)

3) a) Keine Pilze, keine Hülsenfrüchte (ausser in Form von Suppen)

b) Anstatt Essig bitte Citrone.

4) Keinen Fisch. (Ausnahmen vorbehalten)

Von Morgenstern in Gries verfaßte Essensanordnungen

217

Plätzwiesen mit dem Hotel Dürrenstein, in dem Morgenstern im Sommer 1910 wohnte (Postkarte, um 1900)

An Friedrich Kayssler

Gries, 27. Februar 1914

Wir haben jetzt bereits von halb neun Uhr morgens bis nach acht Uhr Sonnenscheindauer, und wenn es nicht bedeckt ist, liege ich von elf bis fünf draußen. Auf die Atmungsorgane wirkt dies denn auch vorteilhaft ein, ich glaube hier wieder von weiterer Besserung reden zu können ... Genug, wir können in summa zufrieden sein, wie's auch in partibus manchmal aussehen mag.

Fega, die sowieso eine Zeit lang nach Süden wollte, wird voraussichtlich Station bei uns machen und vielleicht ziehen wir mit ihr noch auf ein bis zwei Monate in Privatlogis. Alles ist nur eben ungemein erschwert und teuer. »Wände, Wände, Wände ... Wer den Zugang fände! ...« – diese Lebensstrophe, die mir einmal vor zwölf Jahren in Rom langjährige bittere Erfahrung eingab, bleibt halt bestehen in diesen äußeren Dingen, und man »knirscht« es noch vor sich hin, – selbst wenn man lange sein Jawort zu Allem gegeben hat und kein Hemmungshundertstel anders wollte, als wie es ist. Selbst wenn man den unermeßlichen Segen und Nutzen all dieser Verwickelungen und Hemmungen so klar eingesehen hat, daß man Dankgebete und nichts als dies für eben diese Art von Leben im Herzen hat. Aber das Fleisch ist doch zuweilen schwach und man hadert weniger oder mehr, will die Frucht ohne die Wachstumsschmerzen [...]

Mond am Mittag

Der weite blaue Raum
im Mittagsonnenschein –
...
der bleiche Mond allein

leuchtet aus hoher Ferne:
der Stern des Eloa,
der sich vom Sonnensterne
entfernte, um von da

des Logos Licht zu strahlen,
bis daß Er Selber kam
und in den dunklen Talen
auf ewig Wohnung nahm.

Der weite blaue Raum
im Mittagsonnenschein,
getrübt durch keinen Flaum,
der weiße Mond allein

geistert in hoher Ferne ...

Die Verse sind mir leider nicht ganz im Gedächtnis, ich schreibe, so gut es geht, weil ich das Bedürfnis habe, Euch auf dieser zwölften leeren Seite noch etwas Liebes hinzuschreiben.

Ich weiß nicht, ob Ihr die Erscheinung des Vollmonds zur Mittagsstunde kennt. Ich erlebte sie auf der Plätzwiese droben. Das Gedicht enthält die okkulte Anschauung, daß Jehovah, als einer der Elohim, sich von den übrigen Elohim der Sonne getrennt habe, um den Mond zum Ausgangspunkt seiner Tätigkeit zu machen und von ihm aus, der das Sonnenlicht nach der Erde hinreflektiert, den Christus – den Sonnengeist selbst – vorzubereiten und vorzuverkünden.

An Michael Bauer

Sanatorium Bozen-Gries, 3. März 1914

Lieber,
keinen Brief, keine Mitteilungen, nur einen Gruß der Liebe!

Wie viel denke ich an Sie, wie kehrt mein Herz immer wieder zu Ihnen zurück als einem Allerbesten, einem Kleinod, das mir noch spät geschenkt werden sollte. Portorose! So kurz zurück! Ich dachte nicht, daß es so schnell schon einen solchen Glanz bekommen sollte!

Eine, trotz allem, so wundervolle kleine »Zufälligkeit«, Zusammenfälligkeit. Jetzt liege ich wieder einmal darnieder und komme nicht in die Höhe. Wir wollen zu Hartungen nach Meran. Und dann muß ich irgendwo ans Wasser, am liebsten ins Wasser (bis an den Hals, nicht darüber).

Wien? Schwerlich. Ich kann kaum zwanzig Schritte gehen, geschweige steigen. Aber dann Juni Dornach! Und Sie ...

Ihr Sie liebender
»A. f. ... s.«

An Reinhard Piper

Meran-Untermais, 16. März 1914

Lieber Herr Piper,
bin vor vierzehn Tagen, drei Wochen, akut erkrankt ... Mußte Sanatorium Gries verlassen. Habe jetzt hier, Meran, Villa Helioburg, Winkelweg, gemietet, hoffe langsam wieder hochzukommen. Acceptiere alles von Ehmcke Gesandte, mit Ausnahme der großen blauen Papierprobe; finde ursprüngliche kleine Probe (das rötlichere Blau) weit schöner; machen wir also Umschlag von diesem Papier. Ich sende Ihnen heute erstens das Titelblatt nebst den Blaupapieren der Ehmckeschen Vorlage zurück. Ich lasse Herrn Professor nur um eins bitten: den Stern jedesmal streng im Charakter des Pentagramms zu halten. Zweitens sende ich Bogen 1 zum Satz fertig, in der von Ehmcke vorgezeichneten Weise. Erfreuen Sie mich nun durch recht rasche Weiterführung, lassen Sie den ersten Bogen vielleicht gleich im

Originalformat absetzen; ich schicke dann womöglich sofort den Rest. Also Meran, Villa Helioburg, Winkelweg.

Mit herzlichen Grüßen Ihnen allen
Ihr ergebener
Chr. Morgenstern

An Amalie Morgenstern
(Zwei Tage vor seinem Tode)

Untermais, 28. März 1914

Innigsten Dank, Liebe, Liebe, für alles. Nun, es schwankt noch, aber wir hoffen, bald geht es entscheidend aufwärts. Alles wird ja in größter Liebe und Aufopferung getan. Dann kommst auch Du mal zu Besuch.

Dein
Christian

An Kaysslers

Untermais, 28. März 1914

Ihr Herzlieben,
innigste Grüße aus dieser Wunderlichkeit heraus –
. . . .

Seid umarmt, seid geliebt
von Eurem
Christian

Verzeichnis der Gedichtanfänge und -überschriften

Bildnachweis